administration régionale, départementale et municipale

administration régionale, départementale et municipale

Jacques Moreau
professeur de droit public à l'Université
de droit, d'économie et de sciences sociales de Paris

huitième édition 1989

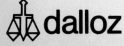dalloz
11, rue Soufflot, 75240 Paris Cedex 05

AVERTISSEMENT

La collection des **MÉMENTOS DALLOZ**, rédigée avec la collaboration de Professeurs aux Universités, constitue un ensemble de petits ouvrages présentant les différentes matières des nouveaux programmes : D.E.U.G., Licences, Maîtrises en Droit, ès Sciences économiques et de Gestion, ainsi que de la Capacité en Droit, sous forme d'**exposés schématiques.**

Par leur composition typographique et grâce à un jeu de caractères appropriés, les divisions et les notions essentielles sont mises en relief et frappent la mémoire visuelle du lecteur.

Sans remplacer l'enseignement dispensé, sous des formes diverses, dans les Universités, les **MÉMENTOS DALLOZ** permettent de saisir, sans difficulté, l'essentiel d'une question.

ABRÉVIATIONS

A.J.D.A.	*Actualité juridique, Droit administratif.*
A.P.	Autorisations de programme.
Circ.	Circulaire.
C.A.C.	Code de l'administration communale.
C.C.F.P.C.	*Cahiers du Centre de formation des personnels communaux,* devenus *Cahiers du Centre National de la Fonction Publique Territoriale.*
C. com.	Code des communes.
C.E.	Conseil d'Etat.
C.G.I.	Code général des impôts.
Cne	Commune.
Cons. Cel	Conseil Constitutionnel.
C.P.	Crédits de paiement.
D.	Décret.
Dr. adm.	*Droit administratif.*
D.S.	*Dalloz-Sirey.*
E.D.C.E.	*Etudes et documents du Conseil d'Etat.*
G.A.J.A.	*Grands arrêts de la jurisprudence administrative,* Sirey, 8ᵉ édit., 1984 par MM. Long, Weil et Braibant.
G.D.C.C.	*Grandes décisions du Conseil constitutionnel,* Sirey, 4ᵉ édit., 1986 par MM. Favoreu et Philip.
L.	Loi.
Ord.	Ordonnance.
R.A.	*Revue administrative.*
R.D.P.	*Revue du droit public et de la science politique.*
R.F.D.A.	*Revue française de droit administratif.*
T.A.	Tribunal administratif.
V.	Ville.

INTRODUCTION GÉNÉRALE

1. Les structures géographiques de l'administration territoriale en France demeurent marquées par une très grande stabilité. La carte des communes et celle des départements d'aujourd'hui ressemblent de très près à celles qui avaient été dessinées par les révolutionnaires à l'extrême fin du XVIIIᵉ siècle et qui furent assez peu retouchées par Bonaparte.

2. Depuis 1945 et plus encore depuis 1958, les pouvoirs publics, tout en conservant le cadre institutionnel de ces collectivités, poursuivent le mouvement de décentralisation amorcé sous la Monarchie de juillet. L'exode rural et l'urbanisation constituent des données nouvelles, comme la pente naturelle de la société industrielle à la concentration ; les exigences contemporaines de l'aménagement du territoire, — en simplifiant beaucoup : « Paris et le désert français » — incitent à créer la région, en même temps que prolifèrent les regroupements communaux et que se réalisent des fusions.

3. La loi du 2 mars 1982 « droits et libertés des communes, des départements et des régions » marque une rupture par rapport à l'évolution antérieure. Complétée ou modifiée par de nombreuses lois qui s'échelonnent de 1982 à 1988, elle inaugure une politique que l'on dénommera ici la « nouvelle décentralisation ».

4. Avant d'étudier le droit positif ainsi créé ou rajeuni, il convient d'examiner quelques notions ou principes de base, qui sont nécessaires à la compréhension des développements des trois parties qui composent cet ouvrage.

§ 1. — La notion de « collectivité territoriale ».

L'article 72 de la Constitution de 1958 commence par énumérer comme « collectivités territoriales de la République », les communes, départements et territoires d'outre-mer. Mais cette disposition ajoute aussitôt que « toute autre collectivité territoriale est créée par la loi ». C'est le cas de Paris depuis 1964 ; c'est aussi le cas de Mayotte (L., 24 déc. 1976, mod. par L., nº 79-1113 du 22 déc. 1979) ; on sait en outre que la loi nº 82-213 du 2 mars 1982 pose en principe que les régions deviennent elles aussi des collectivités territoriales, programme qui sera réalisé lors des élections du 16 mars 1986. Enfin l'archipel de Saint-Pierre-et-Miquelon, ex-D.O.M., est érigé en collectivité territoriale à statut particulier par la loi nº 85-595 du 11 juin 1985.

1. Statut.

Il n'est pas défini abstraitement, ni complètement. On en trouve quelques éléments dans le texte constitutionnel de 1958 ; ils sont enrichis par la jurisprudence du Conseil constitutionnel.

— Dans l'Etat, c'est le **Sénat** qui assure la représentation des collectivités territoriales de la République (art. 24, al. 3). C'est déjà dire qu'il n'existe pas en France un « pouvoir local » et que la décentralisation (administrative) doit se concilier avec le caractère unitaire de l'Etat.

— **La loi** fixe les règles du régime électoral des assemblées locales et les principes fondamentaux de la libre administration des collectivités locales, de leurs compétences et de leurs ressources (art. 34).

— Le **principe de libre administration** a valeur constitutionnelle : il s'impose donc au législateur qui doit l'appliquer sans le dénaturer mais qui peut le limiter par le contrôle de tutelle (art. 72 — Cons. Cel, 23 mai 1979, *Territoire de Nouvelle-Calédonie, G.D.C.C.*, 4ᵉ éd., nº 30, p. 398 et s.).

2. Caractéristiques traditionnelles.

Expression de la décentralisation territoriale, la notion de collectivité locale correspondait aux traits suivants :

— c'est une **portion du territoire** national, qui suppose une délimitation géographique précise ;

— c'est une **personne morale de droit public**, comme telle apte à accomplir les actes de la vie juridique (droits, obligations, avec les conséquences patrimoniales, fiscales, contentieuses qui en résultent) ;

— son fonctionnement implique des **organes** qui lui sont **propres** : conseils élus, exécutif élu ou nommé ;

— son fonctionnement doit rester subordonné à l'ordre juridique étatique ce qui rend nécessaire un contrôle administratif par le pouvoir central (la **tutelle**) ;

— son existence repose sur la reconnaissance d'intérêts locaux spécifiques, distincts des intérêts nationaux ; la collectivité locale a vocation à gérer tous ces **intérêts propres** dans la mesure où ils sont communs aux habitants dont la solidarité est tenue pour légitime ; mais à la différence de l'Etat elle ne possède pas « la compétence de la compétence » (C.E., 25 janv. 1978, *Imbert, R.D.P.*, 1978, p. 1456 et s., note R. Drago).

3. Caractéristiques actuelles.

Des 5 éléments servant à caractériser la collectivité territoriale d'avant 1982, un est conservé sans modification ; deux sont confirmés et enrichis ; les deux derniers apparaissent profondément changés.

a) Elément immuable : permanence de la **personnalité juridique**.

Après comme avant la loi « droits et libertés » du 2 mars 1982, il est nécessaire d'associer à la notion de collectivité territoriale celle de personne morale de droit public.

Lors de l'examen du texte relatif à la nouvelle organisation administrative de Paris, Marseille et Lyon, le Conseil constitutionnel dans sa décision du 28 déc. 1982 (*A.J.D.A.*, 1983, nº 14, p. 129) précise que le législateur « sans pour autant ériger les arrondissements en collectivités territoriales possédant la personnalité morale et un patrimoine propre... » ; le rapprochement est incident, mais d'une grande netteté.

b) Elément consolidé : **aspect territorial**.

Cette caractéristique est attestée par la présence d'une épithète significative, que l'on utilise la formule « collectivité locale » (art. 34, C., 1958) ou « collectivité territoriale » (art. 72, C., 1958), puisqu'il semble vain de vouloir distinguer entre ces deux expressions.

Le Conseil constitutionnel évoque cette donnée dans la décision où il juge non conforme à la Constitution le texte relatif aux départements et régions d'outre-mer (2 déc. 1982, *A.J.D.A.*, 1983, nº 15, p. 129) ; il juge que le statut des D.O.M. doit, sous réserve de mesures d'adaptation limitées, être le même que celui des départements métropolitains ; et tel n'est pas le cas si le conseil élu, à la différence du Conseil général, « n'assure pas la représentation des composantes territoriales du département ». En outre, dans la décision précitée du 28 déc. 1982, le Conseil constitutionnel constate : « aucun principe ou règle n'interdit au législateur d'instituer des divisions administratives au sein des communes » ; comme ces divisions possèdent un socle territorial, *a fortiori* en est-il ainsi de ces collectivités originales que sont les trois plus grandes villes de France.

Enfin doit être mentionné l'article 35 de la loi du 7 janv. 1983 : « Le territoire français est le patrimoine commun de la nation. Chaque collectivité publique en est le gestionnaire et le garant dans le cadre de ses compétences ... ».

c) Elément confirmé : existence d'**organes élus.**

Chaque collectivité territoriale possède des organes propres et ces organes sont élus ; il s'agit, en droit positif, d'une assemblée délibérante et d'un exécutif.

Ce dernier trait est manifesté par la loi du 2 mars 1982. L'article 60 du texte subordonne ainsi l'érection des régions en collectivités territoriales à l'élection de leur conseil au suffrage universel ; également les articles 25 et 73 font du président du conseil général et du président du conseil régional les organes exécutifs du département et de la région. Cette condition est d'ailleurs nécessaire sans être suffisante puisque tel est le cas des arrondissements de Paris, de Marseille et de Lyon, qui possèdent chacun un maire, des adjoints et des conseils élus, sans constituer pour autant des collectivités territoriales.

Cette dualité d'organes élus ne fait pas obstacle à l'institution, par le législateur, à l'intérieur des collectivités territoriales, d'autres organes élus (Cons. Cel., 28 déc. 1982, préc.).

d) Elément modifié : **remplacement de la tutelle par les contrôles administratif et budgétaire.**

Le changement est ici manifeste, même si — en retrait sur les affirmations du législateur de 1982 — les tutelles juridiques et financières n'ont pas été supprimées, mais seulement allégées (Cf. *infra* 1re Partie, chap. I).

e) Elément modifié : **disparition de la vocation générale.**

— La loi du 2 mars 1982 avait plutôt confirmé le rôle traditionnel des collectivités locales à assumer l'ensemble des missions correspondant aux intérêts des populations concernées.

— Mais il semble bien que l'article 1er de la loi nº 83-8 du 7 janvier 1983 ait corrigé cette donnée puisque, si les communes, les départements et les régions « règlent par leurs délibérations les affaires de leur compétence » — formule énigmatique et littéralement incorrecte — l'énumération faite aux alinéas 2 et 3 de cet article 1er, si large soit-elle, ne saurait pas inclure **l'ensemble des affaires locales** : administration et aménagement du territoire — développement économique, social, sanitaire, culturel et scientifique — protection de l'environnement et amélioration du cadre de vie — cadre institutionnel de la participation des citoyens à la vie locale.

— 4 —

— Il est donc parfaitement possible de suivre l'analyse d'un auteur (J. Chapuisat) et de considérer un **modèle d'administration à trois secteurs** où l'Etat posséderait le monopole des fonctions régaliennes, où l'Etat partagerait avec les collectivités locales « secondaires » les compétences visées ci-dessus, et où communes, départements et régions exerceraient comme fonctions spécifiques « la participation des citoyens à la vie locale et... l'expression de sa diversité ». Dans ce schéma, il est donc concevable qu'à un niveau quelconque d'administration décentralisée ne corresponde que telle ou telle compétence, et non plus la totalité de celles qui faisaient la collectivité territoriale de naguère ! (Cf. *infra*, 1re Partie, chap. 2). Pour l'exposé d'un point de vue différent : J.-M. Pontier, « Semper manet » — sur une clause générale de compétence, *R.D.P.*, 1984, p. 1443 et s.

— Parmi beaucoup d'autres incertitudes, une question est objet de controverses doctrinales, celle du « pouvoir réglementaire » des collectivités territoriales (L. Favoreu et M. Bourjol in *C.C.F.P.C.*, n° 13, oct. 1983, p. V à XIV ; J. M. Auby, *A.J.D.A.*, 1984.I, p. 468 et s.). On pourrait aussi se demander si la possession d'une fonction publique « spécifique » n'est pas une caractéristique des collectivités locales.

§ 2. — Notions voisines.

A. — La circonscription administrative.

1. Illustrations : on distingue traditionnellement deux types de circonscriptions administratives.

— Les premières, dites d'*administration générale*, sont polyvalentes, c'est dans une certaine mesure le cas du département et de la commune, qui sont surtout et simultanément des collectivités territoriales ; c'est surtout le cas de l'arrondissement et du canton.

L'arrondissement, dont l'origine fut le district créé par l'Assemblée constituante en 1790, a été constitué en l'an VIII et doté d'un Conseil d'arrondissement aux compétences très réduites. Suspendus en 1940, ces conseils n'ont pas été rétablis. Actuellement, l'arrondissement a à sa tête un sous-préfet et sert de subdivision à certains services (enseignement primaire ; service des hypothèques). Certains auteurs modernes (Gravier, Avril) lui accordent un regain d'intérêt en se fondant sur des raisons d'ordre historique (les arrondissements correspondent fréquemment à des « pays »), géographique et économique. Sur le plan administratif, son importance est négligeable.

Le canton fut, lors de l'éphémère réforme de l'an II, une division administrative essentielle. Mais depuis l'abolition des municipalités de canton par Bonaparte, il demeure surtout une circonscription électorale (cadre de l'élection des conseillers généraux) et administrative (gendarmerie, enregistrement ...).

— La deuxième catégorie de circonscriptions administratives repose sur des considérations techniques : ce sont les circonscriptions d'*administration spéciale*, ou encore « spécialisées ».

Leurs dimensions et leur découpage varient selon les ministères. On peut citer, à titre d'exemples : les directions régionales de l'I.N.S.E.E., les régions des haras, les inspections des lois sociales en agriculture, les régions cynégétiques, maritimes, aériennes, les arrondissements minéralogiques, les circonscriptions archéologiques, les ressorts des cours d'appel et des tribunaux administratifs, les académies, les régions sanitaires.

Leur multiplicité et leur chevauchement sont beaucoup trop complexes. Des décrets du 7 janvier 1959 et du 2 juin 1960 ont recommandé l'harmonisation des subdivisions administratives spécialisées, mais l'œuvre à accomplir en ce sens n'est que très partiellement réalisée.

Cette distinction n'est pas très solide : ainsi le canton n'est pas vraiment polyvalent malgré son caractère de circonscription d'administration générale (C.E., 18 nov. 1977, *Cne de Fontenay-sous-Bois et autres, Rec. Lebon*, p. 448 ; *R.D.P.*, 1978, p. 526 et s. concl. Franc) ; en revanche, la « région » d'avant 1972 — la circonscription d'action régionale — était-elle encore spécialisée ?

2. Statut.

Les circonscriptions spécialisées ne possèdent pas un véritable statut. Dans le cadre de la politique d'harmonisation définie par les décrets précités de 1959/1960, elles sont instituées, supprimées ou modifiées par décret en fonction de la nature des services extérieurs dont elles délimitent géographiquement les attributions.

Les **circonscriptions d'administration générale** sont régies par l'ordonnance n° 45-2604 du 2 nov. 1945 qui prévoient notamment la procédure de changement de nom, de transfert de chef-lieu, de création ou de suppression ... ; la règle est que toutes ces opérations impliquent un décret en Conseil d'Etat. Ces subdivisions sont assemblées par un **principe d'organisation hiérarchique** selon lequel les limites extérieures de chaque catégorie inférieure doivent coïncider avec celles de la catégorie supérieure « englobante » ; ce principe n'est pas d'application rigide mais il ne saurait être transgressé sans impérieux motifs d'intérêt général (concl. Franc sur C.E., 18 nov. 1977, préc.).

3. Caractéristiques.

Expression d'une politique de déconcentration qui vise à améliorer le fonctionnement des services publics et à rapprocher l'Administration de l'administré, la notion de circonscription administrative présente les particularités suivantes :

— c'est une **division du territoire** national, délimitée par les frontières géographiques précises ;

— elle ne possède **pas la personnalité juridique ;**

— elle correspond à une zone à l'intérieur de laquelle exercent leurs attributions les services de l'Etat et à la tête de laquelle est placé un représentant du pouvoir central (Par ex. D., n° 83-321 du 20 avr. 1983, relatif aux pouvoirs des commissaires de la République en matière de défense à caractère non militaire, pour le département, pour la région et pour la zone de défense) ; ce dernier trait souffre des exceptions (ex. le canton).

Pour les circonscriptions administratives à vocation électorale dominante, leur multiplication ou leur redécoupage est de nature à modifier l'équilibre de gestion d'une collectivité territoriale qui posséderait la même étendue. Pour éviter alors toute atteinte à « la libre administration des collectivités locales », deux solutions sont concevables : la première consiste à transférer au législateur la compétence qui était traditionnellement au nombre des attributions du Gouvernement. La seconde subordonnerait tout découpage ou morcellement à l'avis conforme de l'assemblée délibérante de la collectivité intéressée (sur l'ensemble de la question, cf. A. Roux, « le découpage des circonscriptions administratives et électorales devant le Conseil d'Etat », *A.J.D.A.*, 1983.I.219 et s.).

B. — L'établissement public.

C'est une notion-clé du droit administratif général qui correspond à la définition générique suivante : personne morale de droit public, chargée de la gestion d'un ou de plusieurs services publics, soumise à la règle de spécialité et rattachée à une collectivité territoriale.

En droit des collectivités locales, cette notion connaît deux applications originales.

1. L'établissement public local.

— L'expression s'applique à des réalités très diverses : offices de tourisme, régies personnalisées, O.P.H.L.M. et O.P.A.C., hôpitaux, caisses de crédit municipal, établissements publics sociaux, caisses des écoles, centres communaux d'action sociale, collèges et lycées ...

— Par rapport aux établissements publics nationaux, c'est-à-dire créés par l'État et rattachés aux ministères, les établissements locaux révèlent des différences plus ou moins accusées : zone de **compétence réservée au législateur** relativement vaste, car même si le problème des « catégories » ne se pose pas, le principe de libre administration est applicable (C.E. sect., 14 mai 1971, *Fasquelle et a., Rec. Lebon*, p. 360 ; Cons. Cel, 17 mars 1987, *A.J.D.A.*, 1987.I, p. 564) — fonctionnement régi, dans le silence des textes, par le **droit communal commun** — système de **contrôles** ou de tutelles, pesant, diversifié et d'une extrême complexité.

— Une double anomalie doit enfin être signalée : souvent, malgré leur rattachement à une collectivité, les établissements publics locaux ne peuvent être créés sans approbation du représentant de l'État. En outre, il n'est pas exceptionnel qu'ils gèrent des services publics nationaux (enseignement, santé, ...).

V. sur tous ces points : 2e Rencontres de Caen, *A.J.D.A.*, 1987.I, p. 563 s.

2. L'établissement public territorial.

— Il se caractérise par une fonction spécifique, qui est le **regroupement de collectivités territoriales.** Certains types seront étudiés dans le cadre de cet ouvrage (2e Partie, chap. II, sect. II et s. ; chap. III, sect. I).

La catégorie des établissements publics territoriaux pose, en tant que telle, deux problèmes spécifiques.

— Le premier est celui de la comparaison, et par conséquent de la **distinction avec la collectivité territoriale.**

La réponse à cette question ne réside évidemment pas dans l'opposition factice entre décentralisation par services et décentralisation territoriale. De plus il n'est pas niable que les deux concepts possèdent en commun « un air de famille » et de fortes ressemblances (personnalité juridique de droit public ; autonomie limitée par un contrôle administratif ou de tutelle ; vocation à gérer plusieurs services publics ; règles d'organisation et de fonctionnement calquées sur le modèle des institutions communales, parfois même compétence fiscale).

Cependant trois éléments de distinction peuvent servir d'indices, sinon de critères, outre la volonté expresse du législateur de refuser aux établissements nouvellement créés la qualification de collectivité territoriale. Tout d'abord, si toute collectivité locale possédait traditionnellement une compétence de principe à régler les affaires de son ressort, la **spécialisation** des établissements publics territoriaux demeure plus ou moins accusée (forte dans les syndicats intercommunaux même polyvalents, nette pour les districts et les régions, cette caractéristique devient floue dans le cas des communautés urbaines). Ensuite, le **statut** des collectivités locales est plus « législatif », celui des établissements publics plus « **réglementaire** ». Enfin, si la désignation des membres des assemblées délibérantes des collectivités locales procède du suffrage universel direct, les conseils des établissements ne sont **pas élus directement** par les populations intéressées.

— Le second conduit à se demander **si la fonction de regroupement**, commune à tous les établissements publics territoriaux, **n'affecte pas la vocation inhérente à tous les établissements publics, qui est de gérer un ou plusieurs services publics**. L'analyse du droit contemporain incline à y voir plus un cadre élargi qu'un mode de gestion adapté aux impératifs de l'exploitation des services publics.

Par diverses incitations, le législateur moderne favorise les regroupements, mais, — sauf exceptions — cet objectif entraîne l'adoption d'un statut rigide, qui fait peu de place aux exigences d'une gestion optimale.

V. A. de Laubadère, Vicissitudes actuelles d'une distinction classique : établissement public et collectivité territoriale, *Mélanges Couzinet* 1974, p. 411 s. ; 3e Rencontres de Caen ; *A.J.D.A.*, déc. 1988.

§ 3. — Principe de libre administration des collectivités locales et décentralisation.

— La définition classique de la **décentralisation** reposait sur les trois éléments suivants : la présence d'**autorités locales**, élues par la population et indépendantes du pouvoir central (à la différence des organes déconcentrés soumis au pouvoir hiérarchique), l'existence d'**affaires locales**, sphère de compétences spécifiques correspondant à un ensemble d'intérêts distincts des intérêts nationaux et exprimant l'attachement des habitants à certains enjeux, la **tutelle**, mécanisme de régulation indispensable pour assurer la suprématie de l'intérêt général et la coordination entre de multiples centres de décision qui devait être exercée le moins possible et avec beaucoup de doigté (« Pas de tutelle sans texte, pas de tutelle au-delà des textes »).

— Le principe de la libre administration des collectivités locales, inscrit dans la Constitution de 1958 et doté par le Conseil constitutionnel d'une valeur constitutionnelle, était parfaitement compatible avec cette conception traditionnelle de la décentralisation et, par voie de conséquence, avec la tutelle. Dès le vote de la loi sur « les droits et libertés des communes, des départements et des régions », a été posée la question symétrique : comment concilier le principe de libre administration avec le « contrôle administratif » appartenant au représentant de l'Etat dans le département ? On sait que la célèbre décision du Conseil constitutionnel du 25 février 1982 (*A.J.D.A.*, 1982, p. 303 et s., note J. Boulouis ; *R.D.P.*, 1982, p. 1259 et s., obs. L. Favoreu) réaffirme avec éclat le nécessaire respect des prérogatives de l'Etat et de la sauvegarde des intérêts nationaux.

— Depuis lors le principe a été invoqué et utilisé dans plusieurs affaires, relatives par ex. au statut de la Corse, au régime administratif des régions et des D.O.M., à l'organisation de Paris, Marseille, Lyon, et il peut sembler difficile d'y découvrir le même fil conducteur. L'idée-clé est que **le principe de libre administration ne dessine pas une ligne** — qui serait la frontière à ne pas dépasser, le trait au-delà duquel les « droits et libertés » auraient trop, et le « contrôle administratif » pas assez — **mais circonscrit une « zone »** à l'intérieur de laquelle plusieurs solutions sont également possibles et également conformes à la Constitution. Sont ainsi sauvegardées et la liberté du Parlement, et la suprématie des principes constitutionnels.

— Reste que si l'on veut différencier le principe de libre administration de cette forme caractéristique d'organisation de l'Etat qu'est la décentralisation, on pourrait sans doute creuser l'idée suivante : la **décentralisation**, telle qu'elle a toujours été pratiquée et analysée en France, exprime surtout le type de **rapports existant entre le pouvoir central, d'une part, et les collectivités locales, de l'autre** — alors que le principe de **libre administration** part du postulat d'une autonomie de gestion des collectivités locales et envisage **non seulement leurs relations avec l'Etat, mais encore les rapports qui se nouent entre elles.**

Sur l'ensemble de ces questions : outre les traités et manuels de droit administratif et d'institutions administratives, V. J. Baguenard, *La décentralisation territoriale*, P.U.F. coll. Que sais-je ? ; F. P. Bénoit, *Encyclopédie Dalloz des collectivités locales* (6 tomes) ; J. Bourdon, J. M. Pontier, J. C. Ricci, *Droit des collectivités territoriales*, P.U.F. coll. Thémis, 1987 ; J. Moreau, G. Darcy et autres, La libre administration des collectivités locales, Réflexion sur la décentralisation, actes du Colloque d'Arc-et-Senans/Besançon, Economica et P.U. d'Aix-Marseille, 1984 ; Vertus et limites de la décentralisation (colloque de Clermont-Ferrand) : *Les cahiers du droit public* 1985.

On peut citer enfin parmi les revues spécialisées les publications de l'Institut de la Décentralisation (Nanterre) et les *Cahiers du C.F.P.C.* devenus les *Cahiers du Centre National de la Fonction Publique Territoriale* (2 à 3 numéros par an).

PREMIÈRE PARTIE

LA « NOUVELLE DÉCENTRALISATION » ET LE NOUVEAU RÉGIME DES COLLECTIVITÉS TERRITORIALES

La « nouvelle décentralisation » était selon le Président de la République, M. Mitterrand, « la grande affaire du septennat ». Elle se proposait, comme on l'a dit, trois objectifs prioritaires : ériger les régions en collectivités territoriales, étendre le principe de l'élection de l'exécutif aux départements et aux régions, et supprimer les tutelles. Elle a été complétée après 1982 par les transferts de compétences et d'importantes réformes financières. Tous ces changements ont une conséquence juridique fondamentale, — **une ressemblance de plus en plus marquée entre communes, départements et régions.** C'est cette idée qu'il s'agit de mettre en évidence, avant d'étudier dans les parties suivantes, et successivement, l'organisation administrative de la commune, puis celle du département et de la région.

Plan. — Chapitre I. — Les contrôles de l'Etat sur les collectivités territoriales.

Chapitre II. — Les transferts de compétences.

Chapitre III. — Les relations financières entre les collectivités territoriales et l'Etat.

CHAPITRE I. — **LES CONTRÔLES DE L'ÉTAT SUR LES COLLECTIVITÉS TERRITORIALES**

La loi du 2 mars 1982 a pour **objectif la suppression de la tutelle administrative et de la tutelle financière** et l'allègement des tutelles techniques. C'est non seulement le résultat escompté des changements nombreux que ce texte introduit dans le droit antérieur (pour les communes, art. 2 à 4, 7 à 15, 21-I et VIII ; pour les départements, art. 45 à 47, 51 à 55 pour les régions, art. 68 et 70, 82 et 83), mais c'est aussi le but affiché par le législateur dans les titres de nombreux chapitres de cette même loi (chap. 1 et 2 du tit. 1er ; chap. 4 du tit. 2 ; chap. 2 et 5 du tit. 3).

En réalité, **l'affirmation est plus politique que juridique** pour trois raisons. Tout d'abord, la tutelle sur les personnes, qu'il serait plus exact de dénommer « tutelle sur les organes », est presque intégralement maintenue (suspension et révocation du maire — dissolution des assemblées délibérantes locales.

V. *infra*, IIe Partie, chap. I, sect. II, § 2 et sect. III, § 2 ; IIIe Partie, chap. I, sect. II, § 2, et chap. II, sect. V, § 1). En outre certains cas de tutelle par substitution demeurent (en matière de police, art. 2 V et 34.III), ou de tutelle par approbation préalable (art. 65). Enfin le contrôle budgétaire, créé par cette même loi de 1982, donne toujours au représentant de l'Etat dans le département ou dans la région le dernier mot (v. ci-dessous sect. II), solution qui ressemble fort, à quelques différences de procédure près, à l'ancienne tutelle par substitution.

On peut ajouter que les lois de décentralisation postérieures, tout en proclamant l'interdiction des tutelles entre collectivités territoriales (art. 2, L. 7 janv. 1983), ont pu par ailleurs favoriser une « renaissance des tutelles » (S. Régourd, *R.A.*, 1982, p. 613 ; J. F. Auby, *A.J.D.A.*, 1984.I, p. 412 s.).

La situation actuelle est donc moins claire qu'on pouvait le supposer. Il reste incontestable que la loi du 2 mars 1982 modifiée a **sensiblement allégé les tutelles administratives et financières**, en substituant au régime antérieur un double système de contrôles.

Section I. — Le contrôle administratif de légalité

Par rapport à la tutelle, le changement est double. D'une part, le préfet ne possède plus le pouvoir d'annuler lui-même les actes des autorités locales ou d'en suspendre l'exécution ; il peut seulement saisir le juge pour que ce dernier prononce l'annulation. D'autre part, et par voie de conséquence, le contrôle est a *posteriori*, et non plus a *priori*.

Le contrôle administratif de légalité est composé de deux éléments d'importance inégale et qui ne sont pas parfaitement « rivés » l'un à l'autre.

§ 1. — L'obligation de transmission.

L'économie générale du système mis en place par l'article 2 de la loi du 2 mars 1982, dans la rédaction nouvelle que lui donne la loi du 22 juillet 1982, est la suivante. Les actes juridiques les plus importants pris par les autorités locales doivent être transmis à la préfecture ou à la sous-préfecture ; cette procédure doit permettre l'information du préfet, qui pourra ainsi porter une appréciation sur la légalité de ces décisions et éventuellement saisir le tribunal administratif si elles lui paraissent « suspectes ».

A. — Domaine de l'obligation.

Il est délimité d'une double manière :

— **par énumération** : ainsi l'article 2.II. comporte-t-il, pour le cas de la commune, six rubriques : délibérations du conseil municipal — principaux contrats (marchés, emprunts, concessions et affermages) — décisions réglementaires des autorités communales — actes de police du maire — mesures concernant la carrière des fonctionnaires municipaux (nomination, avancement, sanctions) — décisions individuelles en matière d'urbanisme (notamment les permis de construire).

— **par exclusion** : ne sont pas soumis à l'obligation de transmission les actes pris par les autorités locales agissant au nom de l'Etat, non plus que ceux pris sous l'emprise du droit privé (v. C.E. sect., 27 févr. 1987, *Commune du Bourg de Marie-Galante ; Rec. Lebon,* p. 79 ; *R.F.D.A.*, 1987, n° 2, p. 212, concl. B. Stirn).

B. — Modalités d'exécution.

En principe la transmission est opérée sur décision de l'organe exécutif de la collectivité, mais elle peut être effectuée par le comptable (T.A. Lille, 27 mars 1985, *Préfet commissaire de la République de la région Nord-Pas-de-Calais, A.J.D.A.*, 1985, n° 116, p. 556). La date à prendre en considération est celle du récépissé de réception délivré par les services de la préfecture, mais la transmission peut être établie par tout moyen.

C. — Effets de la transmission.

Ils sont au nombre de deux.

— Elle rend **l'acte opposable aux tiers.** L'accomplissement de cette formalité de transmission n'est pas une condition d'existence de l'acte, ni une condition de validité (sinon la tutelle serait maintenue) ; elle rend seulement l'acte « **exécutoire** ».

— Elle déclenche le **point de départ du délai** dans lequel le préfet peut saisir le tribunal administratif.

Les règles étudiées ici dans le cadre de la commune sont transposables au département et à la région (L. 2 mars 1982, mod. art. 35 et 69).

§ 2. — Le déféré préfectoral.

C'est une **sorte de recours pour excès de pouvoir**, intenté par le représentant de l'État dans le département ou dans la région qui, estimant illégal un acte émanant d'une autorité locale, saisit le juge administratif pour que ce dernier en prononce l'annulation. Dans son principe, le dispositif ainsi créé est simple ; il a cependant soulevé de multiples difficultés d'application, parce que les textes hâtivement rédigés (pour la commune, art. 3 et 4, L. 2 mars 1982 modifiée par L. 22 juill. 1982) ne sont pas clairs, parce que le législateur pouvait difficilement prévoir l'infinie variété des cas d'espèce, parce que enfin l'assimilation du déféré préfectoral au recours pour excès de pouvoir classique n'est pas complète (le contrôle administratif de légalité présente quelques spécificités de procédure).

A. — Domaine d'application.

Il n'est pas facile de cerner l'ensemble des actes juridiques, susceptibles d'être déférés par le préfet à la juridiction administrative.

1. Il s'agit d'abord des **actes soumis à l'obligation de transmission**. Ici la solution est certaine et logique. D'une part, ce sont les actes

les plus importants ; d'autre part et surtout, l'obligation de transmission serait une formalité peu utile si elle ne débouchait sur la
faculté reconnue au préfet de saisir le juge de la légalité.

2. Cet ensemble comprend ensuite une catégorie spéciale d'actes que
le législateur a, postérieurement à 1982, expressément soumis à ce
régime de contrôle : acte pris par une autorité locale, susceptible de
compromettre le fonctionnement ou l'intégrité des **ouvrages ou des
installations intéressant la défense nationale** (art. 26, L. n° 86-29
du 9 janv. 1986) ; le juge compétent est alors le Conseil d'Etat en
premier et dernier ressort.

3. Le juge administratif a en outre décidé, pour les **actes non soumis
à l'obligation de transmission**, qu'ils pouvaient faire l'objet d'un
déféré **dès lors qu'ils relevaient de la compétence de la juridiction administrative** (C.E. sect., 13 janv. 1988, *Mutuelle générale des
personnels des collectivités locales et de leurs établissements : A.J.D.A.,*
1988.I, p. 142, chr. Azibert et M. de Boisdeffre ; *R.F.D.A.*, 1988,
n° 2, p. 282, concl. Roux ; *contra* note F. Llorens : *R.D.P.*, 1988,
p. 853 et s.). En revanche, le problème n'est pas définitivement réglé
pour les vœux, pris sous forme de délibérations (T.A. Strasbourg,
7 avr. 1987, *Comm. de la République de Moselle ; R.F.D.A.*, 1988,
n° 3, p. 416, concl. Heers. *Contra*, T.A. Nice, 6 juill. 1984, *Comm. de
la République des Alpes Maritimes, Rec. Lebon*, p. 516 ; *R.F.D.A.*,
1985, n° 1, p. 61, note G. Melleray).

B. — Conditions de recevabilité.

Le parallélisme recherché entre déféré préfectoral et recours pour excès
de pouvoir éclaire certaines solutions, mais des difficultés spécifiques
demeurent.

1. Deux points sont certains : d'une part, le préfet a toujours **intérêt
à agir** ; en sa qualité de représentant de l'Etat, chargé de la protection
des intérêts nationaux, il peut toujours saisir le juge par la voie du
référé ; d'autre part, le recours doit être exercé dans les **deux mois** :
ce délai de droit commun est au surplus explicitement fixé par les
textes.

2. Deux autres points de procédure ont été facilement tranchés, par
analogie avec le recours pour excès de pouvoir. D'abord, même si la
loi prévoit expressément que le préfet doit immédiatement informer
la collectivité locale concernée de la saisine du tribunal administratif
— devoir d'information à finalité « pédagogique » —, cette formalité
n'est pas substantielle ; son omission ne constitue pas une cause
d'irrecevabilité (C.E., 24 avr. 1985, *Ville d'Aix-en-Provence ; A.J.D.A.*,
1985, n° 75, p. 378, obs. J. Moreau ; *R.F.D.A.*, 1985, n° 4, p. 527,
concl. D. Latournerie). Ensuite a été reconnu au préfet le droit
d'intenter un « recours gracieux » devant la collectivité en cause, qui
conserve le « recours contentieux » (C.E., 18 avr. 1986, *Commis. de
la République d'Ille et Vilaine ; A.J.D.A.*, 1986.90, p. 455, note
Chabanol ; *D.S.*, 1987.70, note J. P. Négrin).

3. Demeurent deux sources de difficultés propres au déféré préfectoral :
le cas de **transmission incomplète** et ses incidences sur la
computation du délai (C.E. sect., 13 janv. 1988, *Mutuelle générale
des collectivités locales*, préc.) — les effets du « **déféré préfectoral
provoqué** » par la personne lésée par un acte d'une autorité locale

(art. 4, L. 2 mars 1982, mod.) ; cette faculté n'interdit pas au tiers d'agir directement devant le tribunal administratif, mais le refus du préfet constitue-t-il une « décision faisant grief » ?

C. — Effets.

1. Le premier, évident, est de **saisir le juge de la légalité**, qui pourra donc annuler l'acte contesté. Une controverse est née sur le droit du préfet de se désister ; elle est tranchée dans le sens de l'affirmative.

2. Une second série de conséquences n'est qu'éventuelle, puisqu'elle se rapporte à la faculté offerte au préfet de demander le prononcé d'un **sursis à exécution**. L'article 4 crée sur ce point deux innovations : **un sursis élargi et un sursis accéléré** ; le second obéit à des règles de procédure originales (C.E. ord., 2 juill. 1982, *Commune de Sarcelles : Rec. Lebon*, p. 260, 15 déc. 1982, *Commune de Garches, R.D.P.*, 1983, p. 211, note R. Drago ; *D.S.*, 1983.279, note J. M. Auby).

L'institution de sursis à exécution spécifique exprime la volonté du législateur de 1982 de concilier deux impératifs en apparence contradictoires : paralyser l'application d'actes locaux grossièrement illégaux, sans retarder exagéremment la date à laquelle les décisions des autorités locales deviennent intangibles.

§ 3. — La pratique du contrôle administratif de légalité.

Les premiers commentateurs de la réforme de 1982 avaient craint que l'abondance des recours ne submerge la juridiction administrative. Ce diagnostic pessimiste s'est révélé complètement faux. Pour autant la situation actuelle n'est pas satisfaisante.

1. Une analyse quantitative globale met en relief le **très faible nombre des déférés préfectoraux**. Durant la première année (avr. 1982/31 mars 1983, 809 recours dont 210 assortis de demandes de sursis sur environ 2,5 millions d'actes transmis). Leur nombre atteint son apogée en 1984/1985, soit plus de 2 000. Durant l'année civile 1986, pour 3,9 millions d'actes transmis, 1760 déférés, dont près de 700 désistements. Ces chiffres sont très peu élevés : approximativement 1 000 recours « maintenus » par an, soit en moyenne moins d'un par département et par mois (face à quelques 35 000 actes transmis).

En affinant quelque peu ces données statistiques, on observe que le contentieux communal correspond à plus de 4/5 du total et que trois secteurs provoquent les 3/4 des déférés (personnel territorial — prix des services locaux — urbanisme). Les spécialistes insistent sur la « monotonie » de ces types de litiges.

2. L'interprétation de ces résultats chiffrés doit être marquée par la prudence : la durée d'expérience est courte, la pratique varie beaucoup d'un département à l'autre, et seules des études monographiques approfondies rendraient solide l'esquisse d'une synthèse. L'**interprétation « optimiste »** est très simple : les autorités locales respectent le Droit ; dans les cas relativement rares d'illégalités apparentes, les préfets défèrent et obtiennent satisfaction (75 à 80 % des jugements prononcés sont des annulations). L'**interprétation « pessimiste »** n'est pas moins systématique : le contrôle de légalité fonctionne peu et mal, car les services

préfectoraux ne sont pas armés pour dépister les actes irréguliers, le délai de deux mois est très court, et, sauf exceptions, les préfets sont peu intéressés par ce travail ingrat ; en bref, la suppression des tutelles a conduit à une régression de l'Etat-de-droit. La vérité se situe sans doute entre ces deux points de vue extrêmes, car le nombre des déférés est inférieur à celui des affaires suivies par les services chargés du contrôle ; des procédures de négociations informelles, suggérées par la loi et les circulaires d'application, permettent à la collectivité concernée de redresser les irrégularités commises ...

Il reste cependant que le **contrôle juridictionnel est devenu exceptionnel**, et que le déclanchement du déféré relève d'une **appréciation d'opportunité** effectuée par le représentant de l'Etat. Par rapport aux ambitions du législateur de 1982, le résultat est plutôt paradoxal (v. en ce sens J. F. Lachaume : *R.F.D.A.*, 1985, n° 4, p. 529 s. ; J. C. Hélin, *R.F.D.A.*, 1987, n° 5, p. 765 ; D. Chabanol, *A.J.D.A.*, 1987, n° 3, p. 185).

Section II. — **Le contrôle budgétaire**

Il est organisé par les articles 7 à 15 de la loi du 2 mars 1982 pour les communes (Cf. art. 51 à 55 pour les départements, et régime analogue pour les régions). Les dispositions initiales ont d'ailleurs fait l'objet de retouches en 1986 et 1988, ce qui témoigne de la difficulté à fixer le point d'équilibre harmonieux entre le respect de l'autonomie locale et les impératifs de l'orthodoxie budgétaire. Deux innovations résument la réforme.

— D'une part, comme à l'époque de la tutelle, la décision définitive appartient au préfet, mais celle-ci est prise désormais après une procédure de concertation complexe, assez différente par son « climat » des pouvoirs unilatéraux de substitution d'avant 1982.

— D'autre part, interviennent les **Chambres régionales des comptes**, juridictions financières, qui agissent dans le cadre du contrôle budgétaire en qualité d'organismes administratifs, auteurs d'avis, de recommandations, de mises en demeure, — toutes mesures non décisionnelles (sur leur organisation et leur fonctionnement, L. 2 mars 1982, art. 84 s. ; L. 82-594 et 595 du 10 juill. 1982 ; D. 16 nov. 1982 et 4 mai 1983).

§ 1. — **Domaine du contrôle.**

Il est prévu dans quatre cas, que l'on va se borner ici à énumérer sans les analyser en détail.

1. **Budget non adopté à la date légalement prescrite** (L. 2 mars 1982, art. 7).

En principe, cette date-limite est le 31 mars de l'année de l'exercice. Si dans le délai prescrit, l'assemblée délibérante de la collectivité n'a pas adopté le budget, elle est provisoirement dessaisie de cette compétence, la chambre régionale des comptes formule dans le mois de sa saisine par le préfet des propositions ; le représentant de l'Etat règle alors le budget et le rend exécutoire.

2. **Budget non adopté en équilibre réel** (L. 2 mars 1982, art. 8).

Dans ce cas, la chambre régionale saisie par le préfet propose à la collectivité des mesures de redressement et l'invite à les adopter par une seconde délibération. Au cas de refus ou d'insuffisance, que la chambre apprécie, le préfet règle le budget.

3. **Déficit de l'arrêté des comptes** (L. 2 mars 1982, art. 9).

Si le déficit dans l'exécution du budget dépasse un certain seuil (5 % ou 10 % selon la taille de la collectivité) la chambre formule des propositions en vue du rétablissement de l'équilibre ; le budget de l'année ou des années suivantes doit prévoir des mesures de redressement en vue de résorber le déficit ; comme dans les cas précédents, la chambre propose et le préfet décide.

4. **Omission ou insuffisance de crédits correspondant à des dépenses obligatoires** (L. 2 mars 1982, art. 11).

Ce dernier cas, qui a suscité le plus de difficultés en pratique, ressemble aux précédents pour les rôles impartis respectivement à la chambre régionale et au préfet. Mais le législateur de 1982 a innové en donnant une définition stricte des cas de « dépense obligatoire » (ils doivent avoir été prévus par la loi ou sont la conséquence de l'exécution d'une décision de justice ou d'un engagement contractuel). En cas de refus opposé par la collectivité de créer des ressources ou de réduire les dépenses facultatives, le préfet procède à l'inscription d'office.

§ 2. — Procédure du contrôle.

A. — Déroulement de la procédure.

Les articles 7, 8, 9 et 11 de la loi prévoient chacun une procédure spécifique, mais si l'on « gomme » les différences de détail, on retrouve un déroulement à peu près similaire, qui se décompose en 4 phases :
— un « fait générateur » déterminé par la loi (par ex. la non-adoption du budget à une certaine date) ;
— la saisine de la chambre régionale des comptes, le plus souvent par le préfet, mais parfois par le comptable de la collectivité ou par un tiers y ayant intérêt (art. 11) et l'émission par la chambre d'un avis, d'une proposition, d'une mise en demeure.
— la réaction de la collectivité concernée, qui si elle ne s'incline pas, provoque l'intervention du préfet ;
— enfin la décision du représentant de l'Etat, qui, si elle s'écarte des avis ou propositions formulés par la chambre, doit être motivée.

B. — Difficultés juridiques.

Elles sont presque toutes relatives au dernier cas de contrôle budgétaire et visent donc les « dépenses obligatoires ». De la très abondante jurisprudence rendue en la matière, on peut dégager trois solutions particulièrement importantes :
— la « décision » par laquelle la chambre régionale des comptes rejette la demande de constat de dépense obligatoire omise ou insuffisante est une « décision » dont le contentieux relève du tribunal administratif

(C.E., 23 mars 1984, *O.G.E.C. de Couëron, A.J.D.A.*, 1984.I, p. 353, obs. J. C. ; *R.D.P.*, 1984, p. 1125, art. J. M. Auby) ;

— les mises en demeure adressées par la chambre aux collectivités locales ne constituent pas des « décisions faisant grief », car ce sont des mesures préparatoires prises dans le cadre d'une procédure complexe (C.E., 30 janv. 1984, *Départ. de la Moselle, A.J.D.A.*, 1987, n° 26, p. 217, concl. S. Hubac) ;

— le préfet n'est pas lié par le point de vue de la chambre (pour une demande d'inscription d'office, C.E., 10 févr. 1988, *Commune de Brives-Charensac, A.J.D.A.*, 1988, n° 40, p. 279, concl. Roux).

§ 3. — La pratique du contrôle budgétaire.

Elle est difficile à connaître, puisque les actes des chambres régionales des comptes ne sont pas publiés. C'est donc à travers les rapports de sysnthèse rédigés par les magistrats des chambres (Par ex. les chroniques bi-annuelles de MM. Malingre et Varaine à l'*A.J.D.A.*), que l'on peut dégager quelques tendances caractéristiques.

1. Depuis juin 1983, il semble que les saisines des chambres régionales se situent, chaque année, entre 1200 à 1800 affaires. Au début, ces saisines avaient surtout trait à des budgets tardifs des communes et des établissements publics locaux. Actuellement, un certaine équilibre s'est établi entre les 4 cas prévus par la loi. Pour les dépenses obligatoires de l'article 11, 2 saisines sur 3 émanent de « tiers intéréssés », 1 sur 4 seulement provenant des préfets ; elles concernent trois secteurs de la vie administrative : rapports des départements et des communes avec les établissements privés d'enseignement — logement des instituteurs — défaut d'entretien des chemins vicinaux. Le fonctionnement du contrôle budgétaire ne semble pas avoir suscité beaucoup de critiques.

2. En revanche, l'article 87 de la loi du 2 mars 1982 avait confié aux chambres une autre mission non-juridictionnelle très intéressante, **le contrôle de la gestion**, sorte d'audit financier qui devait inciter les élus locaux à une gestion orthodoxe mais dynamique. Dans l'exécution de cette tâche, certaines maladresses ont pu être commises, et les élus locaux supportaient d'autant moins ces « remontrances » qu'elles pouvaient être exploitées sur place par l'opposition. C'est la raison pour laquelle la loi du 5 janvier 1988, dans son article 23, a « encadré » les pouvoirs des chambres sur ce point précis (v. Ph. Limouzin-Lamothe, *La réforme des chambres régionales des comptes, amélioration ou amputation ?, A.J.D.A.*, 1988.I, p. 427).

Sur l'allégement des tutelles techniques, qui constitue le troisième volet des réformes de 1982, cf. L. 2 mars 1982, art. 90 et 91 et *Cahiers du C.F.P.C.*, févr. 1987, n° 21.

CHAPITRE II. — **LES TRANSFERTS DE COMPÉTENCES**

Les transferts de compétences constituent le troisième volet de la politique de « nouvelle décentralisation », après l'allégement des tutelles et la généralisation de l'élection des exécutifs locaux. Annoncés à l'article 1er de la loi du 2 mars 1982, ils sont mis en œuvre par les lois des 7 janvier et 22 juillet 1983 (et par les lois qui les complètent et les modifient) et commencent à devenir effectifs à compter du 1er juin 1983. En tant qu'ils signifient que de nouveaux pouvoirs sont dévolus aux communes, aux départements et aux régions, ils s'insèrent tout à fait logiquement dans le sillage du mouvement décentralisateur.

Si ils interviennent chronologiquement après les deux autres réformes, ils constituent l'**élément le plus original** de la « nouvelle décentralisation ». En effet les grandes lois antérieures, — loi du 10 août 1871 pour le département, loi du 5 avril 1884 pour la commune, loi du 5 juillet 1972 pour la région, — proclamaient la vocation de la collectivité ainsi réorganisée à gérer elle-même ses propres affaires (« Le conseil municipal règle par ses délibérations les affaires de la commune ») ou réaffirmaient les compétences économiques de la région (L. 1972). Mais aucun transfert de pouvoirs n'était consenti par l'Etat au profit des entités décentralisées.

En 1983, malgré le titre donné aux lois du 7 janvier et 22 juillet (répartition des compétences entre les communes, les départements, les régions et l'Etat), il ne s'agit pas de constater ou de préciser l'état du droit antérieur ; leur objet est de déplacer la ligne frontière entre le « central » et le « local », de confier aux collectivités territoriales des compétences exercées jusqu'alors par l'Etat. En bref, **l'opération est « translative », et non « déclarative »** ; c'est un transfert plus qu'une répartition.

Enfin par leur complexité même, les transferts se situent dans le moyen terme, et non dans l'immédiat. Dès l'origine, il est prévu qu'ils s'insèrent dans un **calendrier** (1er janv. 1984, 1er janv. 1986 ...). Cet échelonnement dans le temps permet ainsi à un nouveau train de réformes de compléter, mais aussi de corriger les textes précédents. Les transferts forment donc une sorte de « **feuilleton** » (Chapuisat).

Section I. — **Définition**
des transferts de compétences

On pourrait croire que la définition va de soi : il y aurait transfert si et seulement si des **pouvoirs, naguère exercés par l'Etat, appartiennent désormais aux régions, aux départements et aux communes**. En réalité, la notion est plus complexe, parce qu'elle a été associée à un mouvement en sens inverse : des charges supportées antérieurement par les collectivités locales ont été transférées à l'Etat (ainsi en matière de police et de justice) ; d'autre part, comme les transferts font l'objet d'une compensation financière (v. *infra*, chap. III), il importe d'en donner une définition rigoureuse.

Deux méthodes peuvent être ainsi combinées.

§ 1. — **Définition des transferts par extension.**

Cette méthode consiste à énumérer les chapitres qui ont fait l'objet de transferts, puis à les regrouper en fonction de la collectivité locale bénéficiaire.

1. Les **régions** se voient attribuer la planification décentralisée, la formation professionnelle et l'apprentissage, la gestion des lycées, la culture ...

   Ces transferts dessinent l'image d'une **collectivité tournée vers l'avenir**, ayant en charge, en complémentarité de sa vocation économique antérieure, la prévision et la programmation du développement et des équipements.

2. Les **départements** sont désormais compétents en matière d'équipement rural, d'aide et d'action sociales, de ports de commerce et de pêche, de transports scolaires hors périmètre urbain, de gestion des collèges.

   Est ainsi confirmée l'idée d'une collectivité de gestion, axée sur les services et les actions de **solidarité.**

3. Enfin, pour la **commune**, c'est l'idée familière et traditionnelle d'une **collectivité proche de ses habitants** qui se trouve précisée et enrichie.

   D'où des transferts en matière d'urbanisme, de gestion des écoles, de transports scolaires en site urbain, de ports de plaisance, de bibliothèques et de musées ...

§ 2. — Définition des transferts par compréhension.

Ici il convient de comparer les transferts avec d'autres opérations concomitantes, et de les en distinguer, non seulement par souci de précision conceptuelle, mais aussi parce que des conséquences pratiques importantes s'y attachent.

1. Les « **transferts** » *stricto sensu* s'analysent en une sorte de jeu à somme nulle entre l'Etat et les collectivités territoriales. Les attributions abandonnées par l'Etat deviennent communales et/ou départementales et/ou régionales. Il s'agit d'une nouvelle donne, d'une **redistribution des pouvoirs** entre les collectivités publiques.

2. Les « **nouvelles compétences** » sont des pouvoirs supplémentaires qu'exercent désormais les personnes publiques. L'Etat ici n'a rien perdu. Le meilleur exemple est celui de l'interventionnisme économique tel qu'il avait été organisé par les articles 5 et 6, 48 et 49 de la loi du 2 mars 1982 (la loi du 5 janv. 1988 a profondément amendé le système) : L'Etat reste le maître du jeu et le garant des grands équilibres, mais communes et département disposaient de pouvoirs nouveaux, dans le respect du rôle directeur reconnu à la région (art. 4 de la loi du 7 janv. 1982 approuvant le Plan intérimaire). En bref, **addition sans soustraction.**

3. Enfin, le « nouvel exercice des compétences traditionnelles » peut correspondre à des domaines tels que la police municipale, la coordination de travaux (L. 18 juill. 1985), la gestion de la fonction publique territoriale. Ce nouvel exercice est le résultat de la suppression ou de l'allègement des tutelles. Il y aurait ici **moins addition que multiplication** !

Section II. — Régime des transferts de compétences

Ce régime est établi par le titre 1er (art. 2 à 26) de la loi n° 83-8 du 7 janvier 1983. Il vaut non seulement pour les transferts que cette loi opère, mais aussi pour l'avenir, c'est-à-dire pour les transferts ultérieurs, effectués par d'autres lois (Cf. par ex. art. 1er, L. 22 juill. 1983). Ainsi les transferts sont-ils dominés par un certain nombre de principes et forment-ils un véritable « système ».

§ 1. — Principes régissant les transferts de compétences.

Trois règles d'inégale valeur sont posées par le législateur, au début du titre 1er de la loi du 7 janvier 1983. Les deux premières indiquent plutôt un idéal à respecter que de véritables normes de droit positif.

A. — Prohibition des tutelles (art. 2, L. 7 janv. 1983).

Il ne s'agit pas ici d'interdire à nouveau à l'Etat de ressusciter, les tutelles administratives et financières, supprimées par la loi du 2 mars 1982 (Cf. *supra*, chap. I). Il s'agit bien plutôt de prohiber à l'avance tout mécanisme par lequel une collectivité puissante et riche contrôlerait une collectivité faible et pauvre. Ainsi des rapports qui pourraient s'établir entre régions et département d'une part, petites communes rurales, d'autre part.

Si le principe est parfaitement clair et peut recevoir une sanction contentieuse (T.A. Montpellier, 26 juin 1983, *Commune de Narbonne*, *Rec. Lebon*, p. 561 ; *A.J.D.A.*, 1983, n° 106, p. 678, note Dugrip), il est plus difficile à faire respecter en pratique, par ex. en matière de développement rural.

B. — Transfert par « bloc » (art. 3, L. 7 janv. 1983).

L'idée est très simple, mais l'application très malaisée, et le législateur a péché par excès d'optimisme. On comprend le sens de cette disposition : l'Etat renonce partiellement ou totalement à l'exercice par lui-même de ses compétences en matière d'urbanisme ou de remembrement rural ; le transfert de ces compétences sera effectué au bénéfice de la commune dans le premier cas, du département dans le second. Fréquemment cette dévolution à un seul niveau de collectivité est impossible à raison de l'enchevêtrement des pouvoirs appartenant aux trois niveaux de collectivités. D'où des partitions sinon arbitraires, du moins compliquées, à l'intérieur des pouvoirs transférés par l'Etat, entre nouvelles compétences communales, départementales et régionales. Les illustrations les plus significatives concernent le logement, la gestion des locaux d'enseignement et les ports (T.A. Nantes, 12 nov. 1985, *Commune de Saint-Gilles-Croix-de-Vie, Rec. Lebon*, p. 438).

C. — Etalement des transferts dans le temps (art. 4, L. 7 janv. 1983).

Pour chacun des douze ou quinze transferts opérés, la mise en application de la décision du législateur suppose de multiples décrets, arrêtés, circulaires, fixant par ex. la date du transfert, les modalités de la mise à disposition des services de l'Etat concernés, à plus long terme le partage de ces services extérieurs, sans oublier les conséquences financières et fiscales qui en résultent. D'où un maquis de textes difficiles à interpréter (ainsi 19 circulaires fort détaillées ont-elles été publiées sur ce point durant le second semestre 1985, et 6 durant le seul mois de février 1986). Il ne semble pas cependant que l'entrée en vigueur des transferts de compétences ait suscité un abondant contentieux (v. toutefois, C.E., 6 juin 1986, *Départ. du Finistère, Rec. Lebon*, p. 160 ; *A.J.D.A.*, 1986, n° 102, p. 502, concl. Van Ruymbeke ; 3 avr. 1987, *Jack Caffort, A.J.D.A.*, 1987, n° 89, p. 537, concl. S. Hubac), les autres modalités d'application des transferts non plus (C.E., 28 janv. 1987, *Départ. de la Vendée, Rec. Lebon*, p. 16 ; 1ᵉʳ oct. 1986, *Assoc. nationale des élus du littoral et Commune de Canet-en-Roussillon, Rec. Lebon*, p. 524 ; *A.J.D.A.*, 1987, n° 13, p. 115, note Rézenthel), si l'on en excepte le contentieux budgétaire lié aux établissements privés d'enseignement (v. *supra*, chap. I, sect. II).

§ 2. — « Système » des transferts.

L'idée directrice qui inspire les articles 5 à 26 de la loi du 7 janvier 1983 est que le transfert de compétences ne se réduit pas à une attribution des pouvoirs de décision, jadis étatiques, et désormais dévolus aux organes élus des communes, des départements et des régions, mais que lui sont associées diverses conséquences dont l'ensemble forme un « système ».

Dans cette perspective doivent être cités :

1. Le principe de **compensation financière**, — intégrale et concomitante selon l'article 5 de la loi de 1953 (Cf. chap. 3, not. sect. III et IV).

2. L'octroi des **moyens humains** nécessaires à l'exercice des nouvelles compétences. Les articles 7 à 15 de la loi de 1983 distinguent plusieurs types de conventions à conclure entre les collectivités locales et l'Etat ; la procédure utilisée est celle de la « mise à disposition ». On en étudie plus loin le fonctionnement (Cf. IIIᵉ Partie, chap. I, sect. III).

3. Pareillement, les articles 19 à 24 détaillent les **moyens patrimoniaux**, mobiliers et immobiliers, dont disposait l'Etat avant les transferts, et que vont devoir utiliser les collectivités territoriales pour l'exercice de leurs nouvelles compétences. Le texte distingue logiquement trois éventualités : le cas où la collectivité antérieurement compétente était propriétaire du bien, celui où elle était locataire, et enfin celui où la collectivité bénéficiaire du transfert était déjà propriétaire du bien. On ignore comment les difficultés d'application ont été réglées en pratique.

4. Enfin les articles 25 et 26 envisagent ce que l'on pourrait appeler les « **sujétions de puissance publique** » liées aux opérations de transferts, qui concernent l'établissement des statistiques et les sujétions imposées par la défense nationale.

Section III. — Conséquences induites des transferts de compétences.

Le premier effet des transferts est évident : les matières concernées ne relèvent plus de la collectivité qui était auparavant compétente. Comme on l'a déjà noté, la coupure est le plus souvent moins nette et l'Etat, par exemple, conserve en matière d'urbanisme ou de formation professionnelle des pouvoirs importants, encore que l'urbanisme ait été transféré aux communes et la formation professionnelle aux régions.

Ce point essentiel rappelé, il convient de s'arrêter sur les effets « secondaires » des transferts qui affectent tant l'Etat que les collectivités locales.

§ 1. — Conséquences pour l'Etat.

Pour l'Etat, les transferts sont une sorte de « cure d'amaigrissement », qui doit le conduire à régir « moins », pour régir « mieux ». De manière plus précise, on peut distinguer trois plans d'analyse.

1. Concomitamment aux transferts de compétences étatiques vers les communes, les départements et les régions, les lois de décentralisation ont transféré à l'Etat les **charges correspondant à ses prérogatives régaliennes** (suppression des « contingents de police » — entretien par l'Etat des bâtiments nécessaires au fonctionnement du service de la justice, qui était assuré avant 1982 par les départements). C'est une remise en ordre logique.

2. L'accélération de la décentralisation implique aussi un effort énergique de **déconcentration**, qui a été esquissé par les deux décrets du 10 mai 1982, relatifs aux pouvoirs des commissaires de la République de département et de région. Depuis lors, de nombreux textes ont œuvré en ce sens (v. *infra*, IIIe Partie, chap. I, sect. IV, et chap. II, sect. III). La déconcentration est indispensable dans la mesure où, un plus grand nombre d'affaires relevant des autorités locales, celles-ci doivent « sur place » pouvoir rencontrer un interlocuteur unique, susceptible de prendre des engagements au nom de l'Etat. Il est non moins évident que ce mouvement se heurte à l'inertie, sinon à l'hostilité des administrations centrales.

3. Enfin, et par voie de conséquence, décentralisation et déconcentration doivent à terme entraîner une réorganisation des services extérieurs de l'Etat. Dans certains cas (directions d'action sociale, direction de l'équipement), des conventions de partition ont pour effet de ventiler entre l'Etat et le département les fonctionnaires de ces services extérieurs, mais tous les problèmes ne sont pas réglés pour autant !

§ 2. — Conséquences sur les collectivités locales.

Outre l'élargissement des compétences, qui constitue l'objectif même des transferts, ceux-ci n'ont pas manqué d'engendrer d'autres conséquences, qui n'étaient peut-être pas toutes voulues par le législateur de 1982-1983. Faute de recul nécessaire pour juger en toute objectivité, il est préférable de les poser sous un mode interrogatif.

1. **Aggravation de la situation financière** des collectivités « bénéficiaires » des transferts. L'idée inscrite dans la loi du 7 janvier 1983 est que tout transfert fait l'objet d'une exacte compensation ; c'est une opération « blanche » ; personne n'y perd, personne n'y gagne. Il faut vérifier, mais le travail est délicat, si le bilan financier des transferts est réellement en équilibre (Cf. *infra*, chap. III, sect. III et IV).

2. Victoire de la départementalisation sur la régionalisation. Ce diagnostic n'est pas partagé par l'unanimité des observateurs. Il reste que si l'on pèse, en termes financiers notamment, le poids respectif des compétences transférées, le grand gagnant paraît être le département.

3. Diversification à l'intérieur de chaque niveau d'administration territoriale. L'idée ici suggérée est que les transferts de compétences ont renforcé les collectivités puissantes, mais ont plutôt aggravé la situation des communes, des départements et des régions pauvres, en ce sens que, comme toute réforme, ils augmentent les disparités.

Bibliographie sommaire : outre les titres cités à la fin de l'Introduction générale, et parmi une littérature très abondante, v. les commentaires des lois des 7 janvier et 22 juillet 1983, par MM. Chapuisat, Bouyssou et Pontier, *A.J.D.A.*, 1983. I, p. 60 et s., p. 466 et s. ; F. Moderne et a., *Les nouvelles compétences locales*, Economica 1985 ; P. Bernard, *l'Etat républicain*, Economica, 1988.

CHAPITRE III. — **LES RELATIONS FINANCIÈRES ENTRE LES COLLECTIVITÉS TERRITORIALES ET L'ÉTAT**

Le problème est depuis toujours posé et n'a jamais été résolu de façon satisfaisante, alors qu'il est au cœur de la décentralisation. Il faut reconnaître que, dans la France contemporaine, sa solution est particulièrement délicate pour trois séries de raisons qui sont les suivantes :

— **le nombre et l'inégalité des collectivités** de même niveau. Il est facile de comprendre que la fiscalité directe ne peut pas être raisonnablement assise sur les mêmes bases pour une commune rurale de 500 habitants et pour une grande ville centre d'agglomération. Il existe pareillement des départements et des régions pauvres, et d'autres riches.

— **la multiplicité des objectifs poursuivis**, qui peuvent se révéler à l'expérience incompatibles. Certes tout le monde s'accorde sur la nécessité de procurer aux collectivités territoriales les ressources qui leur sont nécessaires ; mais, derrière ce consensus d'évidence, faut-il par exemple privilégier le renforcement de la solidarité par des mesures de péréquation ou donner la priorité à la modernisation des équipements locaux par une politique financière sélective ?

— enfin la « **nouvelle décentralisation** » rend à la fois plus urgente et plus malaisée la refonte totale du système. Ainsi elle crée de nouvelles charges pour les communes, les départements et les régions, et il semble juste que l'Etat en assure l'exacte compensation par des dotations ; mais si l'on dépasse la mesure, c'est l'équilibre budgétaire de l'Etat qui est mis en péril ; surtout il n'est pas sain pour l'autonomie locale que les collectivités attendent trop de l'Etat et perdent la maîtrise de leurs ressources.

La **fiscalité directe locale** est la première pièce de cet ensemble. De très longs développements seraient nécessaires pour seulement en rappeler les principes. On se bornera ici à quelques chiffres assortis de brefs commentaires (v. sur la question : J.S. Klein, « L'explosion des impôts locaux », *N.E.D.*,

1966, n° 4802 ; R. Muzellec, *Finances publiques*, 5ᵉ éd., Sirey, 1986 ;
T. Lambert, *Impôts directs locaux*, 2ᵉ éd., Economica, 1987).

(En milliards de francs)

	1982	1983	1984	1985	1986
Taxe professionnelle	45,4	48	55	64,2	69,4
Taxe d'habitation	21	24,7	28,6	33,3	36,5
Foncier bâti	15,2	18,3	24,9	29,3	32,8
Foncier non bâti	4,7	5,3	5,8	6,6	7,1
Total	86,3	96,3	114,3	133,4	145,8

L'augmentation de ces impôts directs locaux (1983 : 5,1 % P.I.B. ; 1987 : 5,9)
semble devoir se ralentir (1985, hausse annuelle : 5,9 % ; 1986 : 4,1 ; 1987 :
0,5).

Les quatre taxes actuelles, mises en place par les lois des 31 décembre 1973
et 29 juillet 1975, réaménagées par la loi du 10 janvier 1980, étaient prévues
par l'ordonnance du 4 janvier 1959 qui posait le principe de l'abandon des
« quatre vieilles » contributions instituées par la Révolution de 1789 et
remplacées pour l'Etat par l'impôt général sur le revenu dès 1917. L'article 1ᵉʳ
de la loi du 2 mars 1982 soulignait l'urgence d'une réforme qui n'est pas
encore en chantier.

— Les **deux taxes sur le foncier bâti et le foncier non bâti** sont donc
assises sur la propriété du sol. Elles sont présentées comme des impôts
peu élastiques, mais leur modernisation exigerait surtout une réévaluation,
sinon continue, du moins périodique, de la valeur des terrains. C'est une
véritable toile de Pénélope, toujours entreprise, jamais achevée. D'ailleurs
tout projet d'actualisation des bases de calcul suscite l'inquiétude des
élus locaux, qui craignent les changements imprévisibles.

— La **taxe d'habitation**, payée par tout occupant d'un logement — soit
environ 24 millions de « ménages » — a triplé de 1973 à 1984 ; elle est
plus élevée dans les grandes villes qu'à la campagne. Corrigée par de
nombreux abattements et dégrèvements, elle est pourtant sans corrélation
directe avec l'impôt sur le revenu.

— La **taxe professionnelle** (ex-contribution de la patente) est perçue sur
les entreprises, les professions libérales et assimilées. Elle représentait
la moitié de la fiscalité communale directe (43 % en 1987) et varie
sensiblement selon les régions : à Nice, le triple, à Marseille et à Saint-
Etienne, le double de son poids à Paris ; les mêmes disparités se
retrouvent entre les départements.

Dans ce chapitre, on a choisi d'examiner les dotations de l'Etat aux collectivités
locales, — qu'elles soient ou non liées aux réformes de 1982 (sect. I, II, III)
— puis la fiscalité transférée (sect. IV), conséquence directe des transferts
de compétences, — enfin les emprunts (sect. V).

Ce point de vue conduit à privilégier les types de ressources dont disposent
communes, départements et régions, les procédures d'allocation de ces
ressources et leur évolution récente, au détriment des masses de dépenses
et des institutions financières. Il n'en est que plus nécessaire de citer le
Comité des finances locales, organisme composé de parlementaires, d'élus

locaux et de représentants de l'Etat, qui joue un rôle essentiel, puisqu'il est obligatoirement consulté sur tout projet législatif ou réglementaire à caractère financier concernant les collectivités locales.

Section I. — La dotation globale de fonctionnement (D.G.F.)

§ 1. — Caractéristiques générales.

La dotation globale de fonctionnement présente les caractéristiques suivantes.

1. C'est le concours financier de l'Etat aux collectivités locales de beaucoup **le plus important.** Il est pourtant antérieur à la « nouvelle décentralisation », puisqu'il a été mis en œuvre dès 1979 (L. n° 79-15 du 3 janv. 1979 et L. n° 80-1102 du 31 déc. 1980).

2. En réaction contre l'archaïsme des 4 contributions, qui forment les bases de la fiscalité locale directe, c'est un **impôt moderne,** évolutif, puisqu'il correspond à une part de la taxe sur la valeur ajoutée perçue par l'Etat, et redistribuée aux collectivités locales et à certains de leurs groupements.

3. Il n'est pas certain cependant qu'il réponde aujourd'hui aux ambitions de ses promoteurs et à l'attente des élus locaux, car depuis quelques années **sa progression s'essoufle et son allocation se fragmente,** données peu compatibles avec l'idée de « dotation globale ».

4. Comme il était prévu, le « rapport du gouvernement sur l'application de la D.G.F. depuis 1980 » a débouché sur une véritable refonte, réalisée par la loi n° 85-1268 du 29 novembre 1985. Des modifications mineures ont été introduites par les loi du 19 août 1986 et du 5 janvier 1988.

§ 2. — Montant de la D.G.F.

1979 : 32	milliards		1984 : 62,77	milliards	
1980 : 39	milliards		1985 : 66	milliards	
1981 : 45	milliards		1986 : 69,2	milliards	(dont D.S.I. : 2,6)
1982 : 52	milliards		1987 : 72,8	milliards	(dont D.S.I. : 2,74)
1983 : 58,7	milliards		1988 : 73,34	milliards	(dont D.S.I. : 2,88)

La D.G.F. est calculée sur la base de la T.V.A. perçue par l'Etat (entre 17 et 16 %) ; depuis la réforme de 1985, la dotation spéciale instituteurs (D.S.I.) est individualisée à part.

Elle fait l'objet d'une régularisation, au 31 juillet de l'exercice, et d'un système d'indexation complexe (la loi du 19 août 1986 a généralisé la « garantie minimale de progression »).

§ 3. — Bases de calcul actuelles.

1. Elles découlent de la loi du 29 novembre 1985 et se caractérisent par leur complexité dans la mesure où, à l'objectif initial de progressivité,

ont été ajoutés les impératifs de solidarité et de justice. Ils expliquent notamment les péréquations en faveur des collectivités au faible potentiel fiscal, la prise en compte de l'effort fiscal des ménages, et surtout l'intégration de multiples cas particuliers (communes centres d'agglomération, stations touristiques et thermales, communes d'outre-mer ...)

Au surplus, quand une réforme intervient, elle n'entre en application que progressivement, cet étalement étant destiné à éviter les modifications brutales (ainsi la réforme de 1985 devait-elle être introduite de façon graduelle : 1986, 80 % ancien système + 20 % nouveau système — 1987, 60 % ancien système ... et la loi du 19 août 1986 a « gelé » pour un an cette entrée en vigueur progressive) ! D'où une réglementation luxuriante, qui s'ajoute aux principes de base, eux-mêmes souvent corrigés : v. par ex. D. n° 85-1512, 1513 et 1515 du 31 déc. 1985 ; D. n° 87-228 du 27 mars 1987 ; D. n° 87-292 du 28 avril 1987 ; D. n° 88-338 du 11 avril 1988 ; D. n° 88-625 du 6 mai 1988 ...

2. Pour les **communes** et leurs groupements à fiscalité propre (85 % du total de la D.G.F.), la dotation globale de fonctionnement se décompose en 4 éléments ;

— la **dotation de base** (un peu moins de 40 % du total communal) qui varie en fonction de la population : chaque commune est rattachée à une strate démographique, affectée d'un coefficient (par ex. : moins de 500 h. coefficient 1 ; plus de 200 000 h., coefficient 2,5) et de multiples correctifs pour éviter les brusques modifications.

— la **dotation de péréquation** (37,5 %) qui se décompose en 2 fractions : effort fiscal des ménages (30 %) et insuffisance du revenu par habitant (7,5 %).

— la **dotation de compensation** (22,5 %) qui commandée par un jeu de critères multiples, tels que le nombre d'enfants obligatoirement scolarisés, le nombre de kilomètres de voirie, et l'importance du parc de logement sociaux.

— enfin des **concours particuliers** sont prévus au profit des communes ou groupement à vocation balnéaire ou thermale, des communes centres d'agglomération, des groupements de communes à fiscalité propre, des communes des D.O.M. et des T.O.M ...

3. Pour les **départements** (auxquels s'ajoutent la région d'Ile-de-France, Mayotte et Saint-Pierre-et-Miquelon), le système d'allocation de la D.G.F. est un peu plus simple. La première part est forfaitaire et correspond à 45 % de la D.G.F. départements. La seconde part dite de « péréquation » fait intervenir le montant des impôts levés sur les ménages et le potentiel fiscal, des correctifs sont prévus au profit des départements les moins peuplés ou les plus pauvres.

Pour une bonne synthèse, v. B. Néel, « La dotation globale de fonctionnement des collectivités locales », *A.J.D.A.*, 1988.I, p. 172/190.

Section II. — **La dotation globale d'équipement (D.G.E.)**

§ 1. — **Caractéristiques générales.**

La dotation globale d'équipement présente les caractéristiques suivantes.

1. Il s'agit d'un **concours financier de l'Etat** aux communes, aux départements et à leurs groupements, qui est **directement lié à la « nouvelle décentralisation ».** Cette donnée résulte à l'évidence des textes : les premières lois de décentralisation en prévoient le principe et en précisent les modalités (L. 2 mars 1982, art. 92 à 97, 102 et 103 ; L. 7 janv. 1983, mod. art. 101 à 108). Mais elle découle surtout de l'idée d'ensemble qui inspire le régime de cette dotation et qui est conforme à l'idéal décentralisateur : elle vise à remplacer les subventions sectorielles accordées par l'Etat pour la réalisation d'équipements déterminés par une aide, absolument libre d'emploi.

2. Le **montant** de la D.G.E. est **modique**, comme le montre le tableau suivant (crédits de paiement, exprimés en milliards de francs).

	DÉPARTEMENTS	COMMUNES
1983	0,606	0,446
1984	1,238	1,247
1985	1,563	1,965
1986	1,595	2,416
1987	1,723	2,633
1988	4,6 (rapport de la Cour des Comptes tous bénéficiaires confondus)	

3. Son **calcul** est **complexe**, comme le montre l'abondance des textes récents s'y rapportant :

D. nº 85-1510 du 31 déc. 1985 ; D.G.E. des communes des départements métropolitains.

D. nº 86-321 et 322 du 6 mars 1986 ; répartition de la D.G.E. des départements et des communes pour 1986.

D. nº 87-293 du 29 avr. 1987 ; D.G.E. des départements pour 1987.

D. nº 87-385 du 16 juin 1987 ; répartition D.G.E. des communes pour 1987.

D. nº 87-427 du 19 juin 1987, complétant le D. du 6 mars 1986 préc. ; répartition de la D.G.E. des départements pour 1986.

D. nº 88-284 du 25 mars 1988, mod. D. nº 85-1510 du 31 déc. 1985, préc.

D. nº 88-285 du 25 mars 1988 ; répartition D.G.E. des communes des départements métropolitains pour 1988.

D. nº 88-624 du 6 mai 1988 ; répartition D.G.E. des départements pour 1988.

D. nº 88-629 du 6 mai 1988 ; répartition D.G.E. des communes des D.O.M. pour 1988.

4. Elle a fait l'objet d'une importante refonte par la loi nº 85-1352 du 20 décembre 1985 (comm. A. Gruber ; *D.S.*, 1986, chron. p. 144 et s.) qui affecte surtout la D.G.E. des communes et qui conduit à distinguer entre les deux grands groupes de bénéficiaires. La loi nº 88-13 du 5 janv. 1988 apporte de nouveaux correctifs (art. 1er, 3 et 4, not.).

§ 2. — La D.G.E. des départements.

1. Elle comprend deux parts principales, qui correspondent à des taux de participation de l'Etat nettement différents.

2. La première part (45 % du total) est fixée en fonction des **dépenses d'investissement direct** des départements. La seconde part (également 45 %) est calculée à partir des **travaux d'équipement rural**, c'est-à-dire sur la base des subventions accordées par les départements aux communes, la loi du 5 janvier 1988 procède à une distinction entre aménagement foncier et équipement rural au sens strict. Le solde est affecté aux départements à très faible potentiel fiscal ; pour rendre plus sensible cette majoration, la loi de 1988 retient des critères très sélectifs du faible potentiel fiscal (en 1985, 80 départements en bénéficiaient !).

3. La mise en œuvre du système n'a pas suscité de graves critiques, si ce n'est la **faiblesse du taux de participation de l'Etat**, qui est moins élevé que les subventions spécifiques antérieures. Doit être surtout relevée la lenteur du processus de remplacement des subventions spécifiques par la D.G.E. : prévu pour 1985, il n'est pas achevé en 1987, — ce qui ne signifie pas que l'ancien système ne présentait que des inconvénients.

§ 3. — La D.G.E. des communes et de leurs groupements.

Le système initialement mis en place a rapidement révélé son principal défaut, — le « saupoudrage » entre un nombre trop élevé de bénéficiaires — Les réformes de 1985 et de 1988 accentuent deux idées-force : **solidarité** plus marquée, incitation plus énergique en faveur des **groupements de communes**.

1. Pour les **communes de plus de 2 000 h.** (7 500 dans les D.O.M.), la première part de la D.G.E. (60 %) est calculée sur leurs investissements directs, à partir d'un taux de concours de l'Etat fixé chaque année, mais un jeu de majorations — au profit des communes à potentiel fiscal faible et des groupements de communes (communautés urbaines, districts à fiscalité propre, agglomérations nouvelles) — complique le système.

2. Pour les **communes de 2 000 h. ou moins** et pour les groupements à faible budget, la seconde part de la D.G.E. divisée entre les départements est attribuée par une **commission départementale**, composée d'élus mais présidée par le préfet, aux communes qui ont déposé des demandes jugées prioritaires ; le taux de ces « subventions » est alors élevé (entre 20 et 60 %).

3. Trois autres dispositifs jouent dans ce calcul de la D.G.E. Tout d'abord, avant la répartition entre les deux parts, un « préc, put » est réservé au profit des communes des T.O.M., de Mayotte et de Wallis et Futuna. D'autre part, est prévu un droit d'option pour les communes de 2 à 10 000 habitants, les communes touristiques et thermales et certains groupements, qui ont la faculté de choisir d'être pris en compte dans la première part ou dans la seconde. Enfin la répartition de la seconde part entre les départements s'effectue à partir de certains critères physico-financiers tels que le chiffre de la population, le nombre de communes concernés, la longueur de la voirie, l'écart avec le potentiel fiscal moyen... On mesure ainsi la **complexité du processus de répartition**.

4. La distinction des deux catégories de communes et de groupements, opérée lors de la réforme de 1985, a pour objectif d'éviter le « saupoudrage ». Elle a été critiquée comme signifiant le retour au système des subventions, en principe définitivement aboli, et la renaissance d'une « tutelle » aux mains du préfet.

Section III. — **La dotation générale de décentralisation** (D.G.D.)

Cette dotation est, comme son nom le laisse deviner, un concours financier de l'Etat aux collectivités locales lié aux **transferts de compétences.** Ceux-ci en effet doivent faire l'objet d'une complète et immédiate compensation (L. 7 janv. 1983, art. 5), de manière que les collectivités bénéficiaires n'y gagnent pas, mais n'y perdent rien.

Pour que les transferts soient exactement compensés, deux moyens ont été utilisés : le transfert aux collectivités territoriales de certains impôts d'Etat (v. *infra*, sect. IV) ou l'allocation d'un aide financière destinée à couvrir le solde de l'opération (coût global des transferts — fiscalité transférée).

§ 1. — **Evaluation du coût des transferts.**

Pour calculer aussi exactement que possible les charges à compenser, il faut connaître le *coût* que représentaient *pour l'Etat*, à la veille de chaque transfert, les activités transférées, et donc que ce coût soit évalué de manière objective.

L'article 94 de la loi du 7 janvier 1983 prévoyait la création d'une **commission indépendante**, composée d'élus locaux, qui aurait pour mission d'émettre des propositions en la matière. Elle a été organisée par trois décrets (D. n° 83-178, 83-264 et 83-298 du 10 mars, 31 mars et 13 avr. 1983) et était composée de 8 représentants des communes + 4 des départements + 4 des régions, et présidée par un membre de la Cour des comptes (M. Limouzineau).

Le rôle imparti à cette commission est purement **consultatif** (la décision d'évaluation est prise par arrêté conjoint des ministres chargés de l'Intérieur et du Budget), mais ses fonctions n'ont pas été délimitées avec précision (proposer le montant du droit à compensation des collectivités destinataires des transferts, ou, plus largement, apprécier les méthodes d'évaluation elles-mêmes) ; c'est la conception extensive qui a été retenue.

La « commission de l'article 94 », qui a donc joué un rôle comparable à celui d'un « commissaire aux apports » dans les sociétés commerciales, a mis au point les modalités de la compensation concernant les régions, les départements et les 213 communes dotées d'un bureau municipal d'hygiène, et intéressant dix ministères différents.

Il faut ajouter que si, postérieurement au transfert, l'Etat modifie la réglementation existante (par ex. les normes de sécurité applicables aux transports scolaires), la charge nouvelle qui en résulte n'ouvre droit à compensation supplémentaire que si les nouveaux textes ont pour objet de modifier les normes définissant la prestation ou le service transféré ; ce sur-coût n'est en revanche pas pris en compte lorsque les modifications réglementaires, tout en ayant un objet différent, ont pour effet de rendre plus onéreuse l'exécution du service transféré (Avis du Conseil d'Etat du 2 mai 1984 ; *E.D.C.E.*, 1985-1986, p. 204 et s.).

Sur l'ensemble de la question, P. Seramy ; *Cahiers du C.F.P.C.*, juin 1985, n° 16, p. 20 et s.

§ 2. — Régime et montant.

Prévue par les articles 102 de la loi du 2 mars 1982, 5, 96 à 98 de la loi du 7 janvier 1983, la D.G.D. est inscrite dans un chapitre unique du budget de l'Etat (41-56).

Le **montant** de la D.G.D. est **actualisé chaque année**, précaution indispensable puisque les transferts ont été opérés graduellement.

Après l'expiration d'une période de rodage de 3 ans, la D.G.D. varie selon le même taux de progression que la D.G.F.

Les chiffres indiqués ci-dessous permettent de se faire une idée approximative de l'évolution du montant de la D.G.D.

1984 : 8 milliards (47 millions pour les communes : urbanisme ; 7,48 milliards pour les départements : aide sociale et transports scolaires ; 11 millions pour les régions : pêches maritimes et cultures marines).

1985 : 12,45 milliards (taux d'actualisation : 5,18 %), l'augmentation bénéficiant aux départements et aux régions pour des transferts réalisés l'année précédente et pris en compte en 1985 sur une année pleine).

1986 : 11,27 milliards (après déduction résultant de la prise en charge par l'Etat des frais de fonctionnement et d'équipement des préfectures et sous-préfectures).

A ce total s'ajoutent désormais la dotation régionale d'équipement scolaire (A.P. : 2,020 milliards ; C.P. : 0,855) et la dotation départementale d'équipement des collèges (A.P. : 0,999 ; C.P. : 428 millions).

1987 : 14,768 milliards (moins d'un milliard pour les communes, près de 9,5 milliards pour les départements, et presque 4,4 milliards pour les régions).

La D.R.E.S. dépasse 2 milliards en A.P. et la D.D.E.C. plus d'1 milliard en A.P.

1988 : Le taux de progression est de 4,73 %.

Les « dotations scolaires » ont fait l'objet d'une rallonge exceptionnelle de plus d'1 milliard de francs.

Le total se situe donc entre 17 et 18 milliards.

On constate donc que la D.G.D. est **peut-être « générale »** (si l'on entend par cette épithète qu'elle bénéficie à toutes les collectivités destinataires de transferts de compétences, non compensés par des impôts nouveaux) ; elle n'est **certainement pas « globale »** puisqu'y ont été ajoutées depuis le 1er janvier 1986 (art. 18 et 19, L. 25 janv. 1985) notamment deux « dotations scolaires distinctes » (D.R.E.S. et D.D.E.C.). La tendance à l'émiettement, déjà signalée pour les autres dotations, est donc ici encore observable.

Section IV. — La fiscalité transférée

L'idée paraît judicieuse de compenser, au moins en partie, les charges résultant des transferts de compétences, par un transfert d'impôts, précédemment levés par l'Etat, qui pourront être désormais perçus au bénéfice des collectivités locales. Cette solution semble même préférable au système des dotations, en ce qu'elle laisse **aux collectivités bénéficiaires la maîtrise du taux de ces impôts**, et que par conséquent elle ménage parfaitement l'autonomie des collectivités décentralisées.

Toutefois cette solution suppose que trois conditions soient remplies pour qu'elle fonctionne correctement.

La première implique que le nombre de collectivités bénéficiaires ne soit pas trop élevé, sinon chacune de ces dernières n'aurait droit qu'à un montant de ressources ridiculement faible. Dans la France contemporaine cette exigence signifie que le transfert de fiscalité doit être réservé aux régions et aux départements. C'est la ligne qui a été retenue par le législateur.

La seconde exige que les **impôts transférés soient bien choisis**, c'est-à-dire qu'ils évoluent parallèlement à la courbe des dépenses nouvelles qu'ils sont destinés à compenser. Le choix fait est ici plus discutable. Il n'est pas évident que les assises retenues (mutations immobilières — automobile : permis de conduire, « vignette », « carte grise ») aient été les plus opportunes.

Enfin, il est indispensable que les transferts d'impôts et la maîtrise des taux qu'il entraîne — immédiatement ou à court terme — ne créent pas des distorsions insupportables entre départements ou entre régions. Sinon les inégalités engendrées provoqueraient des « effets pervers » faciles à deviner.

Le montant global de cette fiscalité transférée est difficile à évaluer de manière précise et objective. Les chiffres cités ci-dessous, malgré leur caractère approximatif, permettent de dégager une tendance générale :

1984 :	14,25 milliards	1987 :	25,8 milliards
1985 :	21,4 milliards	1988 :	27 milliards
1986 :	24,7 milliards		

Pour plus de détails, voir Troisième partie, chap. II, « Ressources des régions ».

Section V. — **Les emprunts des collectivités locales**

Communes, départements et régions ont la faculté d'emprunter. Ils en ont largement usé depuis quelques vingt ans, car il leur eut été impossible autrement de réaliser leur politique massive d'investissements, faute de fonds propres suffisants. La part de l'emprunt est estimée à plus de 60 % du total.

Jusqu'en 1981-1982, ce financement externe était caractérisé par trois traits : volume en croissance constante — conditions d'emprunt particulièrement avantageuses — préteurs attitrés. Pour faire le point aujourd'hui, il faut donc cerner le volume global de ces emprunts, puis tenter de dégager les tendances récentes.

§ 1. — **Volume global.**

Les chiffres d'ensemble doivent être tenus pour relatifs, puisque les séries statistiques utilisables incluent parfois dans le secteur local les emprunts effectués par les établissements publics dépendant des collectivités territoriales et par leurs groupements ; dans d'autres cas, ne sont pris en considération que les prêts des établissements de crédit aux communes, départements et régions.

Le tableau ci-dessous est extrait du rapport de la C.A.E.C.L. pour l'exercice 86, cité dans une étude du Conseil économique et social « Le financement externe et la gestion de trésorerie des collectivités locales » publiées en juin 1988 (Rapport Tissidre, *Avis et rapports du C.E.S.*, 1988, n° 7).

(chiffres en milliards de francs)

1971 : 10,478	1976 : 27,738	1982 : 51,965
1972 : 14,338	1977 : 29,493	1983 : 57,275
1973 : 15,930	1978 : 32,032	1984 : 61,025
1974 : 17,040	1979 : 32,179	1985 : 61,227
1975 : 25,232	1980 : 37,044	1986 : 61,232
	1981 : 42,028	

L'encours global des emprunts des collectivités locales dépassait 260 milliards au 31 décembre 1982.

Ces chiffres élevés s'expliquent par le fait que les collectivités locales sont, et de loin, le premier investisseur public (entre les 2/3 et les 3/4 de la formation brute du capital fixe).

§ 2. — Tendances récentes.

Outre la stabilisation actuelle du montant global des emprunts, nettement perceptible dans le tableau qui précède, plusieurs lignes directrices se dessinent.

A. — Jusqu'en 1981, les emprunts locaux consentis par la Caisse des dépôts et consignations et les caisses d'épargne étaient octroyés à des **taux privilégiés**, qui, rapportés au taux annuel de l'inflation, étaient même négatifs. Ils représentaient alors environ 70 % des prêts consentis par des organismes publics, qui correspondaient eux-mêmes à 80 % du total des emprunts locaux. Communes et départements étaient fortement endettés, mais cette charge était supportable.

B. — La situation actuelle est fort différente pour deux raisons conjuguées.

1. **La « désinflation » contemporaine** rend à elle seule les taux d'emprunt positifs (taux d'inflation : 3 à 4 %, taux des emprunts : de 10 à 14 %).

2. En outre, conformément aux objectifs du IXe Plan, la priorité accordée à l'industrie, — une part importante étant drainée par le canal des C.O.D.E.F.I. — diminue d'autant les facilités laissées aux collectivités locales. A partir de 1983, les prêts de la Caisse d'aide à l'équipement des collectivités locales (C.A.E.C.L.), qui augmentent en volume et en pourcentage du total, surtout les prêts à long terme, se rapprochent des taux du marché (14,2 %) ; corrélativement **les prêts bonifiés ou à taux privilégiés diminuent en volume et en pourcentage** (par ex. les prêts très favorables du Crédit agricole sont supprimés à compter du 1er janvier 1986), alors que leur

globalisation, amorcée dès 1979 et élargie en 1984, les rendait d'utilisation très commode.

3. Ces deux mouvements convergents aboutissent donc à un renchérissement au moins relatif des emprunts, à leur « **banalisation** » croissante, — ce qui conduit les collectivités locales à réaménager leur dette dont le poids s'alourdit (8,1 % en 1982 ; 9 % en 1984 ; plus de 10 % en moyenne en 1988), malgré la stabilisation d'ensemble.

4. Dans la mesure où les emprunts locaux sont de plus en plus « adossés » au cours du marché, le statut de la C.A.E.C.L., créée sous forme d'établissement public administratif par le décret du 4 mai 1966, devait être révisé pour donner à ce banquier des communes plus de souplesse et placer son fonctionnement hors des contraintes de la comptabilité publique. La réforme réalisée par le décret n° 87-814 du 6 octobre 1987 (circ. du 6 oct. 1987 ; *J.O.* 7 oct.) la transforme en société anonyme, dénommée désormais « Crédit local de France — C.A.E.C.L. S.A. », en même temps que sont préjvus un transfert de la majorité du capital à l'Etat et une participation du secteur privé à concurrence de 44 % du capital de la nouvelle société.

Conclusion

1. Le plus récent rapport de la Cour des Comptes évalue à 170 milliards l'ensemble des concours financiers de l'Etat au secteur local pour 1988, chiffre qui intègre, — outre les dotations et aides diverses analysées ci-dessus — quelques subventions spécifiques et le jeu complexe de « fonds » (Fonds de compensation pour la T.V.A. ; Fonds de péréquation de la taxe professionnelle ...).

2. Il faut aussi mentionner l'obligation imposée aux collectivités locales de déposer leurs fonds au Trésor sans rémunération, en contrepartie des avances consenties chaque mois par l'Etat sur le recouvrement des impôts directs locaux.

3. Toutes ces données permettent d'entrevoir la **complexité** et l'enchevêtrement réciproque des relations financières entre l'Etat et les collectivités locales. Elles expliquent, sans le justifier, l'ajournement répété de la réforme de la fiscalité locale directe.

Sur l'ensemble de ces données : A. Terrazzoni, *La décentralisation à l'épreuve des faits*, L.G.D.J. 1987, 2ᵉ Partie.

Conclusion.

Les réformes décidées depuis 1982 supposent, pour devenir effectives, d'importantes transformations juridiques et des moyens matériels et financiers considérables, mais aussi et peut-être surtout des fonctionnaires locaux nombreux et compétents.

Le pari du législateur de l'époque a été de créer une **fonction publique territoriale**, aussi ressemblante que possible à la fonction publique de l'Etat. La loi du 13 juillet 1983 a édicté une sorte de code de déontologie, — les droits et les devoirs — destiné à régir tous les fonctionnaires, qu'ils soient hospitaliers, territoriaux ou d'Etat.

Dans un second temps, mais en suivant la même ligne, **la loi n° 84-53 du 26 janvier 1984** a jeté les bases de ce nouveau droit de la fonction publique territoriale, fondé sur un certain nombre de principes : l'**unité** (un régime commun pour les agents des communes, des départements et des régions) la **parité** (régime qui implique non seulement des « passerelles » avec la fonction publique de l'Etat, mais surtout la consécration du système de la carrière, c'est-à-dire la distinction entre le grade et l'emploi), et la **spécificité** (car il était impossible de « gommer » cette particularité d'un très grand nombre d'employeurs, — en pratique chaque collectivité territoriale, — protégés par le principe de libre administration, Cons. Cel 19 et 20 janv. 1984 ; *A.J.D.A.*, 1984, n° 28, p. 257, comm. J. C. Nemery ; *R.D.P.*, 1984, p. 687, obs. L. Favoreu). Cette construction fut complétée par la loi n° 84-594, relative à la formation des personnels territoriaux. Le système était lourd, à tel point que deux ans plus tard deux corps seulement étaient dotés d'un statut (D. 13 et 15 mars 1986).

L'alternance aidant, les défauts du statut de 1984 furent soulignés : risque d'atteinte à l'autonomie des autorités locales, complexité des institutions de gestion et de formation à tous les niveaux, coûr trop élevé, lenteur de la production statutaire. Un nouveau texte, **la loi n° 87-529 du 13 juillet 1987**, fut promulgué, dont l'ambition était de conserver l'essentiel des acquis de 1984, tout en rendant plus souple le fonctionnement du système.

Il est évidemment trop tôt pour apprécier les vertus et défauts de cette loi de 1987, d'autant plus, qu'avec le retour au pouvoir d'une majorité de gauche, il n'est pas certain qu'elle continue à régir la fonction publique territoriale. L'unité de cette dernière est conservée, la parité maintenue avec d'importantes dérogations (listes d'aptitude et concours, cadres d'emplois et corps...) et la spécificité accusée. Formation et gestion sont à nouveau réunifiées au sein du Centre national de la fonction publique territoriale ; la pyramide des organismes est simplifiée ; le coût de fonctionnement allégé, ... et les fonctionnaires parisiens placés à nouveau hors de la fonction publique territoriale.

Il conviendrait donc de consacrer de longs développements à ces questions aussi importantes que difficiles. On ne l'a pas fait dans le cadre de cet ouvrage, moins par crainte de la précarité des textes actuellement en vigueur, — le même constat vaudrait a fortiori pour les relations financières entre l'Etat et les collectivités locales, pourtant analysées (v. *supra*, Chap. III) — que par l'impossibilité dans laquelle on se trouve d'étudier la fonction publique territoriale en elle-même, sans références constantes au système de la fonction publique d'Etat (que l'on ne peut raisonnablement supposer connu de tous les lecteurs !).

Eléments de bibliographie : J. B. Auby, Fonction publique territoriale, *J.-Cl. Collectivités locales* ; J. Bourdon, *A.J.D.A.*, 1984.I, p. 199 ; 1987.I, 155 ; *R.F.D.A.*, 1986, n° 6, p. 881, et 1988, n° 3, p. 461 ; Baldous et Négrin, *R.F.D.A.*, 1988, n° 3, p. 487 ; L. Favoreu, *R.F.D.A.*, 1985, n° 3, p. 309 ; Jégouzo, *Rev. fr. adm. pub.*, 1987, p. 572 ; O. Schramek, *A.J.D.A.*, 1987.I, p. 140 ; M. J. Tulard, *Rev. adm.*, 1987, p. 337 ; S. Salon et J. C. Savignac, *A.J.D.A.*, 1987.I, p. 619.

DEUXIÈME PARTIE

L'ORGANISATION ADMINISTRATIVE DE LA COMMUNE ET SES TRANSFORMATIONS RÉCENTES

Plan. — Chapitre   I. — La structure générale de la commune.
          Chapitre II. — Les fusions et regroupements de communes.
          Chapitre III. — Les communes à statut particulier.

CHAPITRE I. — LA STRUCTURE GÉNÉRALE DE LA COMMUNE

En tant que collectivité locale de base, la commune possède, outre un territoire et une population — il peut exister des communes inhabitées ! — des organes administratifs de gestion. Leur étude permet de déterminer quelles sont les « autorités locales » et quels pouvoirs leur sont dévolus (sect. 2 et 3). Avant il convient de retracer à grands traits l'évolution historique des communes françaises et de préciser leur nature juridique (sect.1).

Section I. — **Evolution historique et nature juridique**

§ 1. — L'évolution historique.

A. — De 1789 au milieu du XXe siècle.

Les institutions communales sont riches d'une très longue histoire qui remonte au Moyen Age. Elle se laisse schématiser dans les étapes suivantes.

1. La révolution de 1789 érige en municipalités les anciennes paroisses de l'Ancien Régime. Par la loi du 14 décembre 1789, toute communauté d'habitants se voit reconnaître le droit à devenir une **cellule administrative de base** ; les thèses de Mirabeau l'ayant emporté sur celles de Thouret, c'est donc la conception de la petite commune qui triomphe. Il est permis d'ajouter que les municipalités de la

Révolution sont toutes bâties sur le même modèle et qu'elles bénéficient d'une large autonomie vis-à-vis du pouvoir central.

2. Bonaparte conserve le principe d'uniformité et le découpage du territoire en quelques 38 000 communes. Cependant la loi du 28 pluviôse an VIII consacre un changement capital puisqu'elle introduit une très **forte centralisation** que symbolise, par exemple, la nomination par le préfet des « autorités locales » (maires et conseillers municipaux).

3. A partir de la Monarchie de Juillet, l'histoire de la commune au XIXe siècle va s'inscrire dans une **lente conquête du statut de collectivité locale.** La loi du 21 mars 1831 prévoit l'élection des conseillers municipaux, parmi lesquels le pouvoir central choisit le maire. La loi du 18 juillet 1837 reconnaît à l'assemblée communale compétence pour prendre, dans certaines conditions, des « délibérations exécutoires ». En 1882, le principe de l'élection des maires est consacré. Enfin la loi du 5 avril 1884 devient pour près d'un siècle la charte municipale, couronnant ainsi le mouvement de libéralisation amorcé en 1831.

En résumé, depuis 1789, deux constances apparaissent : **uniformité de l'organisation et stabilité et découpage.** L'évolution touche seulement la question des rapports entre les communes et le pouvoir central ; très logiquement les régimes autoritaires accentuent leur dépendance vis-à-vis de l'Etat, les régimes libéraux se montrent favorables à la décentralisation. Certes depuis 1884 des changements sont intervenus, mais pour l'essentiel la codification réalisée par le décret du 22 mai 1957 livrait un texte (le Code d'administration communale) seconde édition, modernisée mais assez peu corrigée, de la « loi municipale ».

B. — L'époque contemporaine.

1. La Constitution de 1958, notamment dans ses articles 34 et 72, affirme que la commune est une « collectivité territoriale de la République ». A l'époque l'idée-force de décentralisation comprend sa propre limite, la tutelle du pouvoir central, qu'il convient seulement d'alléger, de « desserrer » (v. par ex., Ord. no 59-33 du 5 janv. 1959 ; L. no 70-1297 du 31 déc. 1970).

2. La loi no 82-213 du 2 mars 1982 prend un parti très différent : le moment paraît venu d'abolir les tutelles administratives et financières puisque sont proclamés les « droits et libertés » de la commune. Depuis lors sont entrés en application de nombreux textes qui complètent ou corrigent la loi initiale de décentralisation.

§ 2. — Nature juridique.

— Les réflexions théoriques sur la nature juridique de l'entité communale sont assez rares en France et elles ont été conduites dans une optique particulière et trop exclusive, celle des rapports que la commune entretient avec l'Etat.

— Déjà l'article 49 de la loi des 14-22 décembre 1789, qui précède la transformation des bourgs et paroisses d'Ancien Régime en « communes », dispose : « Les corps municipaux auront deux espèces de fonctions à remplir ; les unes, propres au pouvoir municipal ; les autres, propres à l'administration générale de l'Etat et délégués par elle aux municipalités ». L'instruction de l'Assemblée Constituante les convie « à se bien pénétrer de la distinction des deux espèces de fonctions appartenant à des pouvoirs de nature très différente qu'ils auront à remplir ».

— Cette distinction entre un pouvoir « originaire » (J.-L. Mestre), compétent pour régler les affaires locales, et un pouvoir « dérivé », habilité par délégation à trouver solution aux difficultés de l'administration d'Etat posées dans les limites géographiques d'une commune, est très moderne. On y découvre l'origine de cette **nature hybride** qui appartient à la commune : **collectivité décentralisée et circonscription administrative.**

— Ce qui masque cette dualité, c'est, d'une part, la prédominance manifeste de la première qualité sur la seconde, sur ce qu'on a pu appeler « le caractère étatique des collectivités territoriales » (Pontier) ; c'est surtout que cette dualité de caractère juridique affecte peu la population de la commune ; mais outre le phénomène bien connu de « dédoublement fonctionnel » du maire, elle a des incidences certaines sur l'élément territorial de définition, qui demeure associé à la notion de « commune » en droit français positif (v. C. com., Liv. 1er, Tit. I, Chap. 2, art. R. 112-1 ; *ibid.*, par L. 112-9 et s. et L. 131-1 ; C.E., 20 févr. 1981, *Cne de Saint-Quay-Portrieux, Rec. Lebon*, p. 96 ; *A.J.D.A.*, 1981.I, p. 476, obs. Thibergien et Lasserre ; sur l'exercice des compétences dans une zone limitrophe, C.E., 9 mai 1980, *Cne de Champagne-de-Blanzac* ; *A.J.D.A.*, 1981, n° 16, p. 103, note M. Belanger ; sur l'exercice des compétences extra-territoriales des communes, C.E., 6 mars 1981, *Assoc. de défense des habitants du quartier de Chèvre-Morte, R.D.P.*, 1981, p. 1695 et s., note J.-M. Auby).

Section II. — Le conseil municipal

La commune, collectivité décentralisée, a un organe délibérant qui représente la communauté de ses habitants. Cette assemblée administrative locale est le conseil municipal.

§ 1. — Composition du conseil municipal.

A. — Caractères généraux.

— Les membres du conseil municipal sont désignés par voie d'**élection**, au suffrage universel direct.

— La durée du mandat est de *six ans*, et le renouvellement est intégral.

— Participent à la désignation des conseillers municipaux tous les électeurs inscrits sur la liste électorale de la commune.

— En principe, la commune forme une **circonscription unique** qui peut être divisée en bureaux de vote ; sous certaines conditions, le conseil général peut créer des « sections électorales », lorsque la commune comporte plusieurs centres ou résulte d'une fusion ;

— Organe délibérant des communes de la République, « il doit être élu sur des bases essentiellement démographique résultant d'un recensement récent » (Cons. Cel 87-227, *D.C.* 7 juill. 1987).

B. — Effectif et mode de scrutin.

Le facteur démographique a une double incidence sur la composition du conseil municipal.

1. C'est en fonction de la population communale qu'est déterminé l'**effectif** du conseil municipal. En vertu de l'art. 9, L., n° 82-974 du 19 nov. 1982, modifiant l'art. L. 121-2, C. com., le nombre des membres du conseil municipal est fixé conformément au tableau ci-dessous :

Communes (nombre d'habitants)	Nombre de membres du conseil municipal
De moins de 100	9
De 100 à 499	11
De 500 à 1 499	15
De 1 500 à 2 499	19
De 2 500 à 3 499	23
De 3 500 à 4 999	27
De 5 000 à 9 999	29
De 10 000 à 19 999	33
De 20 000 à 29 999	35
De 30 000 à 39 999	39
De 40 000 à 49 999	43
De 50 000 à 59 999	45
De 60 000 à 79 999	49
De 80 000 à 99 999	53
De 100 000 à 149 999	55
De 150 000 à 199 999	59
De 200 000 à 249 999	61
De 250 000 à 299 999	65
De 300 000 et au-dessus	69

2. Quant aux **modes de scrutin**, les deux premiers sont pratiquement inchangés, le 3e au contraire a subi de très importants bouleversements par l'effet de l'art. 4, L., 19 nov. 1982, qui modifie l'ensemble du Chapitre III, Titre IV, Livre Ier du Code électoral.

- Dans les communes de moins de 2 500 habitants, c'est le système initial de 1884 qui reste en vigueur. Il se caractérise par sa souplesse : scrutin majoritaire à deux tours ; les candidats peuvent former des listes complètes ou non, ou se présenter à titre isolé ; de même, les électeurs peuvent panacher et voter pour les candidats de leur choix, même s'ils appartiennent à des listes rivales.

- Dans les communes de 2 501 à 3 499 habitants, c'est aussi le scrutin majoritaire à deux tours qui fonctionne et les électeurs ont le droit, comme dans le cas précédent, de rayer certains noms d'une liste et de « panacher » ; mais les candidats doivent présenter des listes complètes.

- Dans les communes de 3 500 habitants et plus, c'est encore un mode de scrutin à deux tours qui a été retenu. Au premier tour, il faut des listes complètes et « rigides » : pas de vote avec adjonction ou suppression de nom, ni modification d'ordre. Si une liste obtient la majorité absolue des suffrages exprimés, la moitié des sièges à pourvoir lui revient, l'autre moitié étant répartie à la représentation proportionnelle à la plus forte moyenne entre les listes ayant obtenu au moins 5 % des suffrages exprimés. Dans le cas contraire, un second tour doit avoir lieu, et la liste ayant alors obtenu le plus grand nombre de suffrages bénéficie du système « avec prime » ; ce second tour n'est ouvert qu'aux seules listes ayant atteint 10 % au premier, mais ces dernières peuvent être modifiées par intégration de candidats figurant au premier tour sur d'autres listes. Selon la formule de J. Boulouis, c'est « un apparentement intégré par panachage, non du fait de l'électeur, mais du fait d'une liste accueillante ».

Le système très complexe comporte en outre des incidences directes sur la déclaration des candidatures et le remplacement des conseillers (art. L. 263, 264 et 270, nouveaux du C. élect.). C'est un compromis entre scrutin majoritaire et représentation proportionnelle, entre la recherche de l'efficacité et la représentation des minorités. Le « seuil » de 3 500 habitants est un pur choix politique, sans autre justification objective. Il faut noter enfin que par une décision du 18 nov. 1982 (A.J.D.A., 1983, p. 128, comm. J. Boulouis, p. 79-80), le Conseil constitutionnel a déclaré inconstitutionnelle la disposition en vertu de laquelle les listes de candidats ne pouvaient compter plus de 75 % de personnes du même sexe.

Sur quelques difficultés récentes, C.E., 12 janv. 1984, élec. mun. d'Eguilles, Rec. Lebon, p. 268 ; 30 mars 1984, élec. mun. d'Aix-en-Provence, Rec. Lebon, p. 627 ; 25 juill. 1986, élec. du maire de Clichy, Rec. Lebon, p. 216 ; A.J.D.A., 1986, n° 142, p. 704, concl. Roux ; 31 oct. 1986, élec. mun. de Pornic, Rec. Lebon, p. 251 ; A.J.D.A., 1987, n° 1, p. 25, concl. Lasserre.

C. — Statut du conseiller municipal.

L'exercice des fonctions de conseiller municipal est gratuit. D'un statut complexe, on va privilégier deux aspects.

1. Inéligibilités et incompatibilités.

— Les **conditions générales d'éligibilité** sont au nombre de trois : nationalité française — âge : 18 ans révolus (art. 11, L., n° 82-974 du 19 nov. 1982 : art. L. 228, C. élect.) — absence de condamnation emportant des déchéances électorales.

— Les conditions spéciales d'éligibilité dans une commune déterminée sont soit positives (être inscrit sur la liste électorale de la commune ou y avoir une attache, telle que l'inscription au rôle des contributions directes au 1er janvier de l'année de l'élection), soit négatives (certains magistrats ou fonctionnaires ne sont pas éligibles dans le ressort d'exercice de leurs fonctions ; une exclusion analogue frappe les agents salariés de la commune (C.E., 21 déc. 1983, élec. mun. de Crouy-en-Thelle, Dr. adm., 1984, n° 5, 30 mars 1984, Elect. mun. d'Albiez-Montrond, F. Richard et autres, Dr. admin., 1984, n° 209), les entrepreneurs (C.E., 30 mars 1984, Elect. mun. de Corrençon-en-Vercors, J. L. Locatelli et autres, Dr. adm., 1984, n° 208 ; Adde, C.E., 8 févr. 1985, Elec. mun. de Sarcelles, Rec. Lebon, p. 639 ; T.A. Rouen, 13 déc. 1985, Com. de la République de Seine Maritime, Rec. Lebon, p. 639).

— Enfin diverses **incompatibilités** ont été établies à l'encontre des militaires de carrière, des fonctionnaires de police, des préfets et sous-préfets ... proches parents (C.E., 10 janv. 1984, *Elect. mun. de Morières-lès-Avignon, Rec. Lebon*, p. 10 ; *A.J.D.A.*, 1984, n° 39, p. 349).

2. Fin prématurée du mandat.

En dehors du décès et de la non-réélection, deux procédures étaient susceptibles de mettre fin au mandat d'un conseiller municipal en exercice : la démission volontaire, qui pour devenir effective, devait avoir été acceptée — la démission d'office pouvant être prononcée dans trois cas (refus de remplir les fonctions imposées par la loi ; absence non excusée à trois convocations successives ; inéligibilité ou incompatibilité survenue après l'élection).

La loi du 2 mars 1982 a supprimé la démission d'office (C.E., 6 nov. 1985, *Maire de Viry-Châtillon, Rec. Lebon*, p. 311 ; *R.F.D.A.*, 1986, n° 3, p. 388, concl. D. Latournerie) ; la démission volontaire doit désormais être adressée au maire et non plus au sous-préfet (art. 21-I et VI). C'est le juge administratif qui contrôle le respect des règles fixées par la loi et les textes réglementaires en vigueur.

La politisation des élections municipales, qui résulte notamment de leur enjeu de plus en plus important et du nouveau mode de scrutin, explique l'augmentation du contentieux, même si les cas de fraudes restent assez exceptionnels. V. sur l'exemple de cette question, B. Lasserre et S. Hubac, « Le contentieux des élections municipales », *A.J.D.A.*, 1984, Chron., p. 314 et s. — note R. Drago sous C.E., 21 déc. 1983, *Elec. du maire de Limeil-Brévannes, R.D.P.*, 1984, p. 206 — concl. Genevois sur C.E., 14 sept. 1983, *Aubry et Elec. mun. d'Antony, R.D.P.*, 1983, p. 1650 — concl. Pauti sur C.E., 27 janv. 1984, *Elec. mun. de Lizières, R.D.P.*, 1984, p. 1067.

Pour des exemples variés, voir *Rec. Lebon* 1984, tables, p. 630 à 634.

§ 2. — Fonctionnement du conseil municipal.

A. — Organisation générale.

Elle soulève surtout des difficultés d'ordre pratique (C. com., art. L. 121-8 à 24, rédaction résultant de la loi modificative du 31 déc. 1970). D'ailleurs, chaque conseil municipal, comme toute assemblée délibérante, a le droit de compléter ces règles nécessairement générales par un règlement intérieur, acte insusceptible de faire l'objet d'un recours en excès de pouvoir (T.A. Limoges, 20 déc. 1983, *Préfet, commissaire de la République de Corrèze, Rec. Lebon*, p. 580).

1. Périodicité des réunions.

La solution ancienne reposait sur une distinction entre « sessions ordinaires « (févr., mai, août, nov.) et « sessions extraordinaires ». La loi de 1970 a aboli ce système trop rigide ; désormais, le conseil municipal se réunit obligatoirement et au minimum une fois par trimestre. En outre, le maire peut convoquer le conseil municipal (3 jours francs à l'avance, sauf cas d'urgence) chaque fois qu'il le juge utile. Aucune disposition n'exige que la convocation comporte un ordre du jour mentionnant toutes les questions sur lesquelles le conseil aura à se prononcer (C.E., 9 mars 1979, *Comité de défense de l'environnement de Mâcon-Nord, Rec. Lebon*, p. 538) mais le délai de trois jours francs, élément de « la libre administration » des communes, relève du domaine législatif (C.E., 3 juin 1983, *Mme Vincent, Rec. Lebon*, p. 227 ; *A.J.D.A.*, 1983, n° 79, p. 479, note J. Chapuisat). Une suspension de séance d'une durée d'une journée implique une nouvelle convocation (C.E., 5 févr. 1986, *min. Intérieur c. Cne de Thor*, D.A., 1986, n° 145).

2. Déroulement des séances.

En règle générale, c'est le maire qui préside les réunions du conseil municipal (à l'exception de celle où le maire est élu — présidée par le doyen d'âge —, et celle où est débattu le compte administratif ; C.E., 13 oct. 1982, *Chaure et autres, Rec. Lebon*, p. 339 ; 19 janv. 1983, *Chaure, Rec. Lebon*, p. 7 ; *Dr. adm.*, 1983, n° 88) ; en cette qualité, il a la police de l'assemblée (sur l'interdiction faite par le maire à un conseiller d'utilisation d'un magnétophone, C.E., 25 juill. 1980, *Sandré, Rec. Lebon*, p. 325 ; comp. T.A. Orléans, 2 mars 1979, *Sandré, ibid.*, p. 509 ; T.A. Montpellier, 1er déc. 1981, *Singlia, ibid.*, p. 626).

Un secrétaire est élu à chaque séance (C.E., 13 oct. 1982, *Chaure et autres, Rec. Lebon*, p. 339). Les séances sont publiques, mais à la demande du maire ou de trois conseillers le conseil peut se constituer en comité secret (C.E., 19 juin 1959, *Binet, A.J.D.A*, 1959.II.364). Les conditions de quorum, les modes de votation et les règles de majorité sont régis par les art. L. 121-11 et 12, C. com. La salle des séances doit être aménagée pour accueillir le public (T.A. Bordeaux, 13 mars 1986, *Maurin et Gil, Rec. Lebon*, p. 307).

Si les séances invoquées par le maire, comme préalables à ses décisions, n'ont pas eu lieu, ce vice est sanctionné par l'inexistence (C.E., 28 févr. 1986, *Préfet des Landes, Rec. Lebon*, p. 50 ; *A.J.D.A.*, 1986, n° 59, p. 326, obs. J. Moreau ; *R.D.P.*, 1986, p. 1468, note J. M. Auby).

3. Commissions.

Pour améliorer le fonctionnement du conseil et la préparation des délibérations, il est possible de créer des commissions d'étude et d'instruction. Dans les grandes municipalités, cette pratique est devenue courante. L'art. L. 121-20, C. com., précise que la présidence de ces commissions appartient de droit au maire et qu'en aucun cas elles ne peuvent décider aux lieu et place du conseil municipal. Le juge administratif censure les dessaisissements en appliquant aux prétendues délibérations de ces organismes la théorie de l'inexistence (C.E., 28 oct. 1932, *Lafitte*, S., 1933.3.65, note A. Mestre ; 14 mai 1943, *Cne de Joinville-le-Pont, Rec. Lebon*, p. 123. — 9 nov. 1983, *Saevens et synd. C.G.T. des agents municipaux de la ville de Lille, Rec. Lebon*, p. 453 ; *Dr. adm.*, 1983, n° 459).

Il est difficile de concilier le désir légitime des membres du conseil municipal à l'information et l'interdiction qui leur est faite d'intervenir à titre individuel dans l'administration de la commune et de prétendre obtenir directement des services la communication de renseignements ou de documents (C.E., 9 nov. 1973, *Cne de Pointe-à-Pitre, R.D.P.*, 1974, p. 1143, note M. Waline ; *A.J.D.A.*, 1974.I.82, obs. Franc et Boyon ; *ibid.* n° 15, p. 93). Dans les grandes communes, le nouveau mode de scrutin qui permet la représentation de l'opposition au sein du conseil municipal risque de multiplier les difficultés dans ce domaine.

La liste des informations indispensables à communiquer au conseil municipal pour qu'il puisse exercer ses compétences budgétaires est fixée, par application de l'art. 7 de la loi du 2 mars 1982, dans un décret nº 82-1131 du 29 déc. 1982.

L'accès aux documents municipaux est un droit pour les administrés ; il est interprété largement par le juge administratif (C.E., 11 janv. 1978, *Cne de Muret, Rec. Lebon*, p. 5 ; *A.J.D.A.*, 1978, nº 28, p. 219, concl. Genevois), mais ne signifie pas droit de se faire transmettre les exemplaires originaux (T.A. Versailles, 30 mai 1979, *G.A.M. d'Aubergeville, Rec. Lebon*, p. 519). Pour un cas de restriction légale de ce droit d'accès (T.A. Montpellier, 26 sept. 1985, *Barrère, Rec. Lebon*, p. 519).

Sur les problèmes posés par le développement de l'information municipale (C.E., 25 juill. 1986, *Divier, Rec. Lebon*, p. 208 ; *A.J.D.A.*, 1986, nº 116, p. 585, concl. Bonichot ; 11 mai 1987, *Divier, Rec. Lebon*, p. 168 ; *R.D.P.*, 1988, p.264, note J. M. Auby).

B. — Dissolution.

La dissolution d'un conseil municipal, que peut prononcer le pouvoir exécutif (art. L. 121-4 à 7, C. com.) était traditionnellement analysée comme exemple de « tutelle sur les personnes ». La tutelle est officiellement supprimée, et cependant le pouvoir de dissolution n'a pas été aboli car il est indispensable. En droit français, il sanctionne en effet une impossibilité de fonctionnement normal d'une assemblée élue.

1. Conditions de la dissolution.

Etant donné la gravité de cette mesure, la dissolution est subordonnée à une procédure précise et solennelle :

— elle est prononcée par décret du Président de la République, pris en Conseil des ministres ;

— ce décret doit être motivé et publié au *Journal officiel.*

La loi n'énumère pas les motifs susceptibles de justifier la dissolution ; ils sont contrôlés par le juge administratif, qui estime par exemple la mesure fondée en présence de dissensions graves entravant le bon fonctionnement du conseil municipal (C.E., 31 mai 1957, *Rosan Girard, G.A.J.A.*, nº 99) et la dissolution illégale si les faits allégués ne sont pas établis (« perte d'autorité morale », C.E., 14 janv. 1977, *Perrault, A.J.D.A.*, nº 33, p. 161 ; I. p. 132, obs. Nauwelaers et Fabius).

2. Effets de la dissolution.

— Dans les huit jours de la publication du décret, une **délégation spéciale** est nommée par le représentant de l'Etat dans le département.

— Cet organisme est composé de 3 à 7 membres ; le représentant de l'Etat dans le département dispose d'un pouvoir discrétionnaire pour en choisir les membres (C.E., 3 avr. 1968, *Papin, Rec. Lebon*, p. 230 ; *R.D.P.*, 1968.1152, Concl. Dutheillet de Lamothe ; D. 1970.231, note Demichel).

— Les compétences de la délégation spéciale sont limitées aux actes de pure administration.

— Dans les deux mois, de nouvelles élections doivent avoir lieu, et les fonctions de la délégation spéciale expirent de plein droit dès que le nouveau conseil municipal est constitué.

§ 3. — Pouvoirs du conseil municipal.

A. — Principe et limites.

1. L'article L. 121-26, C. com. dans une rédaction directement empruntée à la loi de 1884 dispose : « **le conseil municipal règle par ses délibérations les affaires de la commune** ». Par cette formule fameuse, l'assemblée communale semble posséder une plénitude de compétence sur toute question ayant pour cadre territorial l'étendue de la commune. Ainsi aucun problème d'intérêt communal ne pourrait-il recevoir solution sans une « décision » du conseil municipal. Cependant la réalité est beaucoup plus nuancée.

2. De nombreuses dispositions textuelles **limitent** de façon très inégale la marge d'initiative dont dispose le conseil municipal. C'est le cas, par exemple :

— des pouvoirs reconnus au maire (v. *infra*, sect. 3, § 3) ;

— des compétences dévolues en matière financière et budgétaire à la chambre régionale des comptes ;

— du « contrôle administratif » qui appartient au représentant de l'Etat dans le département, en vertu de l'article 72 de la Constitution ;

— des recours juridictionnels susceptibles d'aboutir à l'annulation des délibérations du conseil municipal par le tribunal administratif ;

— des aides directes ou indirectes aux entreprises privées (L. 2 mars 1982, art. 5 et 6, modifiés par la loi du 5 janv. 1988).

3. Enfin la **pratique administrative** démontre que fréquemment l'omnipotence des conseils municipaux est plus théorique que réelle. D'abord, la crise financière que traversent beaucoup de communes françaises réduit singulièrement les compétences financières et budgétaires de l'assemblée communale. En outre, depuis 1945, l'Etat s'étant réservé le monopole de la politique d'aménagement du territoire et de la planification, les pouvoirs de décision du conseil municipal étaient donc enserrés dans des cadres rigides. Ne doit-on pas ajouter que l'exercice par le conseil municipal des compétences qui lui sont attribuées par la loi suppose une « **nécessaire qualification des élus** » (P. Bernard) ?

B. — Points d'application.

Les « affaires de la commune » qu'évoque l'art. L. 121-26, C. com. sont impossibles à énumérer de façon exhaustive. On doit se borner à citer les rubriques les plus significatives des compétences du conseil municipal :

— discussion et vote du **budget** (Cf. Circ. 19 avr. 1983 : *J.O.*, 31 mai), fixation des taux et des taxes, principe et modalités des emprunts ;

— acquisition, location et aliénation des propriétés communales, changement d'affectation, et plus généralement **gestion du patrimoine communal** (C.E., 30 oct. 1987, *Cne de Levallois-Perret, Rec. Lebon*, p. 335 ; *A.J.D.A.*, 1988, n° 2, p. 43, concl. S. Hubac) ;

— création et organisation des **services publics municipaux** (même si la distinction des services obligatoires et des services facultatifs a vécu !) ; les.initiatives du conseil municipal sont limitées par le respect des lois et règlements en vigueur, de la liberté du commerce et de l'industrie, et des principes généraux du droit (C.E., 23 avr. 1982, *V. de Toulouse c. Mme Aragnou, Rec. Lebon*, p. 150, concl. Labetoulle) ; sur la délicate application du principe d'égalité entre les usagers (C.E. sect., 5 oct. 1984, *Com. de la République de l'Ariège, Rec. lebon*, p. 315 ; *A.J.D.A.*, 1984.I.675, chron. Scoettl et Hubac ; *R.F.D.A.*, 1985, n° 2, p. 241, concl. Delon ; 26 avr. 1985, *V. de Tarbes, Rec. Lebon*, p. 119 ; *A.J.D.A.*, 1985.I.409, chron. Schoettl et Hubac ; *R.F.D.A.*, 1985, n° 5, p. 707, concl. Lasserre ; 2 déc. 1987, *Cne de Romainville, R.F.D.A.*, 1988, n° 3, p. 414, concl. Massot) ; sur la conciliation entre la réglementation des prix et la libre fixation des tarifs des services locaux (C.E., 12 févr. 1986, *V. d'Amboise, Rec. Lebon*, p. 38 ; *R.F.D.A.*, 1987, n° 1, p. 69, concl. Roux). De plus, il appartient au maire, et non au conseil municipal, de se prononcer sur la situation individuelle des usagers ou des personnes qui réclament le bénéfice de ces services (C.E., 23 mai 1980, *Carpentier, Rec. Lebon*, p. 625).

— décisions de principe concernant les **contrats et travaux**, Cf. sur un point de procédure intéressant, C.E., 12 oct. 1984, *Ch. synd. des agents généraux d'assurances des Hautes-Pyrénées ; R.F.D.A.*, 1985, n° 1, p. 13, concl. Dandelot.

— autorisation des **actions en justice** intentées au nom de la commune ou en défense (délégation possible au maire, T.A. Versailles, 10 janv. 1986, *Dupont ; Rec. Lebon*, p. 421) ;

— statut des agents communaux, création et suppression des emplois (C.E., 21 juill. 1972, *Saingery, Rec. Lebon*, p. 554 ; *A.J.D.A.*, 1973.II, n° 48, p. 251 ; 5 juill. 1974, *Riter et autres, Rec. Lebon*, p. 400 ; 19 févr. 1975, *Kientz, Rec. Lebon*, p. 136).

Sur la compétence du conseil municipal à accorder un complément de traitement (C.E., 20 janv. 1984, *V. de Cholet, Dr. adm.* 1984, n° 48) — sur une création d'emploi (C.E., 18 févr. 1983, *Commune de la République de la Gironde c. Cne de Saint-Médard-en-Jalles, Dr. adm.*, 1983, n° 142).

La loi n° 84-53 du 26 janvier 1984 relative à la fonction publique territoriale est évidemment de nature à modifier l'exercice traditionnel de cette compétence par le conseil municipal. *Adde : C.C.F.P.C.*, n° 13, oct. 1983, et *A.J.D.A.*, n° avril 1984.

Au total, le conseil municipal ne peut prendre des délibérations que sur des objets d'intérêt local ; (C.E., 20 nov. 1985, *Cne d'Aigues Mortes, Rec. Lebon*, p. 330 ; T.A. Paris, 19 mars 1986, *Lévy, A.J.D.A.*, 1986, n° 73, p. 389, obs. L. Richer ; 28 oct. 1987, *Com. de la République de la Saine-Saint-Denis, Rec. Lebon*, p. 489).

C. — Forme juridique de l'exercice des pouvoirs : les « délibérations ».

1. M. Bénoit a très justement noté que le terme « **délibération** » correspond à **trois acceptions différentes** dans la langue juridique. D'abord, le vocable peut signifier échange de vues entre conseillers (délibération-débat ; C.E., 2 déc. 1977, *Comité de défense de l'environnement de Mâcon-Nord, Rec. Lebon*, p. 474. *Contra* C.E., 25 juill. 1980, *Mme Courtet, Rec. Lebon*, p. 625) ; la seconde, qui est fréquente dans le code, est synonyme de manifestation de volonté collective du conseil municipal (décision, mais aussi vœu, avis, C.E., 20 avr. 1976, *Cts Coppens, A.J.D.A.*, 1977, nº 36, p. 311) ; enfin, dans un sens plus étroit, la délibération se définit par son contenu décisionnel (acte « exécutoire »). Les conditions de validité varient en fonction de la signification retenue : si la délibération n'est pas décisionnelle, elle ne peut être contestée que par des moyens tirés de son adoption dans des conditions irrégulières (C.E., 20 févr. 1981, *Cristakis de Germain et autres, Rec. Lebon*, p. 637 ; 22 mai 1987, *Tête : Rec. Lebon*, p. 179 ; *A.J.D.A.* 1987, nº 112, p. 664, concl. Vigouroux ; théorie du « vice propre ») ; dans le cas contraire, elle est susceptible de recours selon les procédures qui sont devenues très proches du droit commun.

2. Les délibérations sont assujetties à diverses *formalités* qui conditionnent soit leur entrée en vigueur, soit leur validité. C'est un des chapitres du droit communal qui a été le plus modifié par la loi du 2 mars 1982 et la loi rectificative du 22 juillet 1982. V. *supra*, p. 10 s.

   — les délibérations doivent être inscrites sur un registre par ordre de date (C. com., art. L. 121-18 et R. 121-10 ; C.E., 9 mars 1979, *Comité de défense de l'environnement de Mâcon-Nord, Rec. Lebon*, p. 103 ; 18 nov. 1987, *Marty, Rec. Lebon*, p. 371).

   — Dans tous les cas, une information préalable des conseillers municipaux est exigée (T.A. Nice, 21 août 1985, *Valgaeren, Rec. Lebon*, p. 517).

3. Les délibérations du conseil municipal quand elles constituent de véritables décisions faisant grief sont susceptibles de *recours contentieux* devant la juridiction administrative. Depuis la réforme de 1982, les dérogations au droit administratif commun sont limitées (sursis à exécution ; recours du commissaire de la République ; nullité des décisions auxquelles ont participé des conseillers « intéressés » — jurisprudence constante, C.E., 24 oct. 1979, *Desquerré, Rec. Lebon*, p. 651 ; 15 mai 1981, *Virey et autres, Rec. Lebon*, p. 223 ; 24 nov. 1982, *Cne de Bouxwiller, Dr. adm.* 1983, nº 8 ; T.A. Caen, 18 nov. 1980, *Mme Philippe, Rec. Lebon*, p. 552 ; 12 janv. 1986, *Cne d'Ota ; Rec. Lebon*, p. 39 ; *D.S.* 1987.73, note Peuchot ; art. L. 121-35, nouv. C. com.).

Dans le système antérieur à 1982, le contentieux contractuel et celui de la responsabilité obéissaient à des règles de procédure peu différentes du droit commun (C.E., 17 mars 1961, *Ducout, Rec. Lebon*, p. 189 ; *A.J.D.A.*, 1961.I.194, obs. Galabert et Gentot), mais le contentieux de la légalité était original puisque le préfet, en sa qualité d'autorité de tutelle, devait être saisi, avant le tribunal administratif, des délibérations « nulles de droit » ou simplement « annulables » (art. L. 121-32 à 36, anc. C. com.).

Section III. — Le maire et les adjoints

Le maire et les adjoints forment ce qu'on appelle « la municipalité » *stricto sensu.* Cette formation n'a pas compétence pour prendre des décisions aux lieu et place du conseil municipal (C.E., 9 nov. 1983, *Saevens et synd. C.G.T. des agents municipaux de la V. de Lille, Rec. Lebon*, p. 453 ; *Dr. adm.*, 1983, n° 459). On examinera en parallèle leur désignation, leur statut et leurs pouvoirs.

§ 1. — Désignation du maire et des adjoints.

1. Le maire est l'élu des élus de la commune. Il est donc choisi par le conseil municipal, en son sein, lors de la première réunion du conseil qui suit les élections (cette séance est alors présidée par le doyen d'âge).

Le vote a lieu au scrutin secret. Pour les deux premiers tours, la majorité absolue est nécessaire ; au troisième tour, la majorité relative suffit. Le législateur a ainsi nécessairement entendu que ce soit cette majorité, légalement investie de ce mandat par les électeurs, qui contribue à l'élection du maire et des adjoints. Si donc le juge rectifie le résultat des élections, et s'il a été saisi d'un recours contre l'élection du maire, il doit, par voie de conséquence, annuler cette élection (C.E., 27 janv. 1984, *Elect. du maire de Villepinte, Rec. Lebon*, p. 27 ; *Dr. adm.*, 1984, n° 94 ; *A.J.D.A.*, 1984, n° 38, p. 348). La solution est inverse, si l'élection du maire n'a pas été contestée dans les délais (C.E., 21 déc. 1983, *Elect. du maire de Limeil-Brevannes, Rec. Lebon*, p. 526 ; *R.D.P.*, 1984, p. 206).

2. Une procédure identique permet de désigner les **adjoints** (1 à 20, sans que leur nombre puisse excéder 30 % de l'effectif légal du conseil municipal — art. 1er, L., n° 82-974 du 19 nov. 1982, mod. L. 122-1 et 2, C. com.). Un conseiller municipal peut se porter candidat à un poste d'adjoint seulement au troisième tour (C.E., 23 janv. 1984, *Elect. du maire et des adjoints de Chapdeuil, Dr. adm.*, 1984, n° 47). Les adjoints prennent rang dans l'ordre de leur nomination. Au cas de décès d'un adjoint, le conseil municipal n'a pas le droit, à l'occasion du remplacement de ce dernier, de modifier le classement initialement fixé (C.E., 25 juin 1980, *Elect. d'un adjoint au maire de Lamentin, Rec. Lebon*, p. 626). Une nouvelle élection des adjoints peut être décidée par le conseil municipal après élection partielle (L. 1982, art. 15).

En droit français, la municipalité est donc élue, mais, en tant qu'émanation du conseil municipal, elle n'est pas choisie directement par les électeurs de la commune.

§ 2. — Statut du maire et des adjoints.

A. — Inéligibilités et incompatibilités.

En principe, chaque conseiller municipal dès lors qu'il est âgé de 21 ans révolus, a vocation à devenir maire ou adjoint. Il existe cependant, outre les dispositions applicables aux membres de l'assemblée communale (v. *supra*, p. 39), des causes spécifiques d'inéligibilité et d'incompatibilité.

— **Inéligibilité provisoire** : les maires et adjoints révoqués sont inéligibles un an à compter du décret de révocation, sauf s'il y a eu entre temps renouvellement intégral des conseils municipaux.

— **Incompatibilités communes aux maires et aux adjoints** : elles visent les cas où l'élu serait agent d'une administration financière de l'Etat (C.E., 13 janv. 1984, *Elect. du maire de La Pouge, Dr. adm.*, 1984, n° 49. — 27 janv. 1984, *Elect. du maire de Caujac, Dr. adm.*, 1984, n° 91. — 30 mars 1984, *Elect. d'un adjoint au maire d'Alissas, Dr. adm.*, 1984, n° 207), agent des forêts ou garde (pour un garde particulier d'une association communale de chasse, C.E., 23 nov. 1983, *Elect. du maire de Belmont, Rec. lebon*, p. 737 ; pour un officier de port, C.E., 11 janv. 1978, *Elect. mun. de St Jouin-Breneval, Rec. lebon*, p. 824). Ces prohibitions posées par l'art. L. 122-8, C. com. n'ont qu'une portée relative limitée aux communes du département dans lesquelles l'intéressé exerce ses fonctions.

— **Incompatibilité propre aux adjoints** : prévue par le même texte, elle concerne les agents salariés du maire.

B. — Situation personnelle du maire et des adjoints.

Les membres de la municipalité n'ont pas la qualité de fonctionnaires municipaux. Dans l'exercice de leurs fonctions, ils bénéficient toutefois de protections et avantages divers.

— **Protection pénale** : contre les outrages, injures et voies de fait (C. pén., art. 222 et 228, L., 29 juill. 1881, art. 33). La tragédie de Saint-Laurent-du-Pont, incendie d'un dancing ayant causé la mort de plus de cent victimes, et la condamnation consécutive du maire par les juridictions répressives ont suscité de vives réactions parmi les élus locaux. En vue de les apaiser, la loi n° 76-646 du 18 juillet 1974, modifiant ou abrogeant les articles 681 à 587 du Code de procédure pénale, protège les élus locaux susceptibles d'être inculpés pour crimes ou délits commis dans l'exercice de leurs fonctions par un régime dérogatoire assimilable à celui des magistrats et des officiers de police judiciaire.

— **Garantie civile** : l'art. L. 122-17, C. com. dispose « les communes sont responsables des dommages résultent des accidents subis par les maires, les adjoints ... dans l'exercice de leurs fonctions ». Le juge administratif l'a interprêté comme édictant une responsabilité détachée de toute idée de faute de service, dès lors que les dommages sont bien liés à l'exercice des fonctions (C.E., 6 juin 1969, *Cne de Sains, Rec. Lebon*, p. 289, concl. Théry ; *A.J.D.A.*, 1969, p. 506, note Delcros ; *J.C.P.*, 1969.II.15960, note P. L.), mais cette responsabilité automatique disparaît ou est réduite (C.E., 25 févr. 1983, *Cauvin*,

Rec. Lebon, p. 642) au cas de grave imprudence de la victime (C.E., 6 oct. 1971, *Cne de Baud, Rec. Lebon*, p. 581).

— **Gratuité des fonctions et indemnités** : les fonctions de maire et d'ajoint sont gratuites, comme celles des conseillers municipaux. Mais les articles L. 123-1 à 13 et R. 123-1 à 3, C. com. prévoient au bénéfice des magistrats municipaux des frais de gestion et de représentation et des indemnités de fonctions. Les sommes allouées restent trop modiques et, dans certaines grandes villes où les charges de maire et d'ajoint interdisent en pratique l'exercice d'une profession rémunérée, un très délicat problème se pose auquel n'est apportée actuellement aucune solution satisfaisante.

— **Responsabilité civile** envers la commune : elle ne peut être engagée que si le maire a utilisé ses fonctions en vue de satisfaire un intérêt personnel et que la commune en a subi un préjudice. Tel n'est pas le cas de travaux exécutés sans l'autorisation expresse du conseil municipal, mais utiles à la collectivité (C.E., 6 juin 1975, *Cne d'Arcile-Ponsart, Rec. Lebon*, p. 340).

C. — Fin prématurée du mandat.

Hormis décès ou démission volontaire, les maires et adjoints exercent leur mandat pendant les six années correspondant au mandat du conseil municipal qui les a élus. En effet maires et adjoints ne sont pas politiquement responsables devant l'assemblée communale ; le conseil municipal ne saurait juridiquement les contraindre à démissionner à la suite d'un vote de défiance ou d'une motion de censure.

Mais le pouvoir central dispose, dans le cadre du pouvoir hiérarchique ou de contrôle administratif, d'une gamme de **sanctions** devant frapper les responsables communaux qui auraient gravement manqué à leurs obligations d'élus locaux ou de représentants de l'Etat dans la commune.

1. Les sanctions sont au nombre de deux :
   — **suspension** d'un mois, prononcée par arrêté du ministre de l'Intérieur (art. 21-X, L., 2 mars 1982) ;
   — **révocation** prononcée par décret du Premier Ministre (C.E., 15 mars 1968, *Marty et Bertand, Rec. Lebon*, p. 188).

2. La loi du 5 avril 1984 n'avait pas énuméré les fautes susceptibles de donner lieu à ces sanctions ; le Code de l'administration communale a repris le texte antérieur sans y apporter de modification (art. 68, C.A.C. ; art. L. 122-15, C. com.). C'est donc le juge administratif qui a dû contrôler, non pas l'opportunité des mesures de suspension ou de révocation, mais leur régularité formelle et l'exactitude matérielle des faits reprochés (C.E., 14 janv. 1916, *Camino G.A.J.A.*, n° 33 ; C.E., 17 juin 1977, *Bernasconi, Rec. Lebon*, p. 729 ; C.E., 27 févr. 1981, *Wahnapo, Rec. Lebon*, p. 111).

Deux garanties importantes sont offertes aux maires et adjoints dans cette procédure de répression disciplinaire. D'une part, avant toute sanction, les intéressés doivent « avoir été entendus ou invités à fournir des explications écrites sur les faits qui leur sont reprochés » (C.E., 5 nov. 1962, *Le Moign, Rec. Lebon*, p. 486 ; C.E., 7 juill. 1971, *Simonetti, Rec. Lebon*, p. 152). D'autre part, les sanctions doivent être motivées à peine de nullité (C.E., 1er févr. 1967, *Cuny, A.J.D.A.*, 1967.II, p. 344, note J. Moreau ; C.E., 12 mars 1969, *Dromigny, Rec. Lebon*, p. 151).

§ 3. — Pouvoirs du maire et des adjoints.

Alors que le maire détient des pouvoirs variés et importants, les adjoints n'exercent que les seules attributions et compétences qui leur ont été déléguées par le maire. C'est la différence qui sépare un pouvoir « originaire » et un pouvoir « dérivé ».

A. — Compétences du maire.

Il est habituel de présenter de façon synthétique le rôle du maire en le définissant comme l'*organe exécutif* de la commune. Ce raccourci est pourtant doublement inexact :

— Les compétences du maire sont toujours limitées au cadre territorial de sa commune, mais il les exerce tantôt en qualité d'élu local, tantôt comme représentant de l'Etat ;

— les compétences du maire ne se réduisent pas à la simple exécution des délibérations du conseil municipal. En reprenant une formule utilisée en jurisprudence, il est plus juste de l'envisager comme « le chef de l'administration communale ».

En cette matière, la permanence des textes jusqu'en 1970 ne doit pas masquer une évolution réalisée dans la pratique : la loi municipale de 1884 reposait sur une conception « parlementaire » ; elle fait place de plus en plus nettement à une conception « présidentielle ».

Dans un souci de clarté, on doit distinguer quatre catégories de pouvoirs.

1. Le maire, « exécutif » du conseil municipal.

Selon l'article L. 122-19, C. com., le maire exerce certains pouvoirs sous contrôle du conseil municipal et le contrôle administratif du représentant de l'Etat dans le département.

a) Objet.

— **Pouvoirs financiers** : le maire prépare le budget, il le propose au conseil municipal ; une fois le budget voté, le maire l'exécute (T.A. Bordeaux, 18 juin 1985, *Ecole Sainte-Marie de Saint-André-de-Cubzac, Rec. Lebon*, p. 518), il ordonne les dépenses et contrôle la comptabilité communale.

— **Pouvoirs patrimoniaux** : le maire gère le patrimoine de la commune, il dirige les services municipaux en régie et contrôle les établissements publics communaux.

— **Pouvoirs juridiques** ; le maire conclut les marchés et contrats au nom de la commune ; il représente celle-ci en justice, sauf le cas exceptionnel d'opposition d'intérêts visé à l'art. L. 122-12, C. com. Il résulte de la nature même de l'action en référé que le maire peut introduire cette action, sans autorisation du conseil municipal (C.E., 28 nov. 1980, *V. de Paris c. établissement Roth, Rec. Lebon*, p. 446 ; *A.J.D.A.* 1981.I, p. 86, obs. Feffer et Pinault).

b) Régime juridique.

L'article L. 122-9, C. com. énumère donc de façon concrète certaines compétences du maire, mais cette liste n'est pas complète et l'alinéa 10 ajoute qu'il est chargé « d'une manière générale d'exécuter les délibérations du conseil municipal ».

Agissant ainsi sous le contrôle du conseil, le maire semble être ici dans une position subordonnée. Certes, dans le cadre des missions qui viennent d'être définies, le maire est légalement tenu d'agir dans les limites qui lui sont imposées par les délibérations de l'assemblée communale (C.E., 19 oct. 1973, *Patrie d'Uckermann et assoc. « Centre artistique et culturel »*, *Rec. Lebon*, p. 576), mais il serait excessif de lui refuser toute initiative. Par exemple, il est chargé de l'organisation des services publics communaux (C.E., 18 oct. 1968, *Barbier, Rec. Lebon*, p. 498 ; C.E., 2 oct. 1970, *Cne de Change-lès-Laval, Rec. Lebon*, p. 546), ou encore il peut sans consulter au préalable le conseil municipal entreprendre des négociations en vue de la conclusion d'un contrat (C.E., 9 oct. 1968, *Pigalle, Rec. Lebon*, p. 481). La **subordination** des compétences débouche donc sur une **collaboration étroite** dont les matières budgétaires fournissent une bonne illustration.

Au total, cette première catégorie de pouvoirs confirme que si délibérer est le fait de plusieurs, agir est le fait d'un seul.

2. Le maire, « délégataire » du conseil municipal.

La loi du 31 décembre 1970, a ajouté un article 75 *bis* au C.A.C. (C. com., art. L. 122-20). Cette disposition nouvelle autorise le conseil municipal à déléguer au maire certaines de ses attributions. C'est une innovation textuelle qui officialise une pratique très fréquente.

a) Objet.

L'article L. 122-20 contient 16 rubriques, parmi lesquelles on peut citer : fixation et modification de l'affectation des propriétés communales utilisées par les services publics municipaux ; délivrance et reprise des concessions dans les cimetières — acceptation de certains dons et legs — aliénation de biens mobiliers jusqu'à 30 000 francs — fixation des offres de la commune à notifier aux expropriés — passation de certains contrats et marchés de gré à gré, louage de choses n'excédant pas douze ans (C.E., 21 janv. 1983, *Assoc. Maison des jeunes et de la culture de Saint-Maur, Rec. Lebon*, p. 14), contrats d'assurance — création de classes dans les établissements d'enseignement — fixation des droits prévus au profit de la commune et n'ayant pas le caractère fiscal (voirie — stationnement) — représentation de la commune en justice (T.A. Versailles, 10 janv. 1986, *Dupont, Rec. Lebon*, p. 421) ...

b) Régime juridique.

La délégation suppose une **délibération expresse** du conseil municipal. Elle peut être totale ou partielle ; elle est « personnelle » au maire délégataire ; permanente, elle est susceptible d'être rapportée par une nouvelle délibération qui abroge tout ou partie de la délégation initiale.

Le maire doit rendre compte au conseil municipal à chacune des réunions obligatoires et, dans les matières déléguées, les décisions prises par le maire sont soumises au **régime des délibérations du conseil municipal** (v. *supra*, p. 45).

3. Les pouvoirs propres du maire.

a) Objet.

Tout d'abord, en sa qualité de **chef du personnel communal**, le maire a pouvoir de nommer, révoquer, sanctionner les agents municipaux (C. com., art. L. 412-1). Il est ici doté des compétences d'un chef de service à l'égard de ses subalternes.

En second lieu, le maire est **autorité de police municipale** : il a donc compétence pour prendre les règlements et mesures individuelles concernant la protection de l'ordre public (C. com., art. L. 122-22 et L. 131-1 et s.). Le célèbre article 97 de la loi de 1884 détaille quelques-uns des chapitres de cette police générale qui tend à prévenir les troubles menaçant la sécurité, la tranquillité, la salubrité.

b) Régime juridique.

A l'égard du personnel communal les pouvoirs du maire sont évidemment limités par l'existence d'un contrôle juridictionnel et du statut du personnel communal (L. n° 84-53 du 26 janv. 1984). Au surplus, le conseil municipal est compétent pour fixer les règles d'ensemble et pour décider les créations et suppressions d'emplois (C.E., sect. 18 mai 1973, *V. de Cayenne, Rec. Lebon*, p. 359 ; *A.J.D.A.*, 1973, n° 105, p. 538), les pouvoirs propres du maire doivent donc s'entendre comme le droit de prendre les mesures individuelles concernant les agents : dans ces limites, il est seul compétent (C.E., 9 janv. 1959, *V. de Nice, Rec. Lebon*, p. 36).

En tant que titulaire des compétences de police, il agit « sous la surveillance », et non sous « l'autorité » du pouvoir central. Le maire doit donc respecter les règlements de police émanant des autorités nationales ou départementales ; dans ces domaines, il peut au regard des circonstances locales les rendre plus sévères mais non les « adoucir ». En outre, depuis 1941, les forces de police sont étatisées dans les villes de plus de 10 000 habitants et les compétences en matière de maintien de l'ordre ont été transférées au préfet (C. com., art. L. 132-7) ; la loi de finances rectificative pour 1974 dispose que le régime de la police d'Etat est institué dans une commune par arrêté conjoint des ministres de l'Intérieur et des Finances pris sur la demande ou avec l'accord du conseil municipal (C. com., art. L. 132-6) ; dans les autres cas, un décret en Conseil d'Etat est nécessaire. Si, malgré ces limitations et ces contrôles, on parle toujours de « **pouvoirs propres** » c'est que l'incompétence du conseil municipal est complète : l'assemblée communale ne saurait légalement se substituer au maire (C.E., 24 juill. 1934, *Souillac, Rec. Lebon*, p. 870) ni lui adresser des injonctions (C.E., 6 mai 1949, *Hamon, Rec. Lebon*, p. 201). La solution est en principe identique pour l'exercice par le maire des nombreux pouvoirs de police spéciale qui lui sont conférés par la loi.

La loi n° 83-8 du 7 janvier 1983 sur la répartition des compétences contient deux dispositions relatives à la police d'Etat. L'article 88 dispose que l'institution du régime de la police d'Etat sera de droit, à compter du 1er janvier 1985, à la demande du conseil municipal, si certaines conditions définies par décret en Conseil d'Etat sont remplies (effectifs et qualité professionnelle des corps de police municipale, seuil démographique, ...). L'article 89 abroge l'ancienne rédaction de l'art. L. 132-7, C. com. et décide que, dans les communes à police étatisée, le soin de réprimer les atteintes à la tranquillité publique incombe à l'Etat.

On notera enfin que les arrêtés de police du maire et les mesures les plus importantes prises par lui en matière de personnel communal sont oumis à **l'obligation de transmission** à la préfecture ou à la sous-préfecture (art. 2, 3 et 4 de la loi du 2 mars 1982, mod. par la loi du 22 juill. 1982). Par ex. C.E., 18 févr. 1983, *Comm. République de Gironde c. Cne de Saint-Médard-de-Jalles, Dr. adm.*, 1983, n° 142.

4. Le maire, représentant de l'Etat dans la commune.

Puisque la commune est une circonscription administrative de l'Etat, en même temps qu'une collectivité locale, il a paru naturel de faire du maire le représentant de l'Etat dans la commune (les maires étaient avant 1881 nommés et non élus, et la formule était économique pour l'Etat).

a) Objet.

Les articles L. 122-23 à L. 122-26, C. com.) font du maire un officier de **police judiciaire** et un officier d'**état civil**. Il doit légaliser les signatures, publier et exécuter les lois et règlements, assurer l'exécution des mesures de sûreté générale et enfin assumer les fonctions spéciales qui lui sont attribuées par les lois (recrutement en vue du service national — établissement des listes électorales — fréquentation et assiduité scolaires ...).

b) Régime juridique.

Dans le cadre de ces pouvoirs, le maire agit « sous l'autorité de représentant de l'Etat dans le département ». Il est donc soumis à un **pouvoir hiérarchique** et non plus seulement à un contrôle administratif (C.E., 11 juin 1982, *Berjon, Rec. Lebon*, p. 221, concl. Genevois). Au surplus, le conseil municipal est dans ces domaines radicalement incompétent ; v. au cas d'élaboration d'une « carte communale » dans une collectivité soumise aux dispositions du règlement national d'urbanisme, C.E., 29 avr. 1983, *Assoc. de défense des espaces ruraux et naturels de la Cne de Regny, A.J.D.A.*, 1983, n° 57, p. 376, concl. R. Denoix de Saint-Marc.

Si les tutelles d'approbation et d'annulation qui pesaient sur les actes du maire ont disparu, la « tutelle » par substitution demeure dans deux cas (L. 2 mars 1982, art. 2 mod. par L. 22 juill. 1982, art. 2-V) :

— pouvoir de substitution du représentant de l'Etat dans le département, soit deux pou plusieurs communes limitrophes, soit enfin une seule commune après mise en demeure adressée au maire et restée sans résultat ;

— pouvoir de substitution aussi dans les cas où le commissaire de la République exerce son pouvoir hiérarchique sur le maire, agent de l'Etat dans la commune (art. L. 122-14, C. com.).

B. — Compétences des adjoints.

1. Principe.

En droit français, la règle est que **les adjoints n'ont pas de compétences propres**. L'art. L. 122-11 C. com. précise, en effet, que « le maire est seul chargé de l'administration » mais qu'il peut « sous sa surveillance et sa responsabilité » déléguer une partie de ses fonctions à un ou plusieurs adjoints. Il résulte de cette disposition que :

— les adjoints ne possèdent de pouvoirs que par **délégation** ;

— ils ne conservent ces pouvoirs que tant que la délégation n'a pas été rapportée (C.E., 11 avr. 1973, *Nemoz, Rec. Lebon*, p. 293) et cette abrogation peut être opérée pour simples motifs d'opportunité (C.E., 24 mars 1976, *Cne de Bouc-Bel-Air, Rec. Lebon*, p. 790) ;

— les indemnités de fonctions sont liées à l'existence ou à l'exercice effectif d'une délégation (C.E., 5 mars 1980, *Botta, Rec. Lebon*, p. 626) ; sur les conséquences financières d'un retrait de délégation (C.E., 29 avr. 1988, *Cne d'Aix-en-Provence c. Mme Joissains, A.J.D.A.*, 1988, n° 92, p. 483, obs. J. Moreau) ;

— des délégations aux limites insuffisamment précises sont entachées d'excès de pouvoir (C.E., 12 mars 1975, *Cne de Loges-Margeron, Rec. Lebon*, p. 186 ; T.A. Nice, 25 févr. 1977, *Tonietti, A.J.D.A.*, 1977.II, n° 28, p. 265, note Daussin-Charpentier ; comp. C.E., 8 avr. 1987, *V. de Fréjus, Rec. Lebon*, p. 125 ; *A.J.DA.*, 1987, n° 90, p. 540, obs. J. Moreau).

— les délégations sont attribuées dans l'ordre fixé par le maire, selon ses préférences, et non pas en tenant compte de l'ordre de classement établi sur la base de l'élection des adjoints par le conseil municipal.

Au total, les adjoints ne possèdent pas un droit à l'exercice de certaines compétences ; ils ont simplement vocation prioritaire à en recevoir de préférence aux autres membres du conseil municipal (sur l'ensemble de la question, C.E., 18 mars 1955, *de Peretti, Rec. Lebon*, p. 163 ; *R.D.P.*, 1955, p. 395, concl. Grévisse). Lorsqu'un adjoint auquel le maire a retiré ses délégations ne démissionne pas, ces délégations peuvent être attribuées à un conseiller municipal (art. 15, L. n° 82-974 du 9 nov. 1982).

2. Empêchement du maire.

Aux cas visés par l'art. 122-13 C. com. (absence, suspension, révocation ou tout autre empêchement du maire), un mécanisme de suppléance a été prévu pour éviter une carence de l'autorité municipale. Le remplacement provisoire du maire dans la plénitude de ses fonctions est assuré « par un adjoint, dans l'ordre des nominations ... ». Trois différences séparent ce système du précédent :

— l'adjoint suppléant exerce ses fonctions sans délégation ;

— sa compétence provisoire est plénière ;

— sa désignation est commandée par l'ordre des nominations.

Si l'on néglige le cas exceptionnel d'empêchement du maire, on doit constater le caractère « dérivé » des compétences des adjoints. La loi du 31 décembre 1970 tire de cette donnée une conséquence logique en décidant que l'élection d'un nouveau maire entraîne *ipso facto* une nouvelle élection des adjoints (C. com., art. L. 122-9).

Conclusion.

Les réformes inaugurées en 1982 ont finalement moins modifié l'organisation et le fonctionnement de la commune que ceux du département et de la région. Le constat est logique, puisque, de tout temps, la commune a été la collectivité locale la plus décentralisée.

Sur le nouveau mode de scrutin appliqué, dans les communes de 3 500 habitants et plus, lors des élections de mars 1983, il est difficile de formuler une appréciation de portée générale ; la taille des communes semble être un paramètre décisif, et la représentation des minorités au sein des conseils municipaux présenter avantages et inconvénients.

CHAPITRE II. — **LES FUSIONS ET REGROUPEMENTS DE COMMUNES**

• La France souffre d'une *morcellement communal excessif*, — plus de 36 500 communes pour une population de 56 millions d'habitants, ce sont là des chiffres insolites lorsqu'on sait, par ex., que l'Italie et la R.F.A., chacune plus peuplée que notre pays, ne compte respectivement qu'environ 8 000 et 10 500 collectivités administratives de base.

Cette donnée française est d'ailleurs une *constante* ; le nombre des communes est à peu près stationnaire :

> 37 692 communes — (1962)
> 37 708 communes — (1968)
> 36 694 communes — (1975)
> 36 494 communes — (1982)
> 36 749 communes — (1er janv. 1986)

On sait aussi que plus de 90 % des communes de France ont une population inférieure à 2 000 habitants, 2 % seulement plus de 10 000.

• Cette « mosaïque » municipale a fait l'objet de multiples critiques : elle rendrait impossible toute planification, toute programmation des équipements ; elle conduirait à des gaspillages autrement évitables et à des disparités difficilement supportables ... Mais l'opinion contraire a été défendue avec talent dans le célèbre rapport « Vivre ensemble » (1976) où la Commission Guichard soutient que chaque commune est irremplaçable et que près de 500 000 élus locaux constituent une véritable richesse pour le pays !

• Pour remédier à cet état de fait, on peut imaginer des solutions extrêmes. La première, — la plus simple et la plus brutale, — consiste à opérer des **fusions**, volontaires ou autoritaires ; elles ont été pratiquées avec succès à l'étranger mais n'ont pas correspondu en France aux espoirs de leurs promoteurs (sect. 1re).

A l'opposé des *schémas de coopération très souple* peuvent être envisagés. Le dernier avatar de cette technique est la *charte intercommunale de développement et d'aménagement* (C.I.D.A.). Evoquée dans plusieurs textes récents et notamment par l'article 29 de la loi no 83-8 du 7 janvier 1983 relative à la répartition des compétences, elle est organisée par le D., no 84-503 du 26 juin 1984, qui indique la procédure de délimitation de la zone d'application et les modalités de publication de la charte ; mais les références faites explicitement aux parcs naturels régionaux ou aux plans d'aménagement rural soulignent les limites de cette forme de collaboration entre communes.

Cf. *Solidarités locales*, colloque de Tours févr. 1985, L.G.D.J., 1985. « La coopération inter-collectivités locales, *Cahiers du Centre national de la fonction publique territoriale*, n° 25, juin 1988.

● Entre ces deux extrêmes, le remodelage de la carte communale emprunte alors presqu'obligatoirement en France la voie sinueuse des **regroupements** (sect. II, III et IV). Les communes existantes sont conservées, mais les pouvoirs publics les invitent à coopérer entre elles de manière aussi fonctionnelle que possible.

L'avantage de telles techniques est de concilier l'attachement au découpage actuel avec les nécessités d'une administration moderne. La logique et la simplicité y perdent mais la souplesse y gagne, surtout si des incitatioons financières adéquates (dont le juge administratif a consacré la légalité de principe, C.E., ass. 13 déc. 1968, *Fédération nationale des élus républicains, Rec. Lebon*, p. 644 ; *A.J.D.A.*, 1969.I, p. 20, obs. Dewost et Denoix de Saint-Marc ; n° 4, p. 33, concl. Kahn) conduisent les élus locaux à une véritable prise de conscience des solidarités intercommunales.

Les trois formules de regroupements étudiées ci-après ont deux points communs :
— les communes regroupées demeurent de véritables « **collectivités locales** » ;
— le cadre juridique utilisé est apparemment le même : **l'établissement public.**

Mais les ressemblances s'arrêrent ici. Car le regroupement, c'est tantôt une **association** temporaire et limitée à un objet précis (l'établissement public n'étant alors qu'un simple organe de superposition) — tantôt la mise en œuvre d'une **structure de type fédéral**, où le volontariat demeure la règle et où les transferts de compétences sont exceptionnels — tantôt enfin une **technique d'intégration** perfectionnée qui débouche sur une véritable administration à deux niveaux (l'établissement public ressemblant alors à une collectivité locale et les communes constituantes éatnt dépossédées de leurs pouvoirs essentiels).

Section I. — **Les fusions de communes**

§ 1. — **Définition et évolution historique.**

A. — **Définition.**

Dans les textes récents, fusion et rattachement sont fréquemment mis en parallèle ; il importe donc de définir et, par conséquent, de distinguer ces deux techniques.

— La fusion est l'unification dans une commune nouvelle de deux ou plusieurs entités communales jusque-là distinctes. Il n'y a donc pas annexion, mais **création par réduction à l'unité.**

— Le rattachement signifie **absorption**. Il s'agit d'incorporer, dans une commune qui subsiste, une portion ou la totalité d'une ou plusieurs communes avoisinantes.

B. — Evolution historique.

La procédure de fusion a été renouvelée par la loi du 16 juillet 1971 ; mais ce texte n'abroge pas les dispositions antérieures : il les complète. Au surplus, à côté des aspects circonstanciels qu'elle comporte, la loi de 1971 contient aussi des règles permanentes qui se juxtaposent aux anciennes formules.

1. La loi du 5 avril 1884 prévoyait déjà dans ses articles 3, 6, 7 et 9 une possibilité de rattachement et de fusion. Ces opérations impliquaient la consultation du conseil général et l'intervention d'un décret en Conseil d'Etat.

2. Le décret n° 59-189 du 22 janvier 1959 crée une procédure moins lourde ; il fut inséré aux articles 3 à 9 et 11, C.A.C. Pour encourager les fusions un décret du 28 août 1964 institue des majorations de 10 à 30 % des **subventions d'équipement** et la loi du 9 juillet 1966 prévoit un mécanisme d'**intégration fiscale** de manière à différer l'égalisation trop brusque des taux d'imposition des contribuables des différentes communes. La loi du 31 décembre 1970 couronne ce mouvement en facilitant la transition : les anciennes communes fusionnées pourront bénéficier d'une représentation particulière dans le premier conseil municipal de la nouvelle commune, d'un **sectionnement électoral** pour les élections ultérieures, de mairies annexes et de sections de biens. Ces avantages facultatifs doivent être réclamés par les conseils municipaux et mentionnés dans l'acte de fusion ; leur caractère est « politique », à la différence des incitations financières, mais ces faveurs ou précautions poursuivent un objectif identique.

3. La loi n° 71-588 du 16 juillet 1971 comporte des **innovations** profondes, qui semblaient d'autant plus nécessaires que les encouragements antérieurs s'étaient révélés inopérants et que l'urgence des regroupements communaux se faisait sentir avec une acuité accrue. Cette loi et ses décrets d'application ont été en partie incorporés au Code des communes (art. L. 112-1 à L. 112-18 et art. R. 112-4 à R. 112-16 ; art. L. 153-1 à L. 153-8).

4. La loi n° 82-1169 du 31 décembre 1982, relative à l'organisation administrative de Paris, Marseille, Lyon, et des établissements publics de coopération intercommunale, contient dans son article 66 quelques dispositions nouvelles relatives aux communes associées.

La loi de transfert des compétences du 22 juillet 1983, par son article 112, abroge le titre 1er de la loi de 1971 c'est-à-dire les dispositions se rapportant au plan départemental de regroupement.

§ 2. — Les procédures de fusion.

Sauf au cas, fort rare, d'accord spontané et unanime des conseils municipaux, les procédures de fusion sont complexes puisque le législateur a dû combiner autorité et liberté de façon à **inciter sans contraindre**. En outre la loi de 1971 prévoyait certaines fusions comme applications privilégiées d'un projet de regroupement cohérent élaboré à l'échelon du département.

A. — La technique traditionnelle.

Son principe fut posé dans la loi de 1884 ; elle a été simplifiée et allégée en 1959 et 1970.

— Lorsque la fusion est acceptée par délibérations concordantes des conseils municipaux intéressés et qu'elle n'a pas pour effet de modifier les limites cantonales, l'opération est prononcée par arrêté préfectoral ;

— dans les cas contraires, la décision de fusion est prise, après avis du conseil général, sous forme de décret en Conseil d'Etat (par ex. C.E., ass., 20 juill. 1975, *min. Intérieur c. Bréant, A.J.D.A.*, 1976, nº 22, p. 206).

B. — La technique nouvelle.

En vertu de l'article 8 de la loi de 1971 (art. L. 112-2 à L. 112-4, C. com.), il devient possible de réaliser des fusions à la suite d'un **référendum** (dont les modalités pratiques sont fixées par D., nº 72-109 du 3 févr. 1972).

— Le référendum peut être demandé soit par les conseils municipaux (les 2/3 correspondant à la moitié de la population ou la majorité simple représentant les 2/3 de la population concernée), soit par le préfet (en l'absence de demande, le préfet n'est pas tenu de décider qu'il sera procédé à la consultation de la population, T.A. Besançon, 7 avr. 1976, *dame Mougin, Rec. Lebon*, p. 626).

— Les personnes inscrites sur les listes électorales des communes intéressées doivent se prononcer sur l'opportunité de la fusion (Comp. C.E., 25 mars 1980, *Ribault, Rec. Lebon*, p. 635). Si le référendum est négatif, la fusion n'a pas lieu. Si le résultat est positif (majorité absolue des suffrages exprimés et le quart des électeurs inscrits), la fusion sera réalisée.

— le **respect des minorités** est assuré par une disposition particulière. Au cas où la population d'une ou de plusieurs communes a exprimé son hostilité au projet de fusion (vote négatif des 2/3 représentant au moins la moitié des électeurs inscrits dans la ou les communes), les entités opposantes sont exclues de la fusion. La minorité ne peut donc pas bloquer la fusion, mais la fusion n'est pas imposée de façon autoritaire.

C. — La technique temporaire spécifique.

1. De l'automne 1971 au printemps 1972 fut élaboré, dans le cadre de chaque département, un projet de regroupement. Sa première esquisse était dessinée par un groupe de travail composé de hauts fonctionnaires. La seconde était réalisée par une commission d'élus, présidée par le président du conseil général, où siégeaient des maires et des représentants du conseil général.

Leurs propositions devaient déboucher sur un classement des communes en fonction de leur aptitude à assurer leur propre développement ; dans le cas contraire était recommandée une fusion ou une formule de regroupement.

En qualité de représentant de l'Etat, le préfet arrêtait définitivement « *le plan départemental des solidarités intercommunales* ».

2. L'opération de *fusion*, considérée alors comme un des points d'aboutissement du plan, obéissait à la procédure suivante, les conseils municipaux, consultés par le préfet sur le projet de fusion, devant répondre dans les deux mois ;

— si l'accord est unanime, la fusion est décidée par arrêté préfectoral ;

— en cas de désaccord ou de non-réponse, le préfet consulte le conseil général ; si ce dernier émet un avis favorable, la fusion est prononcée par arrêté préfectoral, malgré l'opposition éventuelle de l'unanimité des conseils municipaux intéressés (T.A. Grenoble, 6 mars 1974, *Bouvier, Rec. Lebon*, p. 687) ;

— si le conseil général est hostile, le préfet dispose d'un choix entre quatre solutions (abandon pur et simple du projet — fusion limitée aux seules communes acceptantes — organisation d'un référendum intercommunal — conseil donné aux communes de s'orienter vers d'autres formes de regroupement) :

3. Cette technique temporaire, liée à l'application du plan de regroupement départemental, était **assez contraignante** puisque le préfet, maître du jeu, pouvait vaincre tour à tour l'hostilité des conseils municipaux et du conseil général, en faisant « appel » devant les populations intéressées. Au surplus le juge de la légalité n'exerçait en la matière qu'un « contrôle minimum » (C.E., 23 avr. 1975, *Assoc. pour la protection des intérêts des habitants d'Anthy-sur-Leman, Rec. Lebon*, p. 255, v. cep. C.E., 19 juin 1981, *Cne fusionnée de Manosque et autres, Rec. Lebon*, p. 277).

L'article 112 de la loi n° 83-663 du 22 juillet 1983 abroge les dispositions de la loi de 1971 codifiées aux articles L. 112-13 à L. 112-18. Disparaît donc définitivement cette technique de fusion.

§ 3. — Les types de fusion.

La fusion a toujours pour conséquence de créer une **nouvelle collectivité**, mais la **disparition** des anciennes communes est **susceptible de degrés**. Il faut donc conformément à la loi distinguer fusion simple et fusion complexe.

A. — La fusion simple.

Cette fusion simple implique un accord formalisé dans une convention. La disparition des anciennes communes peut ne pas être complète.

1. L'accord des conseils municipaux des communes qui fusionnent se matérialise dans une **convention**, élaborée par les maires et ratifiée par les conseils municipaux lors du vote de la délibération décidant la fusion. Le contenu de cette convention n'est pas défini par la loi. Elle peut se limiter à fixer les caractéristiques de la nouvelle commune (nom, chef-lieu, ...), mais aussi prévoir les solutions à apporter à des problèmes tels que la destination des biens, l'affectation du personnel ...

2. La loi du 31 décembre 1970, soucieuse d'aménager une **transition** aussi indolore que possible, a prévu diverses techniques destinées à éviter aux anciennes communes une mort trop brutale.

— Ainsi le conseil municipal de la nouvelle commune peut, jusqu'à renouvellement, être composé de tout ou partie des membres des anciennes assemblées municipales. Il doit, au minimum, comprendre les maires et les adjoints réglementaires. Si la fusion se réalise par voie traditionnelle, la formule facultative exige l'accord unanime des conseils municipaux ; si la fusion s'effectue selon la loi du 16 juillet 1971, cette formule est acquise de droit sauf décision contraire des conseils municipaux appelés à fusionner.

Après le premier renouvellement intégral, le conseil municipal de la nouvelle commune est désigné selon les règles normales.

— De façon durable, la convention de fusion peut prévoir au bénéfice des communes fusionnées, sectionnements électoraux, sections de biens, mairies annexes et adjoints spéciaux (C.E., 13 mai 1977, *Glaunez et Fort, Rec. Lebon*, p. 214).

B. — La fusion avec commune(s) associée(s).

L'institution des communes associés est l'une des innovations les plus intéressantes de la loi du 16 juillet 1974. En vue d'encourager les fusions, le législateur a voulu permettre de respecter au mieux les habitudes de la population. Les anciennes communes disparaissent donc seulement en tant que collectivités territoriales ; elles pourront garder leur nom (C.E., 3 déc. 1975, *min. d'Etat, min. de l'Intérieur c. Mouvement de défense des intérêts des habitants de la commune de Plottes, Rec. Lebon*, p. 617) et conserver une certaine **individualité administrative** pour sauvegarder les intérêts propres des habitants (C. com., art. L. 153-1 à L. 153-8). Mais la prise en considération de ces intérêts ne justifie pas l'octroi du sursis à l'exécution de l'arrêté préfectoral de fusion (T.A. Marseille, 3 mai 1974, *Cne de Saint-Michel-Peyresq, Rec. Lebon*, p. 967).

1. **Le statut de commune associée** doit être **demandé** par le conseil municipal intéressé ; son obtention est de droit ; c'est l'arrêté préfectoral prononçant la fusion qui institue la ou les commune(s) associée(s).

2. Au cas de fusion complexe, la convention à passer par les communes qui fusionnent n'est que facultative.

3. La commune associée bénéficie comme telle, de plein droit, des avantages prévus facultativement au cas de fusion simple : sectionnement électoral (C.E., 16 juin 1978, *Elect. mun. de Mirebeau, Rec. Lebon*, p. 261), section de biens, mairie annexe. Elle possède en outre des **organes de gestion spécifiques.**

— **Maire délégué.** C'est d'abord le maire en fonction lors de la fusion ; après renouvellement, il sera choisi parmi les conseillers municipaux élus dans la section correspondante. Il exerce les attributions d'officier d'état-civil et d'officier de police judiciaire ; il est chargé de l'exécution des lois et règlements de police ; d'autres délégations peuvent lui être conférées par le maire de la nouvelle commune. Sur l'impossibilité d'un cumul de ces deux mandats (C.E., Sect. 26 juill. 1982, François ; *A.J.D.A.* 1983, n° 1, p. 23, concl. Bissara).

— **Section du bureau d'aide sociale**, dotée de la personnalité juridique (D. n° 83-760 du 22 août 1983).

— **Commission consultative.** C'est un organe de dialogue et de concertation dont la création doit avoir été prévue par la convention de fusion. Elle comprend, outre les conseillers municipaux élus dans la section, 3 à 8 membres domiciliés dans la commune associée et choisis par le conseil municipal de la nouvelle commune.

4. Le statut de commune associée ne peut être supprimé par arrêté préfectoral qu'après vote favorable de la population concernée.

5. L'article 66/1 de la loi n° 82-1169 du 31 décembre 1982 prévoit d'aller beaucoup plus loin puisque, dans les communes issues d'une fusion comptant plus de 100 000 habitants et comportant création d'une ou plusieurs communes associées, et pour la partie du territoire communal ayant le statut de commune(s) associée(s), un **conseil consultatif** et le **maire délégué** élu en son sein héritent de plein droit des pouvoirs reconnus au conseil et au maire d'**arrondissement** dans les trois plus grandes, villes de France (v. *infra*, Chap. III, sect. 2). Ce conseil est élu selon les mêmes critères de population et à la même date que le conseil municipal ; il rend évidemment inutile la constitution de la Commission consultative visée plus haut (cf. 3).

Dans les communes de 100 000 habitants ou moins avec communes associées (art. 66-II), le conseil municipal peut décider, après avis de la commission consultative ou à sa demande, d'attribuer au maire délégué et à la commission consultative tout ou partie des compétences d'arrondissement.

§ 4. — Les conséquences de la fusion.

Les effets de la fusion concernent de façon indissociable les anciennes entités et la nouvelle. Les premières peuvent conserver une individualité plus ou moins marquée ; la seconde bénéficiera de divers avantages.

La date où la fusion devient effective est fixée par l'arrêté du représentant de l'Etat dans le département, et non par la convention ratifiée par les conseils municipaux (T.A. Besançon, 7 avr. 1986, *Dame Mougin, Rec. Lebon*, p. 626).

A. — Maintien d'une individualité infra-communale.

Cette anomalie est la raison d'être de la commune associée, mais elle n'est pas liée à ce seul statut.

1. Incidences électorales.

L'article 35 de la loi du 31 décembre 1970 dispose que le **sectionnement électoral** est de droit pour les communes fusionnées qui en font la demande, sauf dans le cas où la nouvelle commune a plus de 30 000 habitants. L'article 3, alinéa 7 de la loi du 16 juillet 1971 va plus loin : le sectionnement électoral est acquis de plein droit.

En outre l'article 17 de la loi de 1971 prévoit le maintien de la représentation des communes fusionnées au sein du collège électoral sénatorial (T.A., Besançon, 13 sept. 1974, *Maire de Romangeles-Vriange, A.J.D.A.*, 1974.II, n° 131, p. 549, note Duvillard ; T.A. Dijon, 11 sept. 1986, *Billardon, Rec. Lebon*, p. 319).

2. Incidences patrimoniales.

L'acte de fusion peut décider que les anciennes communes possédant un domaine privé seront érigées en **sections de communes** au sens des articles L. 151-1 et s. du Code des communes, si elles en font la demande. Pour ne pas gêner les opérations d'équipement à venir, cette garantie peut disparaître cinq années après la fusion ; le transfert des biens est alors prononcé par arrêté préfectoral, à la demande du conseil municipal et après enquête publique.

La loi du 16 juillet 1971 transforme cette faculté en garantie de plein droit.

3. Incidences sur les personnels.

Pour le personnel à temps complet des communes fusionnées, les *droits acquis* sont pleinement sauvegardés (prise en charge par la nouvelle commune ; maintien de la situation et de la rémunération jusqu'à reclassement : priorité absolue pour occuper les emplois créés ; maintien en surnombre ...).

Pour les autres agents, sont prévues une priorité en cas de vacance d'emplois dans la nouvelle commune et, au cas de licenciement, une indemnisation qui est cumulable avec une retraite proportionnelle.

B. — Octroi d'avantages financiers et fiscaux.

1. Majoration des subventions d'équipement.

La loi de 1971 complétée par le décret n° 71-1064 du 24 décembre 1971 accentue la tendance amorcée en 1964-1966 : les subventions d'équipement accordées par l'Etat sont majorées de 50 % pour les communes ayant fusionné soit dans les cinq années précédant la promulgation de la loi, soit entre le 16 juillet 1971 et la publication du plan départemental, soit en application des articles 3 et 8 de la loi. Mais pour déjouer les fraudes possibles, les grandes communes de plus de 100 000 habitants ne bénéficient que d'avantages très réduits.

2. Intégration fiscale progressive.

Les disparités fiscales entre communes susceptibles de fusionner formaient dans le passé un obstacle difficilement surmontable. La loi du 9 juillet 1966 avait tenté d'y apporter remède ; celle de 1981 améliore le dispositif précédent et aménage la période de transition en fonction de l'objectif à atteindre : l'égalisation des charges fiscales des contribuables communaux.

— la durée d'intégration fiscale est portée de 3 à 5 ans ;

— le mécanisme de réduction progressive des disparités est applicable dès lors qu'un écart de 20 % sépare la commune la moins imposée de celle où la pression fiscale est la plus forte ; les différences initiales sont alors réduites chaque année d'1/6ᵉ et donc supprimées à partir de la sixième année ;

— la nouvelle commune bénéficie, pendant les 5 ans de la période d'intégration fiscale, d'une aide financière de l'Etat déterminée par le jeu de barèmes très complexes (L. 1971, art. 13 et 14).

3. Régime administratif et financier de la « structure d'arrondissement ».

(Cf. Chap. III, sect. 2).

Conclusion.

1. Jusqu'à l'entrée en vigueur de la loi du 16 juillet 1971, le nombre des fusions de communes était **dérisoire** (environ 350 entre 1959 et 1970, aboutissant à la suppression de 400 communes, soit 1 % du total). Toutes les fusions n'étaient d'ailleurs pas des réussites : certaines valaient annexion par de grandes villes du territoire des communes limitrophes ; d'autres, réalisées entre très petites communes, ne donnaient pas naissance à des ensembles viables. Des exemples significatifs pouvaient néanmoins être cités : Mézières-Charleville (1966), Saint-Malo-Saint-Servan-Paramé (1967) ; plus récemment Saint-Chamond, Roanne, Dunkerque ...

2. Ces résultats assez négatifs devaient être rappelés si l'on veut apprécier avec objectivité « la loi Marcellin » du 16 juillet 1971. Le projet gouvernemental souleva l'opposition du Sénat et les commentaires doctrinaux furent souvent très critiques. Le défaut le plus marqué est sans doute **l'excessive complexité** du texte ; il est explicable néanmoins :

— si les procédures s'enchevêtrent et prévoient de multiples options, c'est le prix de la marge de liberté qu'il est apparu convenable de laisser aux élus locaux ou d'offir aux populations concernées ;

— si le volontariat est très fortement suscité, comment oublier la réticence quasi-générale à surmonter les obstacles d'ordre psychologique ou sentimental ?

3. D'ailleurs quel autre remède prescrire ? En Suède, en Grande-Bretagne, en Belgique, en Allemagne, ce sont des **lois récentes** qui ont réduit de manière drastique le nombre des collectivités de base. En France, la suppression automatique des entités les moins peuplées (environ 4 000 communes de moins de 100 habitants, plus de 11 000 de moins de 200 habitants) eût semblé très arbitraire.

4. Jusqu'en 1974, les **éléments positifs** paraissaient devoir l'emporter : fusions conçues dans le cadre d'un plan d'ensemble — création originale de la « commune associée » — incitations financières spécifiques correspondant à une ligne particulière du budget du ministère de l'Intérieur (chap. 67-52).

5. Les **résultats** globaux de la loi de 1971 sont **décevants** et même en régression : fin 1979, 839 fusions intéressant 2 045 communes et entraînant la suppression de 1 200 d'entre elles (bilan très modeste en comparaison des prévisions des plans départementaux soit environ 3 500 fusions concernant près de 10 000 communes) — au 30 septembre 1982, 810 fusions regroupant 1 952 communes (dont 627 concernant 1 561 communes sous forme de fusion-association). 53 « séparations » avaient été prononcées de 1975 à 1985 et ce mouvement de « **défusion** » crée de graves difficultés juridiques (T.A. Châlon-sur-Marne, 20 juin 1978, *Leempoels, C.C.F.P.C.*, n° 5, 1979, p. 45 et s., note Melleray ; C.E., 22 mai 1981, *Brulez et autres, Rec. Lebon*, p. 233). Si la loi n'a prévu aucune procédure particulière pour le rétablissement comme communes distinctes

des communes associées à la commune fusionnée, cette éventualité n'est pas à exclure et on doit alors appliquer la réglementation relative aux modifications territoriales (C. com., R. 112-17 et s. — C.E., 18 févr. 1983, *Cornet, Rec. Lebon*, p. 655 ; T.A. Châlons-sur-Marne, 2 sept. 1986, *Maire de Dampierre et a., R.F.D.A.*, 1988, n° 1, p. 37, concl. Giltard).

C'est pour conjurer ce risque qu'a été imaginée la solution de transposition aux communes associées du régime administratif et financier de la structure d'arrondissement ; le transfert de plein droit visé à l'article 66-I de la loi du 31 décembre 1982 concernerait 3 cas ; Hellemmmes qui a fusionné avec Lille en avril 1977, Rouelle avec Le Havre en avril 1973, et Rochetaillé avec Saint-Etienne en octobre 1972.

Section II. — Les syndicats de communes

§ 1. — Définition et évolution historique.

L'idée est ancienne de permettre, voire de favoriser, une coopération entre communes voisines ou limitrophes. Leur association est destinée à rendre possible la réalisation d'une œuvre ou le fonctionnement d'un service qui excéderait par son ampleur ou par son coût les moyens dont dispose chacune des communes participantes.

A. — Problématique.

Au niveau des principes, l'existence des syndicats intercommunaux pose trois questions :

— **nature du groupement** : les communes, entités constituantes, demeurent mais le groupement créé n'est pas une simple association de fait. Le moule juridique du syndicat sera **l'établissement public** ;

— **objet du groupement** : la règle de spécialité qui caractérise l'établissement public n'interdit cependant pas une certaine diversification des missions du syndicat. Apparaît alors une distinction possible entre le syndicat à **vocation unique** et le syndicat à **vocation multiple** ;

— **rapports** entre le groupement et les communes : la coopération que réalise le syndicat de communes peut procéder d'une technique volontariste ou d'une technique autoritaire. Par voie de conséquence, la création et le fonctionnement du syndicat reposent soit sur la règle **d'unanimité**, soit sur une formule **majoritaire**.

B. — Evolution historique.

Depuis la fin du XIXe siècle, le syndicat de communes a décrit une évolution caractéristique : passage d'une coopération limitée et purement volontaire à des types d'association plus autoritaires et plus diversifiés.

1. La loi du 22 mars 1890, dont les dispositions furent insérées au titre VII de la loi municipale, définit les contours du syndicat intercommunal à objet unique. Le fonctionnement de cet établissement

public est alors dominé par deux règles « paralysantes » : **règle d'égalité** (chaque commune, quelle que soit sa population, participe également à la vie du syndicat et peut s'opposer aux évolutions nécessaires) — **règle d'unanimité** (le refus d'un seul conseil municipal bloque le mécanisme des décisions). Assouplies par le décret n° 55-606 du 20 mai 1955, ces règles n'empêchent pas toutefois les syndicats intercommunaux de proliférer et de jouer un rôle déterminant dans l'équipement des communes rurales.

2. L'ordonnance n° 59-29 du 5 janvier 1959 introduit deux nouveautés capitales : création désormais possible de **groupements polyvalents** (S.I.V.O.M.) — effacement partiel du principe d'unanimité auquel se substitue la règle de la **majorité qualifiée**. Mais ces innovations ne se cumulent pas : la polyvalence implique l'unanimité ; la majorité qualifiée devient suffisante pour la gestion commune d'un service unique.

3. Les lois des 31 décembre 1970 et 16 juillet 1971 facilitent la création et améliorent le fonctionnement des syndicats intercommunaux. Les différences entre les groupements à vocation unique et à vocation multiple disparaissent. Dans le Code des communes, les textes précités sont repris aux articles L. 163-1 à L. 163-18, L. 251-1 à L. 251-7, et R. 163-1 à R. 163-6 ; depuis cette codification deux articles ont été modifiés par la loi n° 77-825 du 22 juillet 1977.

4. L'article 62 de la loi du 31 décembre 1982 modifie l'article L. 163-18, relatif à la dissolution des syndicats. De façon partielle, mais plus profonde, la loi d'amélioration de la décentralisation du 5 janvier 1988 modifie nombre de procédures applicables aux syndicats et inaugure le « **syndicalisme à la carte** », dénommé aussi « à géométrie variable » (*Adde*, circ. 29 févr. 1988, *J.O.*, 18 mars).

§ 2. — Création, modification et dissolution.

A. — Création.

La loi du 31 décembre 1970 abolit la distinction entre les syndicats polyvalents et monovalents. Cependant trois procédures de création étaient possibles :

1. Au cas d'**adhésion unanime** des conseils municipaux des communes intéressées, le préfet enregistre par arrêté ces volontés concordantes qui portent à la fois sur la liste des communes membres du syndicat et sur les missions transférées à ce dernier.

2. Au cas d'**accord majoritaire** (2/3 des communes représentant 1/2 de la population — majorité simple correspondant aux 2/3 de la population totale — avis favorable des communes dont la population est supérieure au 1/4 de la population totale concernée : L. 22 juill. 1977), le préfet fixe la liste des communes membres après avis conforme du ou des conseils généraux ; il lui appartient d'apprécier l'opportunité de la création (C.E., 13 mars 1985, *V. de Cayenne, Rec. Lebon*, p. 76).

3. Enfin l'article 6 de la loi du 16 juillet 1971 prévoyait une autre procédure autoritaire et de « **repli** » qui supposait que les majorités qualifiées ne soient pas obtenues et que le conseil général ait donné un avis défavorable. Dans ces conditions était créé par arrêté

préfectoral à un syndicat à la compétence limitée aux études et à la programmation des équipements collectifs. Cette procédure était la mise en œuvre d'une disposition arrêtée dans le plan départemental de regroupement des communes. Par conséquent, si le projet n'était pas inscrit au plan, le préfet ne pouvait pas légalement créer un syndicat sans l'assentiment des conseils municipaux et sans l'avis favorable du conseil général (T.A. Amiens, 18 juin 1974, *Commune de Ployart et Vaurseine, Rec. Lebon*, p. 729). L'art. 112 de la loi du 22 juill. 1983, en abrogeant les articles L. 112-13 à 18 du Code des communes a supprimé cette possibilité.

Dans ces trois formules de création, le représentant du pouvoir central compétent n'est plus le ministre de l'Intérieur mais le préfet (D. 17 mars 1970).

B. — Modifications de la composition initiale.

1. Dans l'esprit de la réforme de 1959 et de celles qui l'ont suivie, les syndicats sont des **groupements « ouverts »**. Ils ont le droit de s'élargir en accueillant d'autres communes que les collectivités fondatrices. La procédure requise est fixée à l'article L. 163-15 du Code des communes : décision favorable du comité du syndicat ; notification de la décision aux maires des communes membres ; consultation des conseils municipaux dans les 40 jours ; impossibilité de passer outre à l'opposition du tiers des conseils municipaux. Sur les difficultés soulevées par les règles de délai applicables à l'avis donné par les conseils municipaux (C.E., 28 nov. 1986, *Cne de Launaguet, Rec. Lebon*, p. 267).

2. Mais une commune nouvelle doit exercer les droits et accomplir les obligations contractées par la commune dont elle est issue, notamment lorsque celle-ci était membre d'un syndicat (T.A. Montpellier, 7 déc. 1978, *S.I.V.O.M. de Mauguio-Perols, Rec. Lebon*, p. 631).

3. Symétriquement, le droit de sécession est reconnu aux communes qui voudraient quitter le syndicat. Les conditions de retrait sont réglées par accord entre le comité du syndicat et le conseil municipal concerné, si la décision de principe a été acquise selon l'article 163-16 du Code des communes.

4. Il est évident que le « **syndicalisme à la carte** », principale innovation de la loi du 5 janvier 1988, risque de créer quelques surprises !

   En outre les possibilités de **retrait** sont rendues plus faciles (art. L. 163-16-1 et L. 163-16-2), dans le cas où la participation d'une commune au syndicat est devenue sans objet et dans celui où les statuts de l'établissement public de regroupement, initiaux ou modifiés (compétences déléguées, part contributive) sont de nature à compromettre les « intérêts essentiels » d'une commune, ayant adhéré au syndicat depuis au moins 6 ans.

C. — Dissolution.

Un syndicat intercommunal est formé soit sans fixation de terme, soit pour une durée déterminée.

— Il est dissous de plein droit à l'expiration de la durée prévue par l'acte de création, ou à l'achèvement de l'opération projetée (C.E., 22 avr. 1970, *Cne de Saint-Barthélémy et autres, Rec. Lebon*, p. 270 pour un cas d'interprétation délicate, C.E., 5 déc. 1980, *Préfet de l'Essonne, Rec. Lebon*, p. 462), ou par absorption par un district ou une communauté urbaine ;

— Il est dissous par le consentement de tous les conseils municipaux intéressés ;

— Il peut être dissous par arrêté du représentant de l'Etat dans le département, sur la demande motivée de la majorité des conseils municipaux et l'avis du bureau du conseil général, ou d'office, par décret rendu sur l'avis conforme du conseil général et du Conseil d'Etat. La sauvegarde des droits des tiers, créanciers du syndicat doit alors être assurée (T.A. Lyon, 29 févr. 1984, *Cne de Sutrieu, Rec. Lebon*, p. 455).

L'article 2 de la loi n° 77-285 du 22 juillet 1977 avait créé un nouveau cas de dissolution en reconnaissant au conseil municipal de la commune membre la plus peuplée et la plus riche un « droit de sécession ». Cette disposition a été abrogée par l'article 62 de la loi n° 82-1169 du 31 décembre 1982 qui a donné une nouvelle rédaction à l'article L. 163-18 du Code des communes. Celle-ci a été à nouveau modifiée par la loi du 5 janvier 1988, qui prévoit un nouveau cas de dissolution, non automatique, pour les syndicats ayant cessé toute activité depuis deux ans au moins.

Un syndicat est recevable à se pourvoir contre une mesure affectant son existence (T.A. Rennes, 26 mars 1987, *Synd. intercom. de défense contre l'uranium, Rec. Lebon*, p. 469).

§ 3. — Compétences et organes de gestion.

A. — Compétences.

L'idée dominante qui n'a pas varié depuis 1890 est qu'il appartient **aux communes concernées de fixer elles-mêmes** la liste des compétences qu'il convient de déléguer au syndicat. Elles sont donc énumérées dans l'arrêté de création, mais elles peuvent être élargies ou modifiées en application de la procédure prévue à l'article L. 163-17 du Code des communes. Il n'y a pas d'extension « naturelle » des compétences syndicales ; par exemple au cas où initialement il est compétent pour l'adduction d'eau et la distribution d'eau potable, il ne le devient pas sans modification des textes institutifs pour la fourniture d'eau destinée à l'arrosage des espaces verts (T.A. Montpellier, 7 déc. 1978, *S.I.V.O.M. de Mauguio-Perols, Rec. Lebon*, p. 631. Comp., C.E., 23 oct. 1985, *Cne de Blaye-les-Mines, Rec. Lebon*, p. 297 ; *A.J.D.A.*, 1986, n° 6, p. 48, obs. J. Moreau). La distinction entre syndicats à vocation unique et S.I.V.O.M. n'a plus qu'un intérêt historique depuis que la loi du 31 décembre 1970 a presque complètement uniformisé leurs règles de gestion.

Il peut être parfois délicat de distinguer élargissement de la composition du syndicat et modification de ses compétences (v. par ex. T.A. Nancy, 18 avr. 1974, *Cne d'Aydoilles, Rec. Lebon*, p. 695).

En revanche, il est évident que les compétences transférées au syndicat ne peuvent plus être exercées directement par les communes (C.E., 16 oct. 1970, *Cne de Saint-Vallier*, R.A. 1970, p. 530, note Liet-Veaux ;

C.E., ass. 17 oct. 1975, *Gueguen et autres, Rec. Lebon*, p. 517) et ne sauraient donc plus engager leur responsabilité (C.E., 7 févr. 1973, V. de Bordeaux, *Rec. Lebon*, p. 102). Mais parfois la date exacte de transfert des compétences est difficile à préciser (C.E., 16 juin 1972, *min. Développ. indust. c. dame Bret, Rec. Lebon*, p. 450 ; T.A. Orléans, 10 mars 1972, *Cne de Saint-Mars-la-Pile, Rec. Lebon*, p. 858 ; C.E., 28 sept. 1984, *Synd. intercom. d'assainissement des marais de Mortagne-sur-Gironde, Rec. Lebon*, p. 528).

Plus généralement, pour qu'un syndicat puisse se constituer, il faut que les compétences transférées correspondent à des « **œuvres ou services d'intérêt communal** ». Tel n'est pas le cas lorsque son seul objet est de s'opposer par tous les moyens légaux à tous travaux de recherches et d'exploitations d'uranium sur un site (T.A. Rennes, 26 mars 1987, *Synd. intercom. de défense c. l'uranium, Rec. Lebon*, p. 469).

B. — Organes de gestion.

1. Le Comité.

Sa composition est en principe déterminée sur la base d'une **stricte égalité** : chaque commune a deux délégués, désignés par le conseil municipal pour la durée de son mandat ; ces délégués peuvent être choisis en dehors de l'assemblée communale, mais les incompatibilités frappant maires et adjoints sont applicables aux membres du bureau (C.E., 20 nov. 1974, *Oberle, Rec. Lebon*, p. 571). Si une commune refuse ou néglige d'élire ses représentants, après mise en demeure du préfet, le maire et le premier adjoint siègent en cette qualité au comité du syndicat. Hormis ce cas exceptionnel, les représentants des communes doivent être élus par les conseils municipaux et par application des règles valables pour l'élection des maires et adjoints (T.A. Dijon, 28 juin 1983, *Elect. du président du S.I.V.O.M. du canton de Recey-sur-Ource, Rec. Lebon*, p. 654). Sur l'illégalité de « membres de droit », v. C.E., 22 avr. 1977, *El. du bureau du comité du syndicat intercommunal de Caux maritime*, A.J.D.A., 1977.II, n° 70, p. 502 ; I, p. 483, obs. Nauwelaers et Dutheillet de Lamothe ; 14 déc. 1983, *Cne de Brionne, Rec. Lebon*, p. 511 ; *Dr. adm.* 1984, n° 6.

Il est possible d'apporter des dérogations à la règle d'égalité, pour tenir compte éventuellement de différences démographiques ou financières ; mais ces dérogations doivent être précisées dans la décision instituant le syndicat.

2. Le président.

Il est élu, par le comité, dans les mêmes conditions que le maire par le Conseil municipal.

Certains syndicats possèdent en outre un bureau auquel le comité délègue une partie de ses compétences (art. L. 163-13, C. com.). Le poids respectif de ces trois organes est très variable.

C. — Règles de fonctionnement.

Le législateur a délibérément fait référence en la matière aux règles de fonctionnement applicables aux communes et aux conseils municipaux (périodicité des réunions, règles de convocation, déroulement des séances, conditions de validité des réunions, contrôle administratif ;

art. L. 163-10 et s., C. com. et Circ. du 25 sept. 1974, *J.O.*, 30 oct.,
p. 11036 à 11048). Sur le droit d'un habitant à obtenir communication
de documents financiers, T.A. Nice, 21 juill. 1981, *Giudecelli, Rec.
Lebon*, p. 540 — sur le contrôle exercé en matière de recrutement de
personnel contractuel, T.A. Nantes, 12 juill. 1982, *Com. de la République
du dép. de la Sarthe c. Synd. intercomm. pour l'alimentation en eau de
la région mancelle, Rec. Lebon*, p. 488 — sur le contrôle portant sur
une délibération étrangère à l'objet du syndicat, T.A. Montpellier,
13 déc. 1983, *Préfet, com. de la République du Gard c. S.I.V.O.M. de
la région d'Aigues-Mortes, Rec. Lebon*, p. 577.

Sur l'intérêt d'une distinction, en matière de « versement-transport »,
entre syndicat de communes et syndicat de collectivités locales, v. C.E.,
15 févr. 1984, *Assoc. industrielle du territoire de Belfort et Ets Dorget-
Ballay, Rec. Lebon*, p. 66 ; *Dr. adm.* 1984, n° 97.

La loi du 9 janvier 1986 avait assoupli sur certains points mineurs les
règles de fonctionnement des syndicats (institution de délégués sup-
pléants, par ex.). La loi précitée du 5 janvier 1988 va plus loin, car il
est évident que la possibilité pour une commune de n'adhérer qu'à
une partie seulement des compétences exercées par le syndicat entraîne
logiquement que ses délégués ne doivent pas prendre part aux votes
concernant des problèmes relatifs aux secteurs d'activité que la
collectivité a conservés ; d'où l'éventualité de majorités changeantes,
variables selon les ordres du jour.

§ 4. — Finances.

En tant qu'établissement public, le syndicat intercommunal jouit de l'autonomie financière. A ce titre il possède un **budget propre**. Les dépenses
correspondent aux investissements nécessaires à la réalisation de la mission
du syndicat et aux frais d'entretien et de fonctionnement.

Les ressources sont variées ; revenus des biens du syndicat, redevances
diverses correspondant aux services rendus, dons et legs, subventions (pour
les majorations possibles, v. D., n° 74-746 du 17 mai 1974). Mais le
législateur de 1890 avait refusé aux syndicats le droit de lever des impôts :
les communes constituantes versaient annuellement leur contribution. Ce
système précaire plaçait les syndicats sous la dépendance directe des
communes. Depuis lors quelques améliorations ont été apportées au système
initial : la contribution communale au syndicat est une « dépense obligatoire »
(art. L. 251-4, C. com.) et elle peut être remplacée par le produit des impôts
communaux directs, sur décision du comité syndical. Il reste que ces
modifications introduites par le décret du 20 mai 1955 et par l'ordonnance
du 5 janvier 1959 ne créent **pas une véritable fiscalité syndicale
autonome** (à l'exception de la taxe d'enlèvement des ordures ménagères,
lorsque le syndicat assure la collecte, la destruction ou le traitement des
ordures ménagères, L., 31 déc. 1970, art. 32), puisque « la mise en
recouvrement de ces impôts ne peut toutefois être poursuivie que si le
conseil municipal, obligatoirement consulté dans un délai de quarante jours,
ne s'y est pas opposé en affectant d'autres ressources au paiement de sa
quote-part ». Actuellement donc le comité syndical fixe le montant global
de la contribution des communes et la répartition en est effectuée par les
services fiscaux sur la base des critères fixés dans les statuts (C.E., 23 juill.
1974, *Cne de Cayeux-sur-Mer, Rec. Lebon*, p. 435), mais il commet une
illégalité s'il modifie les bases initiales de répartition en adoptant un
assujettissement forfaitaire pour une commune et des clés de répartition

proportionnelle pour les autres (T.A. Amiens, 27 janv. 1987, *Cne de Villeneuve-Saint-Germain, Rec. Lebon*, p. 41).

Cette « dépendance » des syndicats à l'égard des communes membres est en outre source de fréquents retards dans le vote des budgets, et provoque désormais les interventions des chambres régionales des comptes.

La communication annuelle du budget et des comptes du syndicat aux conseils municipaux des communes membres, afin de leur permettre d'exercer leur contrôle sur sa gestion, constitue « une garantie fondamentale de la libre administration des collectivités locales et de leurs ressources » et relève par conséquent du domaine de la loi (Cons. Cel., 19 nov. 1975, *R.D.P.*, 1976, p. 265 et s.).

Conclusion.

Le syndicat intercommunal s'écarte peu en apparence du schéma classique de l'établissement public administratif.

1. Certes en 1890, l'invention de la formule syndicale a constitué un grand **progrès** au regard des institutions de coopération entre communes qui ne possédaient pas la personnalité juridique (ententes et conférences intercommunales ; commissions syndicales de gestion de biens indivis. Art. L. 161-1 à L. 162-3 du Code des communes).

2. Certes son **rôle historique** n'est pas niable (irrigation et assèchement des marais, adduction d'eau, électrification rurale) et les réformes de 1955, 1959, et 1970 lui permettent d'être toujours un instrument très utile à la disposition des communes (ramassage scolaire ; construction et gestion d'installations scolaires ou sportives ; ...). Au 1er janvier 1985, existaient plus de 2 000 S.I.V.O.M. et presque de 12 000 S.I.V.U.

3. Mais l'utilisation de la formule syndicale n'est pas une panacée :

   — l'**enchevêtrement** des regroupements réalisés par les syndicats est une source de complications ; les implantations ne recoupent pas toujours les véritables solidarités d'intérêts ;

   — bien adapté au **milieu rural**, le syndicat intercommunal possède des structures administratives et financières trop lâches pour être le moteur d'une politique de développement urbain à long terme ;

   — émanation directe des communes, bâti sur un modèle « confédéral », le syndicat n'est pas le moyen de résoudre la crise communale contemporaine.

4. Pour relancer la coopération intercommunale, a été constitué en juillet 1987 un groupe de travail présidé par le sénateur Barbier ; celui-ci a élaboré un rapport contenant 51 propositions, destinées en majorité à faciliter la création et le fonctionnement des syndicats intercommunaux ; certaines ont été intégrées dans la loi du 5 janvier 1988 (notamment le fameux syndicat « à la carte » ou optionnel). Il reste que l'institution est **plus un cadre élargi** de gestion pour les services publics locaux, **qu'un mode de gestion vraiment adapté** (beaucoup de S.I.V.U., établissements publics administratifs, n'exercent que des activités industrielles et commerciales).

Section III. — **Les districts**

§ 1. — **Définition et évolution historique.**

A. — **Définition.**

Dans la conception initiale de 1959, le district urbain constitue un mode de regroupement des communes qui se différencie du syndicat sur deux points. Son domaine d'application privilégié devait être **l'agglomération urbaine** ; l'intégration qu'il réalise au plan institutionnel est plus poussée que la simple coopération intercommunale justifiant la création du syndicat.

Ces traits caractéristiques emportent deux conséquences : chaque district dispose d'une compétence minimale par transfert obligatoire de certaines attributions des communes membres ; les règles d'unanimité et d'égalité sont délibérément abandonnées.

Cependant ces différences importantes ne doivent pas faire oublier que le district est, comme le syndicat intercommunal, un **établissement public administratif** et que leurs procédures de création et de transformations présentent de nombreuses analogies.

B. — **Evolution historique.**

L'histoire du district est courte mais instructive.

1. L'ordonnance n° 59-30 du 5 janvier 1959 tend à instituer des districts urbains dans les **grandes agglomérations.** A cette fin sont prévues deux formules de création ; dans son article 3, le texte fixe les compétences obligatoires du nouvel organisme pour lesquelles il se substitue aux communes participantes.

2. La loi du 31 décembre 1970 tire les leçons d'une expérience de 10 années et apporte au schéma initial des modifications non négligeables : le mode de création forcé disparaît — la **suppression du qualificatif « urbain »** et de toute référence à la notion d'agglomération souligne la volonté du législateur de faire du district une formule de regroupement applicable à toutes les entités communales — les incitations financières qui lui sont associées démontrent que les faveurs accordées aux communautés urbaines peuvent lui être étendues. Enfin la loi du 16 juillet 1971 incluait évidemment le district parmi les propositions rassemblées dans le plan départemental de regroupement des communes.

§ 2. — **Création et transformations ultérieures.**

La création de districts, l'extension de leurs compétences et les modifications de leurs conditions initiales de fonctionnement sont régies par des règles qui relèvent du domaine de la loi (Cons. Cel., 29 nov. 1975, *R.D.P.*, 1976, p. 265 et s.). Les dispositions actuellement applicables aux districts sont insérées dans le Code des communes (art. L. 164-1 à L. 164-9 ; L. 252-1 à L.. 252-5 ; R. 164-1 à 5 ; R. 252-1 à 5) ; on doit aussi se référer à l'importance circulaire du 22 juill. 1975 (*J.O.*, 9 août, p. 8119 et s.).

A. — Création.

En droit positif, la création autoritaire par voie de décret en Conseil d'Etat est supprimée (l'exemple unique du district de Tours s'était soldé par un échec).

1. En principe, l'initiative de la création repose sur le **vœu majoritaire** des conseils municipaux des communes intéressées (2/3 représentant la moitié de la population totale — majorité simple des conseils correspondant aux 2/3 de la population totale — majorité incluant nécessairement les conseils municipaux des communes dont la population totale est supérieure au 1/3 de la population concernée, L., n° 77-825 du 22 juill. 1977). La décision institutive, qui fixe le siège du district, est prise par arrêté du ou des préfet(s). Le périmètre du district, soit la liste des communes membres, est délimité selon la même procédure après avis conforme du ou des conseils généraux.

Un district peut être créé entre deux communes seulement (C.E., 20 nov. 1970, *Gangnat et autres, Rec. Lebon*, p. 691).

2. La loi du 16 juillet 1971 prévoyait deux autres modes de création, plus autoritaires, mais qui intervenaient dans le cadre du plan départemental de regroupement des communes ;

— le premier est une **solution de « repli »**, après échec d'une tentative de constitution d'une communauté urbaine : le district exerce des compétences réduites et perd le bénéfice des incitations financières généralement accordées (L., 1971, art. 5, C. com., ancien art. L. 112-17) ;

— le second implique l'avis favorable du **conseil général** ; la décision institutive fixe la composition du conseil, les compétences du district et la participation financière des communes membres (L., 1971, art. 6, C. com. ancien art. L. 112-18).

L'article 112 de la loi du 22 juillet 1983 en abrogeant les articles L. 112-17 et 18 du code des commune supprime donc ces deux modes de création.

B. — Modifications et avenir.

1. Les modifications susceptibles d'être apportées à la composition initiale du district peuvent concerner son **élargissement**. L'article 2 de l'ordonnance du 5 janvier 1959 dispose que l'admission de nouvelles communes suppose une candidature de leur part, le consentement du conseil de district et l'approbation de l'autorité supérieure (C.E., sect. 7 oct. 1977, *Cne de Tomblaine, Rec. Lebon*, p. 379 ; *A.J.D.A.*, 1978, n° 14, p. 153, note Y. Weber). Cette opération se réalise sur la base des dispositions de l'article L. 164-3, et non de l'article L. 164-7 du code des communes (T.A. Montpellier, 8 juill. 1986, *Mme Crozat et a., A.J.D.A.*, 1987, n° 2, p. 26, note M. L. Pavia).

2. Le droit de sécession n'était pas prévu par l'ordonnance de 1959, mais la loi du 31 décembre 1979 l'avait modifiée sur ce point en disposant que « le conseil de district... délibère sur la modification des conditions initiales de fonctionnement ou de durée du district »

et cette rédaction assez ambiguë avait été interprétée par la majorité de la doctrine comme offrant aux communes une faculté de retrait conditionnée (majorité qualifiée ; approbation par les conseils municipaux ; décision prise par le préfet) : en ce sens circulaire du 22 juillet 1975, § 71. Ce **droit de sécession** fut expressément consacré à l'art. 164-10 du Code des communes (L., 22 juill. 1977) et assorti des clauses suivantes : délai de 10 ans à compter de la décision institutive — dans les 6 mois suivant le renouvellement des conseils municipaux — commune dont la population représente plus du 1/4 de la population totale et dont la contribution au budget du district dépasse la 1/2 des contributions des communes ou la 1/2 des recettes perçues par le district au titre de la fiscalité directe. Le retrait ne pouvait être légalement autorisé par le préfet sans consultation préalable des conseils municipaux de toutes les communes (C.E., 10 nov. 1978, *V. de Champigneulles, Rec. Lebon*, p. 730).

Cette disposition a été abrogée par l'article 65/I de la loi n° 82-1169 du 31 décembre 1982.

3. Pareillement le texte original n'avait prévu aucune **procédure de dissolution** des districts ; mais l'éventualité d'une absorption du district par une communauté urbaine et la nouvelle rédaction résultant de la loi du 31 décembre 1970 ne permettaient plus de réponse négative et catégorique (par ex. T.A. Versailes, 20 oct. 1968 ; T.A. Lyon, 13 juin 1974, *Cne d'Arnas, Rec. Lebon*, p. 720 ; Circ. 22 juill. 1975, § 80).

La loi du 22 juillet 1977 a ajouté un article L. 164-9 au Code des communes qui a été modifié par l'article 63 de la loi n° 82-1169 du 31 déc. 1982 ; désormais le district est constitué soit à perpétuité soit pour une durée déterminée par la décision institutive ; il est dissout soit de plein droit par absorption dans une communauté urbaine, soit sur la demande de la majorité des conseils municipaux représentant plus de la moitié de la population totale du district.

La loi du 5 janvier 1988 maintient ce cas de dissolution de plein droit, mais elle offre aux communes un choix entre deux solutions : communauté urbaine exerçant toutes les compétences du district plus celles normalement dévolues à une communauté urbaine, ou bien cette dernière n'exerçant que certaines attributions, les autres étant restituées aux communes membres (art. L. 165-7-1).

§ 3. — Compétences et organes de gestion.

Alors que les attributions du syndicat intercommunal dépendaient de la seule volonté des communes participantes, mais que la composition du comité devait respecter une base en principe égalitaire, la situation du district est assez différente ;

— la composition du conseil du district est fonction des données propres à chaque district ;

— au niveau des compétences, au contraire, si la diversité demeure la règle, certaines d'entre elles sont obligatoirement transférées des communes au district.

A. — Compétences.

1. Compétences de plein droit.

L'article 3 de l'ordonnance de 1959 énumère **trois rubriques** : services de logement — centres de secours contre l'incendie — services assurés jusqu'alors par un syndicat groupant les mêmes communes que le district.

2. Compétences facultatives originelles.

La décision institutive du district peut transférer au nouvel organisme d'autres compétences que celles fixées par l'article 3 précité. Le choix dépend donc des conseils municipaux et des données propres à la vie administrative locale : par ex., ramassage et traitement des ordures ménagères — zones industrielles (C.E., 20 nov. 1970, *Gangnat et autres, Rec. Lebon*, p. 691) — transports en commun — ramassage scolaire — constructions scolaires — équipements socio-culturels — voirie — création d'une Z.A.D. (C.E., 16 nov. 1964, *V. d'Achicourt, Rec. Lebon*, p. 528)...

La jurisprudence interprète de façon plutôt restrictive les compétences statutaires : ainsi le terme « assainissement » exclut la collecte des déchets des ménages, la construction, le fonctionnement et l'entretien des ouvrages destinés à leur destruction (C.E., 19 nov. 1975, *Cne de Thaon-les-Vosges, Rec. Lebon*, p. 577). En principe, le district n'a pas vocation à décider des opérations foncières situées hors de son territoire (T.A., Montpellier 6 mai 1985, *Cne de Maugio, Rec. Lebon*, p. 535).

Il est évident que, pour les compétences transférées, la responsabilité du district, est substituée à celle des communes membres (C.E., 6 avr. 1979, *Sté « La Plage de la Forêt », Rec. Lebon*, p. 661).

3. Extensions ultérieures.

Dès 1959, les textes prévoyaient que les attributions initiales du district pouvaient être élargies mais l'extension, décidée par délibération du conseil, devait être approuvée par l'unanimité des conseils municipaux. Cette clause est apparue trop « paralysante » et la procédure d'extension a été assouplie par la loi du 31 décembre 1970 dans le sens suivant : délibération du conseil à la majorité qualifiée — consultation des conseils municipaux — décision du préfet qui ne peut passer outre à l'opposition de plus d'1/3 des communes membres.

Enfin, dans le cas du district créé aux lieu et place d'une communauté urbaine, l'article 5 de la loi du 16 juillet 1971 fixait autoritairement les compétences du district à diverses missions relatives à l'équipement. Cette disposition ne pouvait être utilisée pour modifier les attributions d'un district préexistant (C.E., 10 déc. 1978, *V. de Champigneulles, Rec. Lebon*, p. 730).

B. — Organes de gestion.

Le district est administré par un conseil, assisté par un président et un bureau.

1. Conseil.

Il est composé des délégués des communes membres ; leur nombre et leur répartition sont arrêtés par la décision constitutive. Le conseil, qui règle par ses délibérations les affaires du district, est soumis à la même réglementation que les conseils municipaux.

En cas d'admission de nouvelles communes ou d'augmentation de la population de certaines d'entre elles, la composition du district doit logiquement être modifiée (T.A. Montpellier, 8 juill. 1986, *Mme Crozat et a.*, *A.J.D.A.*, 1987, n° 2, p. 26, note M. L. Pavia).

2. Président et bureau.

Le président et les vice-présidents, qui forment le bureau, sont élus par le conseil dans les mêmes conditions que le maire et les adjoints par le conseil municipal. Le bureau est chargé de l'exécution des délibérations du conseil et le président représente le district dans les actes de la vie juridique. En vertu de l'art. 60 de la L. n° 78-753 du 17 juill. 1978, l'art. L. 164-6, C. com., a été complété et désormais le président et le bureau peuvent recevoir délégation du conseil pour régler certaines affaires.

§ 4. — Finances.

Le district possède un **patrimoine** et un **budget**. Les dépenses du district correspondent aux services qu'il a pour mission de gérer (investissements-fonctionnement). Les statuts d'un district peuvent fixer le mode de répartition des dépenses à mettre à la charge des communes membres. En ce cas le conseil de district ne peut arrêter la contribution des communes en violation des règles statutaires (C.E., 17 nov. 1978, *Cne de Charnoz, Rec. Lebon*, p. 450).

Les recettes relèvent de plusieurs catégories :

— recettes de tout établissement public (revenus des biens — dons et legs — redevances pour services rendus...) ;

— aide particulière de l'Etat au titre des majorations de subventions d'équipement (D., n° 74-476 du 17 mai 1974) ;

— enfin, soit la contribution directe des communes (art. 71, L. de finances 21 déc. 1961), soit le produit des taxes qui se substituent aux anciens centimes additionnels voté par le conseil du district, soit une part de dotation globale de fonctionnement. Dans ces deux derniers cas, est exigées une délibération du conseil acquise à la majorité qualifiée des 2/3 (art. L. 252-2 et 3, C. com.). Comme les syndicats de communes, les districts perçoivent directement la taxe ou redevance d'enlèvement des ordures ménagères si cette mission entre dans le cadre de leurs attributions (art. 32, L., 31 déc. 1970 ; art. L. 233-77 et 78, C. com.).

Existe donc au profit de certains districts une fiscalité propre.

Conclusion.

1. L'expérience des districts est assez **ambiguë**. Leur nombre croissant (67 en avril 1966 ; 90 en mai 1970 ; 146 au 1er août 1975 (153 au 1er janvier 1985) semble exprimer une réussite. Pourtant la conception initiale de 1959 paraît avoir été déjouée par les faits : la formule du

district n'a pas permis de maîtriser les problèmes des agglomérations urbaines et, en pratique, de nombreux districts ruraux ont été constitués — La réforme d'appellation effectuée en 1970 (suppression du qualificatif « urbain ») en est la confirmation.

2. Cette évolution s'explique sans doute par la difficulté de trouver le juste **point d'équilibre** entre la simple technique d'association que réalise le syndicat intercommunal et l'intégration très prononcée qui inspire le régime de la communauté urbaine. Les aspects institutionnels du district existent (refus de l'égalité entre communes — compétences obligatoires — régime financier...) mais le degré d'intégration est laissé pour l'essentiel à la discrétion des entités constituantes pourtant liées par une solidarité d'intérêts. Dans la mesure où souvent l'appartenance à une même agglomération n'a pas paru suffisante pour entraîner un transfert de compétences étendu et cohérent des communes vers le district, cette première esquisse d'une administration à deux niveaux risque de se trouver en « porte à faux », comme le prouvent les difficultés relatives à l'exercice du « droit de retrait » ou à la mise en œuvre d'une procédure de dissolution.

3. Le fonctionnement réel des districts est mal connu. Un quart d'entre eux fonctionne bien, mais il est probable qu'un nombre sensiblement plus élevé n'exercent même pas leurs « compétences de plein droit ».

Section IV. — **Les communautés urbaines**

§ 1. — **Définition et évolution historique.**

A. — **Définition.**

Comme le nom l'indique, la communauté urbaine est un cadre administratif de gestion que l'on voudrait adapté aux besoins spécifiques des **grandes agglomérations.** Si elle ressemble aux autres types de regroupement intercommunal étudiés plus haut, puisqu'elle est une espèce de la catégorie juridique « établissement public », elle s'en distingue principalement par l'intégration plus poussée qu'elle vise à obtenir. Il ne s'agit plus de coopération comme dans l'exemple du syndicat, ni d'un fédéralisme souple comme pour le district, mais d'une véritable formule d'**administration à deux niveaux**, épousant les contours d'une agglomération.

B. — **Evolution historique.**

1. La loi n° 66-1069 du 31 décembre 1966 se propose un double objet. D'une part, elle fixe le régime juridique général de la communauté urbaine ; d'autre part, elle crée quatre communautés dans les agglomérations de Bordeaux, Lille, Lyon et Strasbourg. Sans entrer dans le détail de ses dispositions, il faut insister sur la portée de l'article 42 qui prévoit d'appliquer à titre supplétif le régime communal de droit commun aux communautés urbaines.

2. Depuis 1966, d'autres textes complètent le schéma initial ou lui ouvrent de nouveaux champs d'application. Ainsi la loi du 10 juillet

1970 destinée à faciliter la création d'agglomérations nouvelles prévoyait que la communauté urbaine constituerait l'une des trois options offertes au choix des collectivités concernées. La loi du 16 juillet 1971 intégrait dans le plan départemental de regroupement des communes les projets de création de communautés urbaines. La loi du 22 juillet 1977 relative à la coopération intercommunale ajoute au Code des communes des dispositions nouvelles ayant trait à la durée des communautés urbaines, à leur dissolution, au droit de retrait des communes membres et à la révision de la répartition des sièges au conseil de communauté.

3. La loi n° 82-1169 du 31 décembre 1982, qui apporte quelques retouches à la procédure de dissolution des syndicats et des districts (v. *supra*), réforme le statut des communautés urbaines sur plusieurs points importants (art. 45 à 61, art. 65) : composition des conseils, compétences des communautés, procédure de dissolution. Elle reprend les principales suggestions contenues dans un rapport de M. Notebart, remis au Gouvernement par le président de la C.U. de Lille en 1982. *Adde* Circ. 25 févr. 1983, *J.O.*, 4 mars.

4. La loi n° 88-13 du 5 janvier 1988 apporte une modification importante au schéma précédent en prévoyant qu'en cas de substitution d'une communauté à un district préexistant, les communes membres peuvent opter pour une communauté urbaine aux compétences réduites.

§ 2. — Création et modifications ultérieures.

A. — Procédures de création.

1. Création par voie législative. L'article 3 de la loi de 1966 a institué de façon autoritaire des communautés urbaines dans les agglomérations de quatre métropoles d'équilibre : Bordeaux, Lille, Lyon et Strasbourg. Dans ces 4 cas, les problèmes de gestion administrative étaient devenus si complexes en raison du morcellement communal que le législateur a procédé par voie d'autorité.

2. Dans le cas normal, la création procède d'une **adhésion volontaire** encore que ce soit la règle de la majorité qualifiée qui domine. En outre, dans tous les cas, la communauté doit regrouper au moins 50 000 habitants et des communes métropolitaines situées dans le même département. La procédure se déroule en trois phases :

— délimitation du périmètre de consultation : elle est opérée par arrêté préfectoral, après avis du conseil général (art. L. 165-4, C. com.). Il ne s'agit pas du périmètre définitif de la communauté mais de l'aire géographique dans les limites de laquelle sont consultés les conseils municipaux et seront calculées les majorités les conseils municipaux et seront calculées les majorités requises. Cette fixation préalable est nécessitée par l'objectif à atteindre : gestion unifiée des équipements collectifs. Elle doit donc inclure l'agglomération réelle dans sa totalité (tissu urbain homogène et continu, mais aussi mouvements de population, échanges télé- phoniques, trafics de marchandises particulièrement intenses ...) ;

— dans le cadre ainsi retenu, les conseils municipaux sont consultés sur l'opportunité de créer une communauté. Aux exigences d'une majorité qualifiée (2/3 des conseils municipaux représentant au moins la moitié de la population, majorité simple

des conseils correspondant aux 2/3 de la population totale),
l'article 5 de la loi du 22 juillet 1977 a ajouté une condition
supplémentaire : l'accord nécessaire des conseils municipaux des
communes dont la population est supérieure au 1/4 de la
population concernée ;

— si la consultation donne un résultat favorable, la communauté
est instituée par décret simple en cas d'accord unanime des
communes — par décret en Conseil d'Etat dans le cas contraire.
Le décret de création dresse la liste des communes comprises
dans la communauté urbaine (art. L. 165-4, C. com.).

3. Une procédure non permanente avait été prévue par la loi du
16 juillet 1971. Parmi les projets contenus dans les plans départementaux de regroupement, certains pouvaient tendre à la création
de communautés urbaines (art. 5, L. 1971 ; art. L. 112-17, C. com.) ;
la procédure à suivre était celle qui a été envisagée par la loi de
1966 (v. ci-dessus 2), la seule anomalie à noter est qu'en l'absence
des majorités requises, le préfet pouvait créer d'office un district.
Les plans départementaux préconisant 22 communautés nouvelles
regroupant 354 communes.

L'article 112 de la loi du 22 juillet 1983 suprime cette possibilité de
création.

4. La loi d'amélioration de la décentralisation du 5 janvier 1988 prévoit
la constitution de communautés urbaines aux compétences amoindries.

B. — Modifications ultérieures.

1. Puisque la communauté urbaine repose sur la **notion évolutive
d'agglomération**, ses limites ne sauraient être figées. L'article 9, III
de la loi de 1966 prévoit des possibilités d'élargissement par arrêté
préfectoral (par ex. extension du périmètre de la communauté urbaine
de Dunkerque à la commune de Bourgbourg à compter du 1er janv.
1977, J.O., 21 juill. 1976, p. 4340). Cette adjonction de nouvelles
communes se réalise soit à la demande des conseils municipaux, soit
à l'initiative du conseil de communauté ; dans le premier cas, l'accord
du conseil de communauté est indispensable, dans le second, la
modification est subordonnée à l'avis favorable du ou des conseils
municipaux intéressés (art. L. 165-6, C. com.).

2. La loi du 31 décembre 1966 excluait implicitement toute sécession
d'une commune membre et toute dissolution d'une communauté
urbaine. Ces solutions étaient expliquées par la forte institutionna-
lisation réalisée et par le caractère irréversible de cette forme de
regroupement. L'article 6 de la loi du 22 juillet 1977 ajoutait au
Code des communes deux dispositions nouvelles :

— l'article L. 165-38 énonçait que, si la communauté urbaine est
créée sans limitation de durée, elle peut être **dissoute**, sur la
demande des conseils municipaux des communes membres
statuant à la majorité qualifiée, par décret en conseil des
ministres ; il ajoute que la communauté est dissoute après
exercice du droit de retrait ;

— l'article L. 165-39 subordonnait le **droit de retrait** à deux
séries de conditions : lorsque la communauté urbaine a été
instituée depuis au moins 6 ans, et dans les 6 mois qui suivent
le renouvellement des conseils municipaux, une commune a le
droit de faire sécession dès lors que sa population dépasse le

1/4 de la population communautaire et qu'elle contribue pour plus de 40 % à la fiscalité directe communautaire.

3. L'article 65 de la loi du 31 décembre 1982 abroge l'art. L. 165-39 et modifie en conséquence l'art. L. 165-38 du Code des communes. Le droit de retrait est donc supprimé, et les cas de dissolution ramenés à un seul : décision des 2/3 des conseils municipaux représentant au moins les 3/4 de la population communautaire ou les 3/4 des conseils municipaux représentant les 2/3 au moins de la population, cette majorité qualifiée doit au surplus comprendre les représentants des communes dont la population est au moins égale au quart de la population communautaire.

§ 3. — Compétences.

La communauté urbaine réalise une véritable administration à deux niveaux :
— les communes membres gardent leur **personnalité propre** et certaines attributions ; elles restent des collectivités locales ;
— la communauté dispose de plein droit de compétences primordiales dans le domaine de l'**équipement** ; ce transfert entraîne des conséquences spécifiques touchant le patrimoine et le personnel des communes de l'agglomération ;
— l'équilibre avait été initialement recherché en vue de transférer à la communauté un bloc de compétences cohérent et stable ; la réforme applicable à partir de 1983 s'efforce au contraire de privilégier l'autonomie communale par souci de décentralisation.

A. — Compétences communautaires jusqu'en 1983.

La comparaison avec le syndicat intercommunal ou le district est très révélatrice : dans ces deux cas la liberté était la règle et le transfert des compétences des communes à l'établissement public plus ou moins étroitement limité. Pour la communauté urbaine, c'est la règle inverse qui est consacrée.

1. Compétences communautaires de plein droit.

L'article 4 de la loi de 1966 (art. L. 165-7, C. com.) énumère 12 rubriques relatives aux divers aspects de l'**équipement urbain** : plan de modernisation et d'équipement et plans d'urbanisme — Z.A.C., zones industrielles — construction, aménagement et entretien des locaux scolaires — service du logement et organismes d'H.L.M. — services de secours et lutte contre l'incendie (C.E., 13 nov. 1981, *Noton, Rec. Lebon*, p. 422 ; *D.S.*, 1982.375, obs. Moderne et Bon ; sect., 14 mars 1986, *C.U. Lyon c. Sté SAPI Rec. Lebon*, p. 71 ; *A.J.D.A.*, 1986.I, p. 298, chron. Azibert et Fornacciari ; *R.F.D.A.*, 1986, n° 2, p. 922, concl. Roux, p. 929, note Prétot). — transports urbains de voyageurs — lycées et collèges — eau, assainissement, ordures ménagères — cimetières — abattoirs, marchés et marchés d'intérêt national — voirie et signalisation (gestion du domaine public routier, C.E., 7 janv. 1987, *V. de Bordeaux, Rec. Lebon*, p. 2 ; *A.J.D.A.*, 1987, n° 65, p. 428, obs. Prétot) — parcs de stationnement. Demeurent exclus de ce transfert les pouvoirs de police qui s'y rattachent (C.E., 11 mai 1977, *V. de Lyon, Rec. Lebon*, p. 211 ; 14 mars 1980, *V. de Lyon, Rec. Lebon*,

p. 148) ; jugé ainsi que les opérations de mise en fourrière des véhicules abandonnés ne figuraient pas au nombre des activités transférées (C.E., 13 juin 1984, *C.U. de Bordeaux c. Kesteloot, Rec. Lebon*, p. 528).

Au surplus la communauté absorbe les districts ou syndicats couvrant le même périmètre (ils sont alors dissous de plein droit) et elle exerce les attributions de ces établissements publics pour les communes membres au cas où ils géreraient en commun des services relevant aussi de communes extérieures à la communauté (art. 11, L. 1966 ; art. L. 165-17, C. com.).

2. Compétences communautaires facultatives.

Aux termes de l'article 5 de la loi de 1966 (art. L. 165-10, C. com.), les compétences des communes peuvent être transférées à la communauté dans le domaine de l'équipement culturel, de l'équipement sportif et socio-éducatif, de l'équipement sanitaire, des espaces verts et de l'éclairage public.

En outre est possible l'établissement de conventions conclues entre la communauté, les communes ou leurs groupements « en vue de la réalisation d'un ou de plusieurs objets entrant dans leurs compétences respectives » (art. 13, L. 1966 ; art. L. 165-15, C. com.).

3. Extensions ultérieures.

Le Conseil de la communauté peut décider d'étendre les compétences de celle-ci pour la gestion de services municipaux ou pour l'étude ou l'exécution de travaux. Ces élargissements impliquent l'accord des conseils municipaux des communes intéressées (art. L. 165-11 et 12, C. com.).

De façon générale, l'importance des compétences communautaires est telle qu'il est nécessaire de déterminer la *date* à partir de laquelle les pouvoirs de la communauté entrent en application. Cette date est fixée par décret, mais a suscité un contentieux intéressant (C.E., 24 févr. 1969, *Veuve Phalempin, Rec. Lebon*, p. 766 ; T.A. Lille, 16 juin 1971, *S.A.RL. Félix Sang c. V. de Lannoy, Rec. Lebon*, p. 863 ; T.A. Lyon, 16 juill. 1971, *Bourgeat, Rec. Lebon*, p. 872).

B. — Conséquences spécifiques des transferts de compétences jusqu'en 1983.

La loi de 1966 (Tit. III et IV, art. 21 à 28), dont les dispositions ont été reprises par le Code des communes (art. L. 165-21 à L. 165-23, L. 432-1 à L. 432-8) a tenté de régler les **problèmes très complexes de « succession »** que pose la création d'une communauté urbaine. Symétriquement, depuis que sa dissolution est devenue concevable, la loi du 22 juillet 1977 a prévu que des décrets en Conseil d'Etat détermineraient, tant en matière patrimoniale qu'à l'égard des personnels concernés, les règles à suivre.

1. Incidences sur les biens, droits et obligations des communes.

— Pour le service de la dette, les obligations et droits des communes, la succession s'effectue de plein droit à la date du transfert des compétences (D., n°s 67-1041 et 1046 des 27 et 30 nov. 1967). Le montant des annuités de remboursement des emprunts constitue une dépense obligatoire pour la communauté.

— Pour les biens qui faisaient partie du domaine public communal, ils sont affectés à la communauté dès son institution, dès lors que ces biens sont nécessaires à l'exercice des compétences transférées. Le transfert définitif de propriété s'opère par accord amiable ou à défaut, au plus tard un an après le transfert des compétences par décret en Conseil d'Etat (ainsi 9 décrets du 14 janv. 1980 fixent au 1er janv. 1985 la date d'exercice des compétences des communautés urbaines dans le domaine de la voirie rurale). Sur les compétences en matière de déclassement d'une portion de place affectée à la circulation générale, C.E., 4 déc. 1981, *Fabre, Rec. Lebon*, p. 649.

— Une communauté urbaine ne peut, après le transfert des compétences, appeler en garantie une collectivité à laquelle elle est substituée, à raison des dommages causés par des ouvrages publics faisant partie du patrimoine transféré (C.E., 4 févr. 1976, *C.U. Lille c. Cie générale des industries textiles, Rec. Lebon*, p. 82) ni mettre à la charge financière des communes membres le coût de fonctionnement des équipements sportifs sous le prétexte que la réglementation en vigueur exige que ce coût soit supporté par les utilisateurs (C.E., 13 oct. 1978, *Commune de Vénissieux, Rec. Lebon*, p. 370).

2. Incidences sur le personnel communal.

— En règle générale, les personnels des communes, syndicats ou districts absorbés sont mis à la disposition de la communauté dès que les nécessités du service l'exigent.

— Le transfert définitif des personnels est réglé par accord entre la communauté et les collectivités ou établissements d'origine, après avis de commissions paritaires, ou, à défaut, selon les bases d'un règlement édicté sous forme de décret en Conseil d'Etat (D., no 67-875 du 6 oct. 1967).

— Les personnels visés conservent leurs droits acquis et l'ensemble des avantages dont ils bénéficiaient dans le passé. La responsabilité d'une communauté urbaine est engagée vis-à-vis des ayants droits de ses agents si ceux-ci n'ont pas été affiliés à une caisse de retraite par le syndicat intercommunal dont elle a pris la succession et dont elle assume par conséquent les obligations (C.E., 7 févr. 1973, *V. de Bordeaux c. C.U. de Bordeaux, Rec. Lebon*, p. 102). Ils ont vocation prioritaire à occuper les nouveaux emplois créés et, au cas de suppression d'emploi, ils seraient maintenus en surnombre jusqu'à leur éventuel reclassement.

— Au cas de dissolution de la communauté urbaine, son personnel est réparti entre les communes membres ou leurs éventuels organismes de coopération par une commission présidée par le président de la Commission nationale paritaire du personnel communal, sans dégagement des cadres et compte tenu des droits acquis. Cette solution, qui est prévue à l'aqrticle L. 165-38 par la loi du 22 juillet 1977, a été maintenue en 1982 et même étendue au cas de dissolution des syndicats de communes ou des districts.

C. — Nouvelles dispositions relatives à la répartition des compétences.

1. La loi du 31 décembre 1982, dans un souci de décentralisation mais aussi de souplesse, apporte quatre modifications substantielles au système antérieur :

— **Aménagement nouveau des compétences communautaires obligatoires.**

Une compétence communautaire est « rendue » aux communes :
service du logement et organismes H.L.M. Les autres sont
formulées différemment qu'en 1966 en tenant compte de la
loi du 7 janvier 1983 sur la répartition des compétences, dans
le sens d'une extension des compétences communautaires
(zones artisanales ou portuaires — entretien de certains locaux
scolaires). enfin faculté est ouverte aux communes d'exclure
des compétences communautaires diverses communes ou divers
équipements par ex. les parkings de moins de n. places.

— **Suppression des compétences communautaires facultatives.**

Auparavant elles pouvaient être attribuées sans l'accord ou l'avis
d'un conseil municipal.

— **Transfert réciproque de compétences « supplémentaires ».**

La loi prévoit que les communes peuvent décider des transferts
de compétences à la communauté ou réciproquement dès lors
que deux conditions sont réunies : unanimité des conseils
municipaux — prise en compte des conséquences financières
et patrimoniales des transferts décidés.

— **Généralisation des conventions**, comme mode normal des
relations entre la communauté et les communes regroupées.

Le nouveau régime s'applique de plein droit aux nouvelles communautés urbaines ; pour les communautés existantes, les changements
à décider par les conseils municipaux doivent être réalisés dans
les 6 mois qui suivent l'installation des conseils de communauté
postérieurement aux élections de mars 1983. Cf. art. 57 à 61, Loi
du 31 déc. 1982, art. L. 165-7, 10, 11 et 15 du Code des communes
et circulaire du 25 févr. 1983 (*J.O.*, 4 mars, p. 678 et s.). Le D.,
n° 83-845 du 19 septembre 1983, pris en application de la loi du
31 décembre 1982, modifie les articles R. 165-6 à R. 165-14 du
Code des communes. Son objet est de préciser la date de transfert
de chaque compétence et de rendre possibles, dans les deux mois
suivants, les modifications, révision ou résiliation des contrats de
concession, d'affermage ou de prestation de services concernés par
ces transferts.

2. Comme on l'a déjà noté, la loi du 5 janvier 1988 offre aux communes
membres d'un district, lors de la transformation de ce dernier en
communauté urbaine, la possibilité de « récupérer » certaines compétences (zones d'habitation, zones industrielles et portuaires, création
et extension de cimetières, voirie et stationnement). Ce choix, qui
doit être fait à la majorité qualifiée, peut donc entraîner la création
de **communautés urbaines aux compétences appauvries** (art. L.
165-7-1, C. com.).

§ 4. — Organes.

A. — Système en vigueur jusqu'en 1983.

Les organes de la communauté ressemblent à ceux de la commune à
cette différence près qu'ils ne sont pas élus directement par la population,
mais qu'ils émanent des communes membres, filtrés par deux ou trois
degrés successifs.

1. Le conseil de communauté.

— **Effectif** : 50 membres, si la communauté est peuplée de moins de 200 000 habitants et regroupe moins de 50 communes — 70 membres, si la communauté est peuplée de plus de 200 000 habitants ou regroupe plus de 50 communes — 90 membres, si elle compte plus de 200 000 habitants et plus de 50 communes.

— **Répartition des sièges** : elle est très complexe. En principe, elle résulte d'un accord amiable entre les conseils municipaux des communes intéressées, voté à la majorité qualifiée des 2/3 et entériné par arrêté préfectoral. A défaut, elle s'effectue à la répartition proportionnelle au plus fort reste. Les communes les moins peuplées dites « hors quotient » ont des délégués désignés par les maires groupés en un collège unique ou divisés en plusieurs secteurs (D., n° 71-82 du 29 janv. 1971). Les autres communes ont des délégués propres choisis par leur conseil municipal. L'article 7 de la loi du 22 juillet 1977 a ouvert à toute commune membre d'une communauté urbaine le droit de réclamer, dans un délai d'un mois à compter de sa promulgation, une nouvelle répartition des sièges.

— Conditions d'éligibilité, incompatibilités, fonctionnement, tutelle : les dispositions applicables au conseil municipal sont transposables (C.E., 30 avr. 1971, *Lebosse, Rec. Lebon*, p. 316 ; T.A. Bordeaux, 28 oct. 1977, *Elect. d'un délégué à la C.U.B., Rec. Lebon*, p. 269).

— **Compétences** : le conseil dispose d'une compétence plénière, il règle par ses délibérations les affaires de la communauté (art. 17, L. 1966 ; art. 165-24, C. com.).

2. Le président de la communauté et les autres organes.

— Le président est élu par le conseil de communauté, comme l'est le maire par le conseil municipal. Ses pouvoirs sont limités puisque les maires des communes restent autorités de police et représentants de l'Etat : le président représente seulement donc la communauté dans les actes de la vie juridique et assure l'exécution des délibérations du conseil (sur les conséquences d'un refus du président de signer une convention dont le principe avait été arrêté par le conseil, T.A. Lille, 15 juin 1974, *Sté d'aménagement de Bray-Dunes, Rec. Lebon*, p. 724). Il peut exercer pour le compte de la communauté et par délégation du conseil le droit de préemption à l'intérieur d'une Z.I.F. (C.E., 29 juill. 1983, *Assoc. de défense et sauvegarde de Kergavarec, Rec. Lebon*, p. 311).

— Le président est assisté de vice-présidents (entre 4 et 12), désignés comme les adjoints, qui forment avec lui le bureau. La démission du président entraîne nécessairement le renouvellement intégral du bureau (C.E., 18 nov. 1981, *C.U. de Cherbourg, Rec. Lebon*, p. 426 ; *A.J.D.A.*, 1982.526, note Toulemonde et Loquet).

— Enfin peuvent être créés des organes consultatifs (réunion des maires, comités consultatifs de secteur ...) dont le rôle est important surtout vis-à-vis des communes qui ne seraient pas représentées directement au conseil de la communauté.

B. — Modifications applicables depuis 1983.

— Le législateur a voulu permettre une **meilleure représentation des communes au conseil** de communauté, notamment en favorisant le choix de systèmes électoraux assurant la représentation, directe, de chaque commune. Dans ce but il a fallu augmenter sensiblement le nombre total de sièges et ouvrir des options entre plusieurs solutions, sans pour autant oublier des clauses de sauvegarde et en consacrant de nouvelles règles de majorité. La diversité de ces objectifs rend particulièrement complexe l'exposé du nouveau droit positif (L., 31 déc. 1982, art. 45 à 56, C. com., art. L. 165-24, 25, 26, 28, 29, 30, 36 et 36-1 et 2, 37 ; Circ. du 25 févr. 1983, *J.O.*, 4 mars, p. 678 et s.).

● La solution recommandée est celle d'un accord libre et amiable entre toutes les communes membres pour la répartition des sièges au conseil de communauté. L'effectif accru (cf. tableau) est destiné à faciliter la représentation directe des petites communes ; les règles de majorité renforcées supposent l'obtention d'un large consensus ; l'accord doit être trouvé dans les 3 mois qui suivent le renouvellement intégral des conseils municipaux ; selon la clause de sauvegarde, aucune commune ne peut se voir imposer une représentation proportionnellement inférieure à celle qu'elle obtiendrait par la représentation proportionnelle au plus fort reste.

Nombre de communes	Population municipale totale			
	200 000 au plus	200 001 à 600 000	600 001 à 1 000 000	plus de 1 000 000
20 au plus	50	80	90	120
21 à 50	70	90	120	140
Plus de 50	90	120	140	140

● En l'absence d'accord amiable, la solution à retenir peut être la représentation à la plus forte moyenne, si toutefois le pourcentage de communes « hors quotient » est inférieur ou égal à 50 % (ceci pour éviter une sous-représentation trop accusée des communes les plus peuplées). La logique du système conduit à attribuer à chaque commune, d'office, un siège. Une clause de sauvegarde permet d'éviter que le changement de système par rapport à la situation actuelle ne pénalise certaines communes.

● Enfin, si aucune des deux formules précédentes n'a été adoptée (par échec ou par impossibilité), le système ancien s'applique, soit la représentation proportionnelle au plus fort reste. Le législateur a seulement légèrement augmenté dans ce cas l'effectif du conseil, tel qu'il avait été fixé en 1966 (v. tableau ci-dessous).

Nombre de communes	Population municipale totale	
	200 000 au plus	plus de 200 000
50 au plus........................	50	80
Plus de 50........................	70	100

— Par ailleurs, il est prévu que, sauf impossibilité, les délégués au conseil de communauté doivent être des conseillers municipaux et que les communes non directement représentées bénéficient de garanties nouvelles (assemblée consultative des maires — participation avec voix consultative aux séances du conseil de communauté

— inscription à l'ordre du jour, une fois par an — généralisation des comités consultatifs de « secteur »).

— L'article 113 de la loi du 22 juillet 1983 modifie l'art. L. 165-31 du Code des communes et énumère les cas où la nouvelle répartition des sièges doit intervenir, soit adjonction de nouvelles communes (cf. *supra*, § 2-C), modifications aux limites territoriales des communes membres, suppression ou création de commune(s). Le décret n° 84-239 du 29 mars 1984 fixe comme point de départ du délai de 3 mois la date d'entrée en vigueur de l'arrêté du commissaire de la République modifiant le périmètre de la communauté urbaine ou celle de l'acte prononçant la fusion ou la création de nouvelles communes. Si ces dates se situent dans l'année qui précède le renouvellement des conseils municipaux, il n'est pas procédé à une nouvelle répartition des sièges.

§ 5. — Finances.

Dans le domaine financier, la communauté urbaine est dotée d'une véritable autonomie par rapport aux communes membres. Sous cet aspect, elle s'apparente aux collectivités territoriales. L'existence d'une **fiscalité communautaire propre** s'explique par les très lourdes charges d'équipement qui sont dévolues aux communautés.

A. — Dépenses.

Les dépenses de la communauté ressemblent à celles d'une commune.

Deux particularités sont à souligner :

— l'évaluation des dépenses dans le premier budget communautaire a été calculée à partir des comptes administratifs des communes membres, pondérés par les correctifs nécessaires (par ex. prise en considération des seules dépenses correspondant aux compétences transférées ...).

— ces dépenses sont particulièrement élevées puisque la réalisation des équipements collectifs constitue une des missions prioritaires des communautés urbaines.

B. — Ressources.

Les ressources communautaires sont d'abord celles d'une **commune traditionnelle** (art. L. 253-1 à 8, C. com. ; fiscalité directe et indirecte ; part de la dotation globale de fonctionnement, D., n° 71-1062 du 24 déc.

1971 ; art. 26, L. n° 81-1179 du 31 déc. 1981 ; taxe locale d'équipement ; redevances et taxes).

A celles-ci s'ajoutent des **subventions de l'Etat**, majorées de 33 %, pour les cinq premières années de fonctionnement (D., n° 71-1063 du 24 déc. 1971) dont le bénéfice a été prorogé à plusieurs reprises et jusqu'au 31 décembre 1986 (D. n° 87-103 du 14 févr. 1987). Ce texte dispose que pour l'avenir la majoration sera de 25 %, sans que le total de la subvention puisse excéder 80 % du montant de la dépense subventionnable.

C. — Problèmes financiers spécifiques.

1. Péréquation des charges et des ressources.

La difficulté qui avait été immédiatement entrevue (art. 38 et 39, L. 1966 ; Loi de finances rectificative du 24 déc. 1969) consiste à concilier deux impératifs apparemment contradictoires : laisser aux communes membres le minimum de ressources indispensables tout en évitant d'alourdir exagérément la pression fiscale subie par les contribuables locaux.

2. Financement régulier des investissements.

— La première technique destinée à garantir cet objectif fut celle des « **contrats de plan** » (D., n° 70-1221 du 23 déc. 1970). La convention, signée par le préfet et le président de la communauté, avait pour objet de mettre en œuvre un programme triennal d'équipements publics que l'Etat et la communauté urbaine s'engagent à réaliser, chacun pour leur part.

Le premier contrat de plan fut signé le 10 juillet 1972 entre l'Etat et la commune urbaine de Cherbourg et visait trois opérations prioritaires dans le cadre du P.R.D.E. de Basse-Normandie (développement du port et amélioration des liaisons routières — création de zones industrielles — renforcement des moyens de formation en matière secondaire et supérieur). Cet exemple fut ultérieurement suivi par le Creusot, Dunkerque, Le Mans, et Bordeaux. L'expérience s'est achevée le 31 décembre 1975 avec la fin du VIe Plan.

— La seconde technique eut pour cadre les programmes d'action prioritaire (P.A.P. ; P.A.P.I.R.) du VIIe Plan. Ainsi, dans le domaine de la constitution de réserves foncières, le ministère de l'Equipement, facilita la réalisation de cette tranche des contrats de plan, soit à l'aide de crédits budgétaires (Chap. 55-40), soit par le truchement du F.N.A.F.U. le ministère de l'Environnement et du Cadre de vie utilisa la formule plus souple des programmes d'action foncière (P.A.F.) comportant une programmation pluriannuelle et concertée des acquisitions, assortie d'un échéancier. Mais, d'une part, cette procédure à la différence des contrats de plan, n'était pas réservée aux seules communautés urbaines ; d'autre part, l'Etat se désengageait progressivement puisque, depuis 1978, ce fut la Caisse d'aide et d'équipement des collectivités locales (C.A.E.C.L.), qui prit le relai des actions antérieurement financées sur crédits budgétaires ou sur la section A des crédits F.N.A.F.U.

— Actuellement les communautés urbaines bénéficient des *dotations globales* (D.G.E. et D.G.F. réorganisées par les lois du 20 décembre et 29 novembre 1985). V. *supra*, 1re partie, chap. III.

Conclusion.

1. Il existe actuellement 9 communautés urbaines : Bordeaux, Lille, Lyon et Strasbourg créées par la loi de 1966, Dunkerque (1968), le Creusot-Monceau-les-Mines (1970), Cherbourg (1970), Le Mans (1971), et Brest (1973). Elles regroupent au total 252 communes et près de 4,3 millions d'habitants.

2. Globalement, l'expérience des communautés urbaines est largement positive, en ce qu'elle a permis la réalisation de grandes opérations d'équipement et l'amélioration de la qualité des services rendus au public (transports — eau et assainissement).

3. La situation financière des communautés urbaines a toujours été délicate, et plusieurs d'entre elles sont lourdement endettées.

4. Sur l'exemple de la communauté de Bordeaux, v. le rapport de la Cour des comptes de 1984, p. 111 à 133.

CHAPITRE III. — **LES COMMUNES
À STATUT PARTICULIER**

• Les lignes directrices de l'organisation municipale traditionnelle, dérivées de la loi du 5 avril 1984, conviennent assez bien aux exigences même actuelles des communes rurales. Tout au plus a-t-on pu observer que leur regroupement dans un établissement de coopération est assez fréquent, que la revitalisation de l'espace rural, en vue notamment de freiner l'exode des habitants, fait l'objet d'aides diverses, d'une sélectivité et d'une efficacité accrues (Fonds interministériel de développement et d'aménagement rural, D., n° 79-533 du 3 juill. 1979, mod.), et que l'on s'efforce désormais de mieux adapter aux campagnes l'organisation de services publics conçue pour les villes (D., n° 79-889 du 16 oct. 1979 ; Circ., 22 déc. 1979 ; *J.O.*, 5 janv. 1980). Dans le budget 1988, le F.I.D.A.R. dipose d'environ 330 millions de francs.

• En revanche l'urbanisation accélérée dont la France est le théâtre depuis 1945 a révélé une véritable inadéquation du schéma communal classique aux données actuelles de la vie administrative des agglomérations. Certes la technique de la fusion aurait pu constituer un bon remède, et surtout la formule de la communauté urbaine ne doit pas être sous-estimée (v. *supra*, Chap. II). Mais deux problèmes urbains spécifiques ont commandé des réponses originales.

Le premier, sans être ancien, remonte aux années 60/70 : c'est celui des « agglomérations nouvelles » ou villes nouvelles (sect. Ire). Le second vise les trois plus grandes villes de France, auxquelles deux lois récentes « P.L.M. » ont donné un statut politique, administratif et financier, qui s'éloigne sur des points importants du droit commun municipal (sect. II).

Section I. — **Les villes nouvelles**

La création de villes nouvelles a répondu a un double objectif : lutter contre le développement anarchique des banlieues et rééquilibrer, à l'intérieur d'une nébuleuse urbanisée, la masse trop écrasante de la ville centre.

Pour la région parisienne, le schéma directeur de 1965 en avait prévu huit, dont cinq ont été finalement retenues et sont en voie d'achèvement : Cergy-Pontoise ; Evry ; Marne-la-Vallée ; Melun-Sénart ; Saint-Quentin-en-Yvelines. En province, sur la base des schémas dessinés par les O.R.E.A.M. quatre ont été créées : Lille-Est ; Le Vaudreuil près de Rouen ; L'Isle-d'Abeau près de Lyon ; Rives de l'Etang de Berre (Fos).

§ 1. — **Evolution historique et définition.**

A. — **Problématique.**

Avant d'être une citée habitée par des hommes et de devenir une commune urbaine, l'agglomération nouvelle n'est d'abord qu'un rêve de géographe ou d'urbaniste, puis le siège de travaux d'une ampleur considérable. L'édification d'une telle agglomération pose donc deux problèmes administratifs originaux.

— D'une part, entre le lancement des premières études, l'ouverture des premiers chantiers, et leur achèvement, s'intercale une longue période durant laquelle une **organisation administrative provisoire** se révèle indispensable. Il faut donc inventer des formules de gestion à la fois évolutives et inédites.

— D'autre part, sauf coïncidence fortuite, l'implantation d'une ville nouvelle ne coïncide pas avec les limites territoriales des collectivités locales préexistantes. Quel que soit le pari d'urbanisme retenu (cité-jumelle ; couronne de villes satellites ; points d'ancrage sur deux axes parallèles), il va falloir découper dans le tissu communal une aire géographique à l'intérieur de laquelle doit s'élever la nouvelle agglomération. Cette insertion obligatoire pose alors le problème des **rapports entre les anciennes structures et la nouvelle.**

B. — **Evolution historique.**

1. Jusqu'en 1970, les agglomérations nouvelles n'étaient pas dotées d'un véritable statut administratif. En l'absence de textes d'ensemble, se juxtaposaient des **dispositions partielles et concrètes** visant à résoudre de façon empirique les questions posées. Ainsi, dans le cadre de la région parisienne, avait été créée, à l'initiative de M. Delouvrier, l'Agence technique et foncière de la région parisienne destinée à faire échec à la spéculation foncière. Plus généralement, chaque ville nouvelle possédait sa propre **mission d'étude**, composée exclusivement de fonctionnaires, à laquelle devait se substituer un « **établissement public chargé de l'aménagement** ». Ce dernier organisme, à caractère industriel et commercial, du type prévu à l'art. 78-1° du Code de l'urbanisme (aujourd'hui, art. L. 321-1 et s.),

avait pour mission d'emprunter, d'exproprier, de réaliser les travaux de viabilité et de revendre les terrains ainsi équipés. Son conseil d'administration de 14 membres était composé pour moitié de représentants de l'Etat et pour moitié de représentants des intérêts locaux ; son directeur était nommé par le ministre de l'Equipement (v. par ex. D., 12 avr. 1969 pour Evry et pour Cergy-Pontoise). Le système était donc incomplet, et critiqué par les responsables locaux à raison de son caractère technocratique.

2. Pour combler ces lacunes et désarmer ces oppositions fut votée la loi n° 70-610 du 10 juillet 1970 (dite « loi Boscher »), tendant à faciliter la création d'agglomérations nouvelles. Elle a été suivie de nombreux décrets d'application. V. C. com., art. L. 171-1 à L. 174-1, L. 255-1 à L. 257-4 ; art. R. 171-1 à R. 173-14, R. 255-1 à R. 256-4.

3. La loi n° 83-836 du 13 juillet 1983, portant modification du statut des agglomérations nouvelles, qui n'a pas été codifiée, n'abroge pas intégralement la loi de 1970 mais refond le système antérieur dans le sens d'une assimilation plus poussée au régime communal de droit commun et de la recherche d'un compromis entre le caractère d'intérêt national et le caractère d'intérêt régional des opérations liées aux villes nouvelles.

C. — Définition.

L'article 1er de la loi du 10 juillet 1970 définissait les **agglomérations nouvelles** comme des « centres équilibrés grâce aux possibilités d'emploi et de logement ainsi qu'aux équipements publics et privés qui y sont offerts ». Le critère retenu par le législateur ne reposait par sur un chiffre minimal de population comme dans le cas des communautés urbaines, mais sur **l'ampleur du programme de construction** (10 000 logements au moins).

Le vocabulaire usuel assimile volontiers la ville nouvelle à l'agglomération nouvelle ; en droit, une nuance les sépare : la première désigne le cadre de regroupement communal, la seconde la zone confiée à l'établissement public d'aménagement ; si les deux expressions se recouvrent le plus souvent on doit toutefois noter que la ville nouvelle de Melun-Sénart groupe trois agglomérations nouvelles (Grand-Melun ; Rougeau-Sénart ; Sénart-Villeneuve), puis une quatrième (secteur 3 de Marne-la-Vallée, D. 4 avr. 1985 ; C.E., 13 mars 1987, *Cne de Bussy-Saint-Martin, Rec. Lebon*, p. 97).

L'article 1er de la loi du 13 juillet 1983 reprend pour l'essentiel la définition antérieure ; par souci de réalisme, disparaît toute allusion à un nombre minimum de logements ; en revanche le nouveau texte situe les opérations relatives aux agglomérations nouvelles dans le cadre du Plan et fait allusion au rôle éventuel des régions et des départements.

§ 2. — Délimitation du territoire de l'agglomération nouvelle.

Le législateur de 1983 n'a pas bouleversé ici le schéma établi par son prédécesseur de 1970. Les autorités compétentes et les phases de la procédure sont analogues. Toutefois deux différences doivent être notées : un effort de « démocratisation » a été entrepris, et la procédure de révision prévue et organisée.

A. — Autorités compétentes pour créer l'agglomération nouvelle.

1. La création est opérée par arrêté du représentant de l'Etat dans le département ou par décret en Conseil d'Etat selon que les conseils municipaux des communes concernés sont unanimement favorables ou non.

2. La décision finale est donc prise par une autorité étatique, centrale ou déconcentrée, mais les conseils municipaux, le conseil général, et — innovation du texte de 1983 — le conseil régional, participent à l'opération. Sous le régime antérieur, le Conseil constitutionnel avait jugé dans une décision du 19 novembre 1975 (*R.D.P.*, 1976, p. 225 s., note Favoreu) que l'information des assemblées locales délibérantes, l'énumération des communes intéressées et la fixation du périmètre touchent « aux principes fondamentaux de la libre administration des collectivités locales » (C. 1958, art. 34) et relèvent par suite du domaine de la loi.

B. — Etapes de la procédure de création.

1. Phase préliminaire.

Après concertation avec les maires et les conseillers généraux des collectivités locales concernées, le représentant de l'Etat dans le département arrête la liste des communes et le projet du périmètre d'urbanisation.

2. Phase décisionnelle.

Ces propositions sont soumises alors pour avis aux assemblées délibérantes des communes, de(s) département(s) et de la région. Enfin l'article 3 de la loi de 1983 précise, comme on l'a vu, que la création est réalisée par arrêté ou par décret.

C. — Particularités de la procédure de révision.

L'article 2 de la loi de 1983 disposait que le nouveau statut régissait les agglomérations nouvelles créées en application de la loi de 1970. Logiquement, l'article 4 prévoit alors une procédure de révision susceptible de modifier la liste des communes membres ou le périmètre d'urbanisation, en vue de renforcer l'adhésion des élus locaux.

— Les conseils municipaux des communes membres sont consultés sur tous les projets de révision, quel que soit leur contenu. S'il s'agit d'englober dans le périmètre une nouvelle commune, le conseil municpal de celle-ci possède un droit de veto. Les procédures de retrait, de modification des limites territoriales ou de révision du périmètre d'urbanisation sont plus complexes ; elles exigent l'accord du comité du syndicat communautaire d'aménagement, — organe de gestion de l'agglomération nouvelle —, et de la majorité qualifiée des conseils municipaux (2/3 représentant plus de la 1/2 de la population ou la moitié correspondant aux 2/3 au moins de la population).

— Si les conditions de majorité ci-dessus précisées ne sont pas obtenues. La révision ne pourra être décidée que par décret en Conseil d'Etat. Dans les cas contraires, un arrêté du représentant de l'Etat dans le département suffit.

— V. par ex. les cinq décrets du 18 juillet et les trois décrets du 26 juillet 1985.

Ces opérations de délimitation sont d'autant plus importantes que, au sens de la législation de l'urbanisme, elles valent fixation d'un périmètre d'« opération d'intérêt national » à l'intérieur duquel les opérations envisagées ont la qualification de « projets d'intérêt général » (L., n° 83-8 du 7 janv. 1983).

Cf. les décrets n° 87-191, 192 et 193 du 24 mars 1987, qui crée un établissement public et une agglomération nouvelle dans le secteur IV de Marne-la-Vallée et approuvent la convention pour la création et l'exploitation d'Euro-Dysneyland.

§ 3. — Modalités de gestion.

Une fois réglé le premier problème de l'agglomération nouvelle, celui de la délimitation de son territoire, il en reste un second : celui de la formule de gestion.

A. — Hiérarchie des solutions possibles.

L'article 6 de la loi du 13 juillet 1983 précise que, dans les 6 mois de la création ou de la révision, les conseils municipaux se voient offrir un choix entre plusieurs formules ; la plus intégrée ne peut être retenue qu'en premier ; dans le cas contraire, trois solutions sont possibles ; une formule de « repli » est même prévue.

1. Création d'une nouvelle commune par fusion.

Celle-ci s'opère par fusion simple ou par fusion-association entre les communes membres, dans un délai de deux mois (porté à 3 mois, sur une durée totale de 7 mois, lorsque les élections municipales doivent avoir lieu à la suite de modifications territoriales des communes). Dans les deux mois suivants, la consultation de la population doit être faite en application de l'article L. 112-2 du Code des communes ; si le projet obtien la majorité absolue des suffrages exprimés, correspondant au 1/4 du nombre des électeurs inscrits, la fusion est prononcée par arrêté du représentant de l'Etat dans le département, et la nouvelle commune créée. Sinon, le choix des conseils municipaux doit s'opérer entre 3 formules restantes.

2. Trois solutions sont en effet prévues à l'article 6 :

— la *transformation en commune unique* ;
— la *création d'une communauté d'agglomération nouvelle* ;
— la *création d'un syndicat d'agglomération nouvelle*.

Le choix est fait par les conseils municipaux concernés, à la majorité qualifiée (2/3, 1/2 — 1/2, 2/3), le décompte portant sur les seules communes favorables à la constitution de l'agglomération nouvelle.

3. A défaut de décision positive obtenue avant l'expiration du délai de 6 mois, la zone comprise à l'intérieur du périmètre d'urbanisation est érigée en *commune* ; c'est la solution « autoritaire » de repli.

4. Enfin, dans les six mois qui suivent les élections municipales, les conseils municipaux membres d'un syndicat d'agglomération nouvelle peuvent, à la majorité qualifiée (2/3, 1/2 ; 1/2, 2/3), décider sa transformation en communauté d'agglomération nouvelle.

B. — Conséquences spécifiques des solutions retenues

1. Commune nouvelle (art. 8, 9, 10, L. 1983).

Le régime administratif et financier de la commune nouvelle varie en fonction de la procédure de création suivie et des « géographies variables » qui en résultent.

— Au cas de création d'une commune nouvelle par choix préférentiel, elle se substitue au syndicat communautaire d'aménagement existant qui auparavant gérait l'agglomération nouvelle.

— Dans le cas de « transformation en commune unique », les effets sont moins complets (opérations retracées dans le seul budget d'équipement et de construction), mais dans les deux hypothèses les avantages financiers particuliers restent acquis (cf. § 4, *infra*).

— Au cas de nouvelle agglomération nouvelle, et de commune limitée au périmètre d'urbanisation, celle-ci est provisoirement administrée par une délagation spéciale (art. L. 121-5, C. com.) qui dispose des compétences, pouvoirs et prérogatives d'un conseil municipal durant un délai maximum de trois ans ou jusqu'à la date d'occupation d'au moins 500 logements nouveaux.

2. Régime commun à la communauté et au syndicat d'agglomération nouvelle (sect. IV, art. L. 16 à 23, L. 1983).

Il concerne la répartition des compétences entre les communes de base et la « structure » d'agglomération nouvelle. Celle-ci dispose des pouvoirs de programmation et d'investissement en matière d'urbanisme, de logement, des transports, des réseaux et voies, et du développement économique ; en outre, elle exerce les compétences dévolues aux communes dans l'ensemble des questions d'urbanisme (lotissements de plus de 30 logements, Z.A.C., schémas directeurs ...).

— Le problème le plus délicat est celui de la répartition de la gestion des équipements ; le texte dispose qu'après inventaire une distinction sera établie entre les équipements d'intérêt « communal » et ceux d'intérêt « commun », qui relèvent respectivement des communes ou de la « structure » d'agglomération nouvelle, — cette dernière pouvant au surplus se voir confier la gestion de services, et l'exécution de travaux et études.

— La communauté ou le syndicat est substitué aux communes membres dans l'exercice des compétences de ces derniers membres d'un établissement public de coopération ; il gère ou devient propriétaire des biens du domaine public correspondant à ses compétences ; il est substitué de plein droit au syndicat communautaire d'aménagement dans les droits et obligations de ce dernier.

3. Régime particulier à la communauté d'agglomération nouvelle.

Il se résume en un organe dont la particularité est d'être élu au suffrage universel direct, par les électeurs inscrits dans les communes membres : le *conseil d'agglomération.*

L'art. 12 *in fine* précise la répartition interne, qui obéit au tableau suivant :

COMMUNES DE	NOMBRE de délégués
Moins de 2 500 habitants......................	2
2 500 à 3 499 habitants......................	3
3 500 à 9 999 habitants	4
10 000 à 14 999 habitants	5
15 000 à 19 999 habitants	6
20 000 habitants et au-dessus	7

Il faut ajouter qu'aucune commune ne doit disposer de la majorité absolue, que le mandat est de six ans, mais qu'il peut être écourté de manière à faire coïncider le renouvellement du conseil et les élections municipales générales. De manière supplétive, les dispositions relatives aux communautés urbaines s'appliquent.

4. Régime particulier au syndicat d'agglomération nouvelle.

Comme la communauté, c'est un *établissement public administratif* de coopération intercommunale ; comme le nom l'indique, son régime est calqué sur celui des *syndicats de communes,* deux nuances seulement l'en disinguent : en l'absence d'accord entre les communes membres, la réparatition des sièges s'effectuera selon les données du tableau applicable à la communauté — le retrait est assujetti à une procédure lourde (décret en Conseil d'Etat, avis conforme du comité, ...).

En conséquence de ce caractère administratif, la juridiction administrative est en principe compétente pour statuer sur les litiges opposant syndicat et personnel (Paris 21e ch., 14 janv. 1983, *S.C.A.A.N.E. c. Com. de la République de l'Essonne, J.C.P.,* 1985.II.20058). Comp. en matière de contrôle de légalité (T.A. Versailles, 14 nov. 1986, *Com. de la République du Val d'Oise, Rec. Lebon,* p. 324).

A l'intérieur du syndicat, c'est le comité qui détient les pouvoirs de décision les plus importants, le président ne pouvant prendre que des mesures d'exécution (C.E., 13 févr. 1985, *S.C.A.A.N. de Cergy-Pontoise, Rec. Lebon,* p. 37 ; *A.J.D.A.,* 1985, n° 49, p. 271, note J. Moreau ; comp. T. A. Versailles, 7 déc. 1984, *Préfet du Val d'Oise, A.J.D.A.,* 1985, n° 53, p. 286, obs. J. Chapuisat).

C. — Fin des régimes applicables aux agglomérations nouvelles.

Cette question est régie par la section VI de la loi du 13 juillet 1983 (art. 34 à 36).

— Pour les syndicats communautaires d'aménagement, un décret en Conseil d'Etat prononce la dissolution, sur proposition unanime des conseils municipaux et du comité syndical.

— Pour chaque agglomération nouvelle, un décret fixe la date à laquelle les opérations de construction et d'aménagement sont considérées comme achevées ; ce décret est pris avis du conseil ou du comité d'agglomération.

— A la date fixée par le décret de dissolution, le régime financier spécifique aux agglomérations nouvelles disparaît, et les conseils municipaux des communes de l'agglomération choisissent la formule de regroupement ou de fusion, ou le maintien de la communauté ou du syndicat.

§ 4. — Finances.

Le régime financier et fiscal des agglomérations nouvelles est régi par la section V de la loi du 13 juillet 1983 (art. 24 à 36), modifiée à plusieurs reprises et notamment par la loi n° 87-502 du 8 juillet 1987, relative à l'équilibre financier des syndicats d'agglomération nouvelle. De cet ensemble complexe, que le législateur a voulu rapprocher du droit commun communal, il importe de dégager trois aspects originaux et importants.

A. — Budget et ressources.

— Les agglomérations nouvelles possèdent désormais un budget exécutoire dans des conditions analogues à celles qui s'appliquent à toute commune. Elles connaissent notamment plusieurs postes de « dépenses obligatoires ».

— Face à des dépenses rendues considérables par l'ampleur des aménagements à financer et par la croissance, espérée et recherchée, de la population, les agglomérations nouvelles disposent de deux grandes catégories de ressources :

• *Impôts directs locaux*, soit la *taxe professionnelle* (L. 1983, art. 26), qui n'est donc plus perçue par les communes membres d'une communauté ou d'un syndicat, et une taxe additionnelle aux autres impôts directs locaux, levée facultativement, si les dépenses obligatoires de l'agglomération nouvelle dépassent ses recettes (L. 1983, art. 28).

• *Aides extérieures*, provenant pour l'essentiel de l'Etat, qui sont versées aux agglomérations nouvelles sous forme de dotations et de subventions.

B. — Dotations et subventions.

— Le principe de ces aides est posé dès l'art. 1er de la loi de 1983, rappelé à l'art. 27 et développé à l'art. 33. Il convient de distinguer trois types :

• *Dotations en capital de l'Etat*, allouées pour alléger la charge de la dette ou pour faire face à des dépenses exceptionnelles ; elles sont subordonnées à la signature préalable d'une convention entre l'Etat et l'organisme qui gère l'agglomération nouvelle ;

- *Subventions d'équipement individualisées* et devant faire l'objet d'une notification distincte, de la part de l'Etat, de la région ou du département ;
- *Dotation spécifique d'équipement*, prévue par la loi de finances, pour une durée maximum de cinq ans, à l'expiration de laquelle lui sera substituée la D.G.E. de droit commun. Cette dotation spécifique correspond à 208 millions pour 1987, à 243 millions pour 1988.

— La loi de 1983 dispose au surplus que les majorations envisageables en cas de fusion ou de regroupement sont ici à exclure.

C. — Relations avec les communes membres.

— Les rapports financiers entre l'organisme qui gère l'agglomération nouvelle et les communes membres sont nécessairement difficiles, puisque syndicats ou communautés ont besoin de ressources propres, obligatoirement soustraites aux collectivités de base. La loi de 1970 jouait sur la compartimentation de deux « espaces fiscaux » étanches ; la loi de 1983 parie au contraire sur des mécanismes complexes de compensation et d'intégration.

— Comme la communauté ou le syndicat perçoivent désormais la taxe professionnelle aux lieu et place des communes membres, l'art. 27 prévoit le versement à leur profit d'une *dotation d'équilibre*. Cette « dépense obligatoire » pour l'établissement public de gestion de l'agglomération nouvelle fait l'objet d'une « dotation de référence » fixée par le préfet après avis d'une commission (dont la composition est arrêtée par le D., n° 84-900 du 10 oct. 1984) et après consultation des maires de toutes les communes concernées. En application de l'article 4, § 7 de la loi de 1983, les délibérations du comité syndical et des conseils municipaux sont exigées, en cas de modification des conditions financières (T.A. Versailles, 22 juin 1984, *Cne de Cesson, Rec. Lebon*, p. 529). Des précautions ont été prises pour limiter le montant de ce transfert en cas d'excédent, et pour permettre l'évolution de cette dotation par un jeu complexe de multiples paramètres (D., n° 84-1063 du 30 nov. 1984 abrogé et remplacé par D. n° 87-934 du 13 nov. 1987).

— Les communes membres, la communauté ou le syndicat d'agglomération nouvelle ont la faculté de prévoir une *intégration fiscale progressive*, d'1/11, chaque année, pendant 10 ans, par application de l'art. 1638, C.G.I. (D., n° 84-841 du 10 sept. 1984).

Par rapport au système imaginé en 1970, une constante demeure : des aides de l'Etat, d'autant plus indispensables que l'endettement très lourd des villes nouvelles doit être résorbé (cf. tableau ci-dessous). Une nouveauté apparaît en 1983 : le retour aux communes membres des impôts sur les ménages (taxes foncières, taxe d'habitation), alors que, dans le système de la loi Boscher, le périmètre d'urbanisation faisait figure d'« enclave fiscale », et que les contribuables y habitant n'avaient plus de lien avec leur commune d'origine.

Conclusion.

L'expérience française des villes nouvelles est relativement brève puisque les premiers décrets d'application de la loi de 1970 datent de la fin de l'année 1971.

1. En vue de coordonner l'action des pouvoirs publics, fut créé auprès du Premier ministre le **Groupe central des villes nouvelles** (arr. 23 déc. 1970). Cet organisme a joué un rôle capital dans la *coordination* de l'action des onze ministères intéressés ; il illustre à merveille ce que l'on a pu appeler « administration de mission ». Un arrêté du 16 mai 1984 élargit son rôle et augmente, dans son fonctionnement, l'influence des représentants des collectivités locales en modifiant sa composition.

2. Initialement au nombre de 9, les « villes nouvelles » ne sont plus que 7, puisque Villeneuve d'Ascq près de Lille est aujourd'hui achevée et ne figure plus dans les statistiques récentes. Le même constat vaut pour le Vaudreuil, qui constituait l'exemple unique d'un « ensemble urbain » selon la formule créée par la loi de 1970, et qui a été érigée en commune de plein exercice par la loi du 25 septembre 1981, et qui se dénomme désormais Val-de-Rueil (*adde*, D. n° 87-1053 du 24 déc. 1987, portant dissolution de l'établissement public d'aménagement).

3. **L'expérience française** des villes nouvelles pouvait à bon droit, lors des débats parlementaires qui ont précédé la réforme de 1983, être jugée comme « **globalement positive** ». Ainsi la population légale de ces agglomérations était-elle alors d'environ 780 000 habitants, dont 572 000 en région parisienne, chiffres correspondant à 320 000 emplois ; pareillement au 31 décembre 1983, 173 000 logements y avaient été mis en chantier, dont 134 000 en Ile-de-France.

   Depuis 1984, mise en chantier de 30 000 logements dont 22 700 en région parisienne, — création de 643 7000 m² de bureaux et 300 ha de zones industrielles, dont respectivement 594 000 et 215 en région parisienne.

4. Le principal **défaut** du système de la loi Boscher de 1970 tenait à ce que, dans la formule du syndicat communautaire d'aménagement (choisie à une exception près), l'organisme de gestion de la ville nouvelle était doté de pouvoirs d'administration directe très importants ; les communes-membres en étaient par conséquent dépouillées, et les qualités d'électeur, de contribuable et d'administré très largement dissociées, — effets particulièrement mal ressentis puisque le pouvoir central avait imposé ses vues lors de la création des villes nouvelles.

5. Durant la crise, il a fallu corriger en baisse les objectifs ambitieux qui leur avaient été initialement assignés ; leur situation financière a toujours était délicate, mais l'endettement global a sensiblement diminué (v. tableau).

AGGLOMERATIONS NOUVELLES et communes	ANCIENNE population (recensement complémentaire de 1985) Population totale	NOUVELLE POPULATION (recensement complémentaire de 1986)			
		Population totale	Population municipale	Population comptée à part	Population fictive
	a	b	c	d	e
Cergy-Pontoise					
Cergy	31 126	35 305	35 266	39	6 719
Courdimanche	797	809	809	-	6
Eragny	16 046	16 134	16 024	110	66
Jouy-le-Moutier	10 850	12 878	12 795	83	1 812
Menucourt	5 011	5 011	4 996	15	-
Neuville-sur-Oise	967	1 002	1 002	-	24
Osny	11 192	11 266	11 017	249	36
Pontoise	28 159	28 220	26 844	1 376	96
Puiseux-Pontoise	282	282	282	-	-
Saint-Ouen-l'Aumône	17 519	17 582	17 427	155	156
Vauréal	2 188	4 284	4 174	110	3 108
Total	124 137	132 773	130 636	2 137	12 023
Evry					
Bondoufle	8 154	8 177	8 177	-	120
Courcouronnes	8 700	9 792	9 790	2	1 446
Evry	33 970	35 271	35 123	148	5 454
Lisses	5 505	5 949	5 948	1	750
Total	56 329	59 189	59 038	151	7 770
L'Isle-d'Abeau					
Four	690	713	713	-	12
L'Isle-d'Abeau	2 356	2 806	2 806	-	3 318
Saint-Quentin-Fallavier	5 471	5 510	5 510	-	318
Vaulx-Milieu	2 227	2 293	2 292	1	156
Villefontaine	12 639	13 413	13 366	47	2 778
Total	23 385	24 735	24 687	48	6 582
Marne-la-Vallée Maubuée					
Champs-sur-Marne	19 027	19 271	19 090	181	2 196
Croissy-Beaubourg	1 998	2 357	2 357	-	54
Emerainville	3 981	4 707	4 706	1	708
Lognes	8 189	10 534	10 534	-	1 110
Noisiel	15 281	15 971	15 970	1	414
Torcy	13 921	14 831	14 815	16	4 200
Total	62 397	67 671	67 472	199	8 682
Nord-Ouest de l'étang de Berre					
Fos-sur-Mer	10 289	10 915	10 484	431	456
Istres	32 483	32 755	30 956	1 799	3 312
Miramas	21 004	21 064	20 786	278	1 266
Total	63 776	64 734	62 226	2 508	5 034
Rougeau-Sénart					
Saint-Pierre-du-Perray	1 912	1 963	1 936	27	36
Tigery	849	880	796	84	42
Total	2 761	2 843	2 732	111	78
Saint-Quentin-en-Yvelines					
Elancourt	21 809	22 462	22 373	89	426
Guyancourt	13 721	15 360	15 233	127	2 988
Magny-les-Hameaux	7 120	7 187	7 187	-	360
Montigny-le-Bretonneux	21 257	23 925	23 920	5	4 314
Trappes	30 273	30 371	30 359	12	612
La Verrière	6 821	6 852	6 472	380	42
Voisins-le-Bretonneux	7 237	8 444	8 435	9	2 232
Total	108 238	114 601	113 979	622	10 974
Sénart - Ville nouvelle					
Cesson	7 798	7 980	7 958	22	450
Combs-la-Ville	15 979	17 319	17 301	18	1 908
Lieusaint	2 872	3 618	3 543	75	1 692
Moissy-Cramayel	8 024	9 176	9 163	13	3 186
Nandy	3 381	3 690	3 690	-	1 650
Réau	612	620	620	-	-
Savigny-le-Temple	13 527	14 681	14 675	6	4 320
Vert-Saint-Denis	5 876	6 337	6 298	39	510
Total	58 069	63 421	63 248	173	13 716
Bussy-Saint-Georges	535	651	651	-	312
Val-de-Reuil	7 474	8 601	8 347	254	2 364

TABLEAU ANNEXE II

COMMUNES SITUEES à l'intérieur d'un E.P.A. et ayant passé convention avec l'Etat	ANCIENNE population (recensement complémentaire de 1985)	NOUVELLE POPULATION (recensement complémentaire de 1986)			
	Population totale	Population totale	Population municipale	Population comptée à part	Population fictive
	a	b	c	d	e
Noisy-le-Grand	47 395	49 496	49 212	284	3 198
Saint-Thibault-des-Vignes	2 352	3 040	3 037	3	864
Vitrolles	27 053	28 104	28 001	103	6 108

(J.O. 10 mars 1987, p. 2687 et 2688)

6. Aujourd'hui 5 d'entre-elles (Cergy, Evry, Saint-Quentin-en-Yvelines, Marne-la-Vallée, Rives de l'Etang-de-Berre) ont trouvé leur rythme de croisière ; deux sont devenues des communes « normales ». Au total, le bilan est positif si l'on imagine quelle serait la situation actuelle sans cette politique volontariste d'aménagement du territoire.

7. Tableau récapitulatif de l'aide financière de l'Etat (1986/1988).

Ministère	Type d'équipement	1986 AP affectées	1987 AP autorisées	1988 AP prévisions
Equipement, Logement, Aménagement du territoire et Transports	Acquisitions foncières Budget .... F.N.A.F.U.	5,69 40,8	6,5 40	8 non connu
	Voirie primaire Budget .... F.S.G.T.	65,4 35	88,5 —	— —
	Transports en commun en site propre	—	—	80
	Desserte interne des villes nouvelles	—	non connu	non connu
	Dotation globale d'équipement des agglomérations nouvelles	8	3	1
Plan et aménagement du territoire	Idem	230,33	243	251,26
Culture et communication	Salle de spectacles	8	non connu	non connu

8. **Endettement global** (en millions de francs, à la fin de chaque année).

1978 : 1141	1983 : 821
1980 : 1072	1985 : 650
1981 : 973	1986 : 560
1982 : 898	1987 : 420

Section II. — **Paris, Marseille, Lyon**

• On a rapproché les trois plus grandes villes de France puisqu'elles sont aujourd'hui dotées, par l'effet de deux lois jumelles du 31 décembre 1982, d'une organisation administrative et d'un régime électoral similaires.

- Mais ces ressemblances actuelles, voulues par les pouvoirs publics, ne doivent pas dissimuler les différences de naguère. Avant 1983, l'originalité de Marseille et de Lyon était finalement peu marquée : conseillers municipaux élus par arrondissement ou groupe d'arrondissements (L., nº 75-1333 du 31 déc. 1975) — effectif du conseil municipal fixé pour Lyon et pour Marseille respectivement à 61 et 63 membres, alors que le maximum fixé par la loi du 19 juillet 1976 était de 49 pour les autres grandes villes. Par ailleurs, Lyon possédait un statut de communauté urbaine imposé par la loi, et Marseille un régime de droit commun.

- En revanche l'histoire de Paris est toute différente. Elle justifie à elle seule des développements propres.

§ 1. — Paris jusqu'en 1982.

A. — Evolution historique.

Dès l'Ancien Régime, la ville de Paris avait été dotée d'une organisation administrative particulière ; les progrès de l'absolutisme affaiblirent son autonomie. Depuis 1789, l'évolution suit d'assez loin celle des autres communes et départements.

1. Sous la Révolution, la capitale bénéficie d'une **extrême décentralisation**, alors que le département de Paris est organisé sur le modèle des autres.

2. La loi du 28 pluviôse an VJIII divise le département de la Seine en trois arrondissements ; l'un d'entre eux est la ville de Paris, administrée directement par le préfet de la Seine. C'est seulement en 1834 que sera créé le conseil municipal de Paris : mais, même après les réformes libérales de 1866-1867, ses pouvoirs seront plus limités que ceux des autres assemblées communales.

3. L'expérience de la Commune de Paris de 1871 conduit les gouvernements de la IIIe République à soumettre Paris et le département de la Seine à des lois spéciales (14 avr. et 16 sept. 1871) ; ils sont **exclus** du champ d'application des **grandes mesures décentralisatrices** du 10 août 1871 et du 5 avril 1884 : les corps délibérants ont des compétences restreintes et l'exécutif est confié au préfet de la Seine et au préfet de police. La loi du 12 mai 1932 va assez loin dans le sens de l'autonomie, mais cette tendance est freinée par les décrets-lois des 21 avril et 13 juin 1939. Après la parenthèse autoritaire de Vichy, l'ordonnance du 13 avril 1945 réintroduit des dispositions plus libérales.

4. A nouveau deux décrets du 6 janvier 1961 marquent un **effort sensible de décentralisation** et la loi du 10 juillet 1964 fait de la ville de Paris une « collectivité territoriale à statut particulier ayant des compétences de nature communale et départementale » et le décret nº 70-1089 du 30 novembre 1970 allège la tutelle en matière financière.

5. Depuis l'été 1973, les projets tendant à réviser le statut de la ville de Paris se multiplient et peu après l'élection de M. Giscard d'Estaing à la présidence de la République le ministre de l'Intérieur confie à une commission, composée de hauts fonctionnaires et d'élus parisiens et présidée par M. Maspétiol, le soin de rédiger un rapport susceptible

de servir de base à un projet gouvernemental de réforme. Discuté et amendé par le Parlement à l'automne 1975, il est finalement adopté et devient la **loi n° 75-1331 du 31 décembre 1975.**

B. — Le statut de 1975.

Le nouveau régime est entré en application avec le renouvellement des conseils municipaux de mars 1977, M. Jacques Chirac ayant été élu maire de Paris. D'ailleurs, le titre VI de la loi (art. 32 à 34) précisait que les dispositions budgétaires entreraient en vigueur lors du vote du budget de 1977 et que le préfet de Paris et le préfet de police continuerait à exercer leurs compétences jusqu'à l'élection du maire de Paris.

1. Nature juridique.

Selon l'article 1er de la loi : « Le territoire de la ville de Paris recouvre deux collectivités territoriales distinctes : la commune de Paris et le département de Paris. Les affaires de ces collectivités sont réglées par les délibérations d'une même assemblée dénommée Conseil de Paris ». Cette disposition ne manqua pas de soulever des difficultés d'interprétation puisque les deux collectivités à distinguer possèdent un territoire identique, la même population, et un organe délibérant commun. Le statut antérieur qui faisait de la ville de Paris « une collectivité territoriale à statut particulier ayant des compétences de nature communale et départementale » paraissait moins compliqué, mais Paris était alors une commune sans maire et un département sans conseil général. La formule découle logiquement de l'esprit de la réforme : appliquer tant à la commune de Paris qu'au département de Paris les règles de droit commun résultant respectivement des lois du 5 avril 1884 et du 10 août 1871.

2. La commune de Paris.

L'idée-force, exprimée à l'article 2, consiste à **étendre à Paris le statut communal ordinaire.** Cependant l'assimilation n'est pas totale : outre les dispositions particulières concernant les finances et le personnel (v. *infra* C et D), la loi du 31 décembre 1975 prévoit des dérogations sur quatre points importants.

1. Le **Conseil de Paris** est composé de 109 membres. Il exerce en principe les mêmes compétences que tout autre conseil municipal. Mais la procédure de dissolution susceptible de lui être appliquée est régie par les articles 35 et 36 de la loi de 1871.

2. Le **maire de Paris**, élu et rééligible selon les règles du droit commun municipal, possède les compétences d'un maire ordinaire à deux exceptions près : il ne dispose que des pouvoirs de police dont il a hérité du préfet de Paris — il n'est le chef que d'une partie du personnel municipal. En sens contraire, par une sorte de dédoublement fonctionnel, il est le président du Conseil de Paris exerçant des conséquences départementales. V. quant aux conséquences relatives au cumul des mandats et aux inéligibilités, C.E., 14 mars 1980, *Elect. au Conseil de Paris, Rec. Lebon*, p. 150 ; *A.J.D.A.*, 1980, n° 86, p. 531, note C. Goyard.

Au total, il cumule les attributions d'un **maire en partie privé de « pouvoirs propres »** (v. *supra*, p. 50 s.) et celles d'un **président de Conseil général.**

3. Le **préfet de police** conserve pour l'essentiel les compétences qui lui étaient dévolues dans le passé. D'une part, il est autorité de police à pouvoirs exceptionnellement étendus puisque l'arrêté des Consuls du 12 messidor An VIII lui conférait des pouvoirs de police générale et des pouvoirs de police municipale et que cette disposition maintenue en vigueur par la loi du 10 juillet 1964 est confirmée à l'article 9 de la loi de 1975. D'autre part, il est le chef du personnel communal affecté à la commune de Paris (art. 25). Il exerce donc les deux compétences municipales qualifiées « pouvoirs propres » et est chargé dans ces domaines de l'exécution des délibérations du Conseil de Paris ; à ces titres, il peut assister aux séances du conseil et y être entendu.

4. Dans chaque arrondissement de Paris est créée une « **commission d'arrondissement** », composée en nombre égal des conseillers élus dans l'arrondissement, des officiers municipaux nommés par le maire pour y exercer des fonctions d'état civil, et de membres élus par le Conseil de Paris comme personnalité qualifiées. La tâche de ces commissions est double : avis à donner sur les affaires à elles soumises par le Conseil de Paris ou par le maire ; animation de la vie locale spécialement dans le cadre de l'arrondissement.

3. Le département de Paris.

Il est organisé et géré sur la base des dispositions de la loi de 1871 (art. 15). Hormis les problèmes financiers (v. *infra*, C), les exceptions au droit commun des départements ont été signalées ou sont secondaires. Le Conseil de Paris exerce à la fois les compétences d'un conseil municipal et d'un conseil général (art. 1er et 16) ; dans les deux cas il est présidé par le maire de Paris. De même la représentation de l'Etat est assurée par le préfet de Paris et le préfet de police, dans le cadre de leurs attributions respectives sur le territoire de Paris.

Deux décrets du 15 mars 1977 (D., n° 77-227 et 228) complètent cette œuvre d'harmonisation. Le premier étend au département de Paris la réforme des services extérieurs de l'Etat réalisée en mars 1964 dans les autres départements : le second fait du préfet de la région d'Ile-de-France le préfet de Paris.

Certaines de ces dispositions et de celles qui suivent (v. *infra* C.) ont été modifiées par la loi n° 86-1308 du 29 décembre 1986 portant adaptation du régime administratif et financier de la ville de Paris (Cf. *infra*, conclusion 3.).

C. — Les finances.

Le titre IV de la loi (art. 18 à 24) règle les questions budgétaires et patrimoniales des deux collectivités.

1. Sont prévus trois budgets : budget communal et budget départemental (avec la classique distinction fonctionnement/investissement et des budgets annexes pour les services à caractère industriel et commercial) et budget spécial de la préfecture de police. Les dépenses et les recettes sont ordonnancées pour le budget communal par le maire,

pour le budget départemental par le préfet de Paris, pour le budget spécial par le préfet de police.

2. Le financement des budgets d'investissement est assuré, non seulement par les recettes propres et la contribution des budgets de fonctionnement, mais aussi par un emprunt global. Un contrôle de tutelle assez strict (art. 1 à 4, D., n° 70-1089 du 30 nov. 1970) est exercé sur ces budgets par les ministres de l'Intérieur et de l'Economie et des Finances. *Adde*, D., n° 77-278 du 24 mars 1977 relatif aux modes et aux procédures de règlement des dépenses de la commune de Paris et au contrôle financier des dépenses d'investissement de la commune et du département de Paris.

3. L'article 24 de la loi du 31 décembre 1975 a été abrogé et remplacé par l'article 44 de la loi n° 77-574 du 7 juin 1977 portant diverses dispositions d'ordre économique et financier, le nouveau texte précise que les immeubles et meubles faisant partie du domaine public et du domaine privé de la ville de Paris sont transférés à la commune et au département en tenant compte de l'affectation de ces biens et des compétences dévolues à ces collectivités. La liste des immeubles, droits et obligations transférés au département de Paris est établie par décret en Conseil d'Etat, après avis du Conseil de Paris (D., n° 80-98 du 29 janv. 1980).

D. — Les personnels.

1. La loi de 1975 décidait que la commune et le département de Paris disposent d'un personnel communal et d'un personnel départemental soumis à des statuts propres, ainsi que de fonctionnaires d'Etat placés auprès de ces collectivités en position de détachement.

2. Le problème immédiat fut celui du sort réservé aux 31 000 agents que comptait la ville de Paris au 1er janvier 1977, aux 30 000 permanents et aux 7 400 vacataires employés par la préfecture, sans oublier les 35 000 agents, dont 22 000 policiers, de la préfecture de police. C'est évidemment la situation de ces deux premières catégories de personnels qu'il fallait régler.

Pour les administrateurs, attachés d'administration et agents supérieurs, la solution retenue est celle d'une intégration dans des corps d'Etat. Les modalités de l'opération seront réglées par décret en Conseil d'Etat ; mais le législateur a prévu que les personnels ainsi intégrés pourront être soit affectés à des emplois d'Etat, soit détachés au sein des collectivités parisiennes (art. 35).

Ce détachement n'empêche pas une intégration ultérieure (art. 25 II, L. n° 77-574 du 7 juin 1977).

3. Pour les autres personnes soumis au statut fixé par le décret n° 60-729 du 25 juillet 1980 modifié, trois principes sont posés par la loi. Les fonctionnaires de la ville de Paris sont d'abord répartis entre services communaux, services départementaux ou services d'Etat, en application de la procédure prévue par le décret n° 76-813 du 24 août 1976. Ensuite, et compte tenu de ces affectations, les personnels doivent être intégrés dans les emplois des nouvelles collectivités ou dans les corps de fonctionnaires d'Etat. Enfin est affirmé le principe du maintien des droits acquis et de la garantie des avantages antérieurement consacrés.

4. La spécificité des régimes demeure depuis l'entrée en vigueur de la loi du 26 janvier 1984 modifiée (cf. *infra*, § 2).

§ 2. — Statut actuel (L. n° 82-1169 et 1170 du 31 déc. 1982).

— Le dernier titre de la loi de décentralisation du 2 mars 1982 concerne Paris. Y est posé d'abord **le principe de transposition à la capitale du nouveau régime des actes administratifs et budgétaires** des communes et des départements, sous réserve des pouvoirs reconnus au Préfet de police, et du titre IV de la loi (contrôle financier de la chambre régionale des comptes et allégement des tutelles techniques).

En outre l'article 105, relatif aux emplois relevant de la commune et du déplacement de Paris, pose, pour ceux qui sont équivalents à des emplois de la fonction publique d'Etat, certains « butoirs » ; il rappelle la compétence du Conseil de Paris pour déterminer la plupart des statuts particuliers (en ce sens, T.A. Paris, 14 nov. 1983, *Commissaire de la République de la région d'Ile-de-France, Rec. Lebon*, p. 573). Depuis lors, la loi n° 84-53 du 26 janvier 1984, relative à la fonction publique territoriale, admet, par son art. 118, l'existence de corps spécifiques et de dispositions dérogatoires pour les personnels de la commune, du département et de certains établissements publics locaux de Paris.

Enfin l'article 107 annonce qu'une loi ultérieure fixera les modalités d'application de la loi du 2 mars 1982 à Paris ; ce même texte s'appliquant à Marseille et à Lyon, comme à la totalité des communes de France.

— Deux **lois du 31 décembre 1982**, la première relative à **l'organisation administrative** de Paris, Marseille et Lyon, la seconde réglant **le mode d'élection de leurs conseillers**, ont apporté au droit antérieur d'importantes modifications. La première loi du 31 décembre 1982 a été modifiée par les art. 80, 81 et 82 de la L., n° 83-663 du 22 juill. 1983 et ses dispositions ont été interprétées par deux importantes circulaires du 8 avril 1983 (*J.O.*, 4 mai) et du 20 janv. 1984 (*J.O.*, 9 févr.).

— Depuis lors de multiples textes ont apporté des retouches au système fixé par les lois du 31 décembre 1982. On en signalera seulement deux. D'une part, la **loi du 29 décembre 1986** modifie sur certains points importants le régime administratif et financier de **Paris** (Pour éviter toute confusion avec les deux autres grandes métropoles, les lignes directrices de ce texte seront évoquées en conclusion, — 3. —, d'autant plus que son objet n'est pas de corriger les lois de 1982, mais la loi du 31 décembre 1975, propre à la ville de Paris). D'autre part, la **loi** n° 87-509 **du 9 juillet 1987** modifie l'organisation administrative et le régime électoral de **Marseille** ; sur le second point, v. *infra* A ; sur le premier la nouvelle répartition des biens, des équipements et des personnels fait l'objet du décret n° 88-620 du 6 mai 1988.

A. — Découpage électoral par secteurs.

• La loi dispose que les communes de Paris, Marseille et Lyon sont respectivement divisées en 20, 16, et 9 arrondissements. La modification de ces nouvelles limites suppose décret en Conseil d'Etat et avis conforme de l'assemblée délibérante de la commune concernée.

• Ce découpage poursuit des fins électorales évidentes puisqu'à Paris et à Lyon chaque arrondissement correspond à un secteur électoral ;

à Marseille, les 6 secteurs regroupent de 1 à 4 arrondissements ; désormais le Conseil de Paris compte 163 sièges, les conseils municipaux de Marseille et de Lyon, 101 et 73 sièges.

La loi précitée du 9 juillet 1987 maintient l'effectif du conseil municipal et les 16 arrondissements de Marseille, mais désormais ces derniers sont regroupés 2 à 2 en 8 secteurs. Le Conseil Constitutionnel (87-227 DC du 7 juill. 1987) a admis la conformité du nouveau découpage au principe d'égalité.

● Ces secteurs électoraux servent de cadre à la désignation des conseillers municipaux, mais aussi des conseillers d'arrondissement. Chaque conseil d'arrondissement comprend un tiers de conseillers municipaux et deux tiers de conseillers d'arrondissement, élus dans le secteur ; en principe, le nombre de ces derniers varie de 10 à 40 ; les inéligibilités et incompatibilités applicables aux conseillers municipaux les frappent également ; leur rang est fixé par le D., n° 83-159 du 3 mars 1983.

● A Marseille comme à Lyon, la dissolution du conseil municipal entraine celle des conseils d'arrondissement ; la même solution est prévue à Paris, mais le conseil de la capitale emprunte sa procédure de dissolution aux conseils généraux (art. 43 modifié de la loi du 2 mars 1982).

B. — Déconcentration administrative et structure d'arrondissement.

Les arrondissements ont été créés comme structure administrative déconcentrée, en vue de rapprocher l'administration municipale des habitants des trois plus grandes villes de France. Cette idée-force commande les attributions des conseils d'arrondissement, leur fonctionnement, comme les compétences dévolues aux maires et adjoints d'arrondissement.

1. Attributions des conseils d'arrondissement.

Elles peuvent être regroupées autour de trois thèmes principaux.

— Le conseil d'arrondissement est un centre et un relais d'**information** : droit de poser des questions écrites ou avec débats sur toute affaire concernant l'arrondissement, délai de réponse du maire de la commune et temps fixé par la loi à chaque séance du conseil municipal pour délibérer de ces questions — avis préalable à donner sur tout rapport ou avant tout projet de délibération relatifs à des affaires dont l'exécution concerne en tout ou en partie l'arrondissement (L., 1982, art. 6 et 7).

— Il est aussi un centre de gestion pour les **équipements collectifs de proximité** à finalité sociale ou récréative (par ex. crèches, clubs de jeunes, maisons de quartier, espaces verts, bains-douches, stades). Le conseil d'arrondissement en prévoit l'implantation, délibère sur leur localisation et leur programme d'aménagement et peut gérer les installations sur son propre budget de fonctionnement (L., 1982, art. 9, 10, 15). L'article 80 de la loi du 22 juill. 1983 et l'article 38 de la loi n° 85-729 du 18 juillet 1985 ont modifié le début de l'art. 9 de la loi de 1982 ; ils prévoient que le conseil d'arrondissement est consulté par le maire de la commune, avant toute délibération du conseil communal, sur l'établissement, la révision et les modifications du P.O.S., des zones d'urbanisme et sur les projets d'opérations d'aménagement. Des régimes différenciés sont à fixer par le conseil municipal (art. 11 et 12), mais le législateur a prévu un régime particulier pour les logements sociaux (art. 14). *Adde,* décret d'application, D., n° 83-787 du 6 sept. 1983. L'article 81 de la loi modificative du 22 juill. 1983 a créé un article 17 *bis* en vertu duquel le conseil municipal peut donner *délégation* au conseil d'arrondissement pour signer les contrats, à l'exception des marchés, et procéder aux règlements sur mémoires et factures.

— Enfin l'arrondissement, son conseil ou ses délégués constituent une **structure d'accueil et de contact**, notamment avec les associations dont ils sont selon des modalités très diverses les interlocuteurs privilégiés (L., 1982, art. 8, 13 et 16). Le D., n° 83-585 du 4 juill. 1983 précise les modalités d'intervention des associations et le fonctionnement du Comité d'initiative et de concertation d'arrondissement (C.I.C.A.) ; par un avis du 2 nov. 1983, le Conseil d'Etat a estimé qu'il convenait à ce point de vue d'assimiler les représentants des syndicats professionnels à ceux des associations.

2. Fonctionnement des conseils d'arrondissement.

La règle est ici que doivent être transposés les principes qui régissent le fonctionnement des conseils municipaux (art. 18). Une difficulté spécifique concerne la transmission des délibérations au préfet, elle s'effectue normalement par l'intermédiaire du maire de la commune ; mais ce dernier possède le droit de demander une seconde délibération et de saisir éventuellement le tribunal administratif ; symétriquement, une transmission directe des délibérations du conseil d'arrondissement au représentant de l'Etat est prévue en cas de silence ou d'inertie du maire de la commune (art. 19).

3. Maires et adjoints d'arrondissement.

Le maire d'arrondissement est élu par le conseil d'arrondissement, en son sein, parmi les membres élus au conseil municipal de la commune. Diverses précisions concernent le nombre et l'origine des adjoints d'arrondissement.

Les compétences du maire relèvent de deux catégories : attributions exercées au nom de l'Etat (état civil, obligation scolaire, service national, élections, mais comme il n'a pas la qualité d'officier de police judiciaire, l'art. 687 du Code de procédure pénale ne lui est pas applicable, Cass. crim., 25 juill. 1983, *Bull. crim.,* n° 226, p. 577) ou au nom de la commune (présidence de la caisse des écoles, avis à donner et informations sur certains actes juridiques d'utilisation du sol ou relatifs à des opérations immobilières ou d'équipement concernant l'arrondissement). On retrouve ainsi un cas de « dédoublement fonctionnel ». V. L., 1982, art. 5, 20 à 25.

Adde, J. de Soto, « L'arrondissement de Paris », *R.D.P.,* 1984, p. 1301 s.

C. — Déconcentration financière.

La loi du 31 décembre 1982 crée ici des rouages et mécanismes particulièrement complexes (cf. art. 26 à 36) puisqu'il s'agit de conférer à l'arrondissement une certaine autonomie financière, sans pour autant porter atteinte à l'unité budgétaire de la commune et aux pouvoirs traditionnels du conseil municipal.

— Pour les investissements, le vote appartient évidemment au conseil municipal, mais après consultation de la « conférence de programmation des équipements », composée du maire de la commune et des maires d'arrondissement. Pareillement les dépenses prévues ou réalisées doivent être récapitulées dans un document particulier à chaque arrondissement et qui constitue une annexe du budget ou du compte administratif suivant les cas.

— Pour les recettes et dépenses du fonctionnement, un « état spécial d'arrondissement » les détaille. Ces dernières correspondent aux frais engendrés par les équipements et services gérés par l'arrondissement. Les recettes sont ventilées en une dotation globale, versée par la commune à l'arrondissement, qui se décompose elle-même en deux parts : 80 % correspondant aux dépenses de fonctionnement des services et équipements à la charge de l'arrondissement — et une tranche spécifique tenant compte des caractéristiques propres à chaque arrondissement et notamment à la composition socio-professionnelle de sa population. En effet, l'art. 82 de la loi du 22 juill. 1983, modifiant les art. 28, 30, 31 et 35 de la loi du 31 déc. 1982 a supprimé l'allocation, à laquelle s'ajoutait la dotation globale ; en outre le D., n° 83-786 du 6 sept. 1983 détaille de façon très précise la division en plusieurs parts de cette tranche spécifique, sur la base de données démographiques et économiques complexes.

La loi décrit les grandes lignes des procédures d'ajustement nécessité par l'écart éventuel entre les demandes des arrondissements et les possibilités du budget communal. L'article 36 prévoit aussi les modalités d'affectation du personnel communal aux arrondissements. Le D., n° 83-964 du 8 nov. 1983 précise la procédure à suivre : un accord est nécessaire entre le maire de la commune et le maire d'arrondissement, en l'absence duquel c'est l'assemblée délibérante de la commune qui tranche ; les mesures individuelles sont prises par le maire de la commune ; un régime particulier est prévu pour les secrétaires généraux d'arrondissement. Le D., n° 83-1146 du 23 déc. 1983 régit la mise à disposition des services des communes.

Conclusion.

1. Comme le constate la circulaire précitée du 20 janvier 1984, les principaux décrets d'application de la loi du 31 décembre 1982 ont été publiés durant l'année 1983 ; les trois plus grandes villes de France fonctionnent effectivement sur la base du régime juridique particulier qui avait été prévu pour elle. Il est évidemment difficile de se prononcer sur les avantages et les inconvénients du système, et la question demeure de savoir si la tentative de rapprocher administration et administrés n'a pas pour corollaire un alourdissement de la gestion.

2. A un tout autre point de vue, deux problèmes théoriques se posent :

— Quelle est la nature juridique de l'arrondissement ? Le Conseil constitutionnel le qualifie, dans sa décision du 28 décembre 1982, de « division administrative » ; il n'appartient donc pas à la catégorie des collectivités territoriales ; mais certains aspects de son régime ne se comprennent bien que si on lui reconnaît quelques fragments de personnalité juridique.

— Dans cette même décision, le Conseil constitutionnel a dû répondre à une argumentation fondée sur des violations des « principes » de l'« unité communale » et de « la libre administration des communes ». Quel est le contenu exact de ces deux règles ?

3. La loi du 29 décembre 1986 apporte diverses modifications au régime administratif et financier de la ville de Paris. Trois points doivent être soulignés.

— L'article 5 (art. 32 *bis* L. 1975) a trait au **rayonnement international** de la capitale ; la ville de Paris est autorisée à conclure toute convention avec des personnes de droit public ou de droit privé étrangères, à l'exception des Etats, à leur donner sa garantie en matière d'emprunts ou à leur accorder des subventions.

— L'article 9 conserve au **Préfet de police** les pouvoirs à lui conférés par l'arrêté des consuls du 12 Messidor an VIII, mais il accorde au **maire de Paris** les compétences relatives à la salubrité sur la voie publique, au maintien du bon ordre dans les foires et marchés, aux permis de stationnement et concessions d'emplacement sur la voie publique, et à la conservation du domaine de la ville.

— Enfin les articles 1er et 3 disposent, pour les dotations affectées aux **dépenses d'investissement**, que le Conseil de Paris peut distinguer autorisations de programme et crédits de paiement. Les crédits de **fonctionnement**, sur proposition du questeur, sont arrêtés par une commission d'élus ; les comptes sont apurés et contrôlés par une commission de vérification, composée d'élus, sous le contrôle de la Cour des Comptes.

Le **budget** de la ville de Paris atteint **20 milliards** de francs. Trois problèmes dominent la vie administrative de la capitale : « privatisation » de certains services (pompes funèbres, fourrière, production et distribution d'eau potable) — amélioration de la circulation — poursuite de la construction et de la modernisation des logements sociaux (1984/1985 : 8 500 logements construits et 6 400 modernisés — 1986/1987, respectivement 10 300 et 7 000).

TROISIÈME PARTIE

L'ORGANISATION ADMINISTRATIVE DU DÉPARTEMENT ET DE LA RÉGION

Plan. — Chapitre I. — L'organisation administrative du département.
Chapitre II. — L'organisation administrative de la région.

CHAPITRE I. — L'ORGANISATION ADMINISTRATIVE DU DÉPARTEMENT

Le département est une création de la Révolution de 1789. Napoléon le dote d'une structure très centralisée que domine sans partage le préfet. L'évolution, qui se développe au XIX⁰ siècle et qui se poursuivra au XX⁰, consacre une décentralisation croissante comme en témoignent respectivement les deux textes de base en la matière, la loi du 10 août 1871 relative aux conseils généraux et la loi du 2 mars 1982 qui étend notamment les « droits et libertés » des départements.

Section I. — Histoire et nature juridique

§ 1. — Evolution historique.

A. — L'époque révolutionnaire.

La Constituante crée le département par la loi du 22 décembre 1789-janvier 1790. Circonscription administrative de base, il est divisé en districts, en cantons, en communes ; à chaque niveau, l'organisation est uniforme (conseil — directoire — procureur syndic) ; le département bénéficie alors d'une large **décentralisation** que l'on a pu comparer à une « anarchie légale ».

La loi des 26 février-4 mars 1790 partage le territoire français métropolitain en 83 départements.

B. — Le Consulat et l'Empire.

Bonaparte pose les bases durables de l'administration du département en faisant du préfet l'héritier direct de l'intendant ; il est flanqué de deux conseils délibératifs : le conseil général et le conseil de préfecture.

Les limites territoriales des départements sont en principe conservées. Le changement considérable introduit par les réformes de l'an VIII porte sur la très forte **centralisation** ainsi mise en œuvre puisque tous les organes de gestion du département sont nommés par le pouvoir central et que tous les pouvoirs de décision appartiennent au préfet (art. 3, L. 28 Pluviôse an VIII : « Le préfet sera seul chargé de l'administration »).

C. — De la Monarchie de juillet à la fin de la IIIᵉ République.

Conformément à l'esprit de la Charte de 1830 et à son article 69, 7ᵉ, deux lois marquent les premières applications de la décentralisation. La loi du 22 juin 1833 soumet à élection au suffrage censitaire la désignation des membres du conseil général, et celle du 10 mai 1838 attribue à l'assemblée départementale le droit de prendre des délibérations exécutoires.

La loi du 10 août 1871 va beaucoup plus loin : les compétences du conseil général sont élargies, la Commission départementale est créée, mais l'exécutif reste, selon le modèle napoléonien, nommé par le pouvoir central. D'autres textes postérieurs, et notamment un décret du 5 novembre 1926, complètent ces dispositions en augmentant l'autonomie du conseil général.

D. — Depuis 1945.

A l'époque contemporaine, l'évolution va finir par superposer deux tendances assez divergentes. Selon la première, la Constitution de la IVᵉ République avait prévu, dans ses articles 87, alinéa 2, et 89, le transfert à opérer par loi organique des compétences exécutives à un organe élu. Cette innovation importante ne sera réalisée que par la loi du 2 mars 1982.

Ce même texte élargit les droits et libertés du département ; ce faisant il s'inscrit dans une seconde tendance constamment mise en œuvre sous la Vᵉ République. Ainsi, bien avant 1982, avait été allégée la tutelle (Ord. 5 janv. 1959) et avaient été développés les pouvoirs du conseil général notamment en matière de restructuration de la carte communale ou de planification économique (D., nº 70-43 du 13 janv. 1970).

§ 2. — Nature juridique du département.

Pendant longtemps, la nature juridique du département reste incertaine. L'attribution à son bénéfice de la personnalité morale remonte à un avis du Conseil d'Etat du 27 août 1834, dont la loi du 10 mai 1838 tire les conséquences.

Jusqu'en 1982, la décentralisation du département était incomplète puisque son organe excécutif était le préfet, haut fonctionnaire dépendant du pouvoir central, et non un président élu.

Aujourd'hui le département conserve une **nature hybride.**

1. C'est une **collectivité territoriale de la République**, selon l'article 72 de la Constitution de 1958. A ce titre, il s'administre librement et ses deux principaux organes — le conseil général et son président — sont élus. En bref, le département est comme la commune une institution décentralisée (v. *supra*, Introduction).

2. C'est aussi une **circonscription administrative**, c'est-à-dire une sub-division de territoire national correspondant à la zone de compétences de services extérieurs de l'Etat. Il sert alors de cadre à la déconcentration sous la direction unique du préfet.

Dans la suite des développements, c'est principalement en tant que collectivité décentralisée que le département sera étudié (sect. II et III) ; il ne sera fait allusion à son rôle de circonscription administrative que dans la section IV, consacrée au préfet.

Section II. — Le Conseil général

Le conseil général est l'**assemblée délibérante du département**, collectivité décentralisée ; ceci implique que ses membres soient élus au suffrage universel et que ses pouvoirs de décision soient importants. Par ces deux traits, il ressemble à cette autre assemblée locale qu'est le conseil municipal.

Jusqu'à réforme édictée par la loi du 2 mars 1982, les ressemblances entre les deux conseils signifiaient tout au plus analogie et non identité. en effet l'existence d'une Commission départementale et la non-permanence du conseil général assujetti à un régime de sessions minutieusement réglementées par le législateur entraînaient des différences non négligeables. Désormais il n'en subsiste guère qu'une : le mode de désignation spécifique des conseillers généraux.

§ 1. — Composition.

A. — Mode de désignation des conseillers généraux.

Les membres du conseil général sont élus au suffrage universel direct et au scrutin uninominal à raison de un par canton (art. 4 et 5, L. 1871). A la différence des élections communales où un corps électoral unique désigne la totalité des membres du conseil municipal, les « élections cantonales » se déroulent donc dans un cadre restreint, — **le canton** — où les électeurs ne choisissent qu'un représentant.

B. — Eligibilité, inéligibilité et incompatibilités.

1. Les conditions générales d'éligibilité se rapportent à la nationalité (la nationalité française est exigée), à l'âge (âge minimum fixé à 21 ans par la loi du 23 déc. 1970), à la capacité (droit commun électoral)

et au lien avec le département (domicile — inscription sur le rôle des contributions directes). Les 3/4 des conseillers généraux doivent être domiciliés dans le département.

2. Les causes particulières d'inéligibilité font obstacle à la validité de l'élection. Certaines sont **absolues** et frappent les incapables et les personnes condamnées pour certains délits (profits illicites, corruption électorale, ...). D'autres sont **relatives** et valent soit pour l'ensemble du département (corps préfectoral — inspecteurs d'académie — ingénieurs — agents des services fiscaux ...) soit pour le canton d'exercice des fonctions (magistrats ...). V. par ex. C.E., 12 mai 1978, *Elect. cant. du Puy Sud-Ouest, Rec. Lebon*, p. 208.

3. Les incompatibilités ont pour seul effet d'empêcher l'exercice du mandat et non pas de vicier les résultats de l'élection. Elles naissent donc d'un choix de l'élu qui, par exemple, refuse d'abandonner certaines fonctions ou activités (corps préfectoral, corps actifs de police, militaires de carrières, membres des tribunaux administratifs, ... tout emploi rémunéré ou subventionné par le département : C.E., 23 déc. 1966, *Elect. cant. de Roquesteron, Rec. Lebon*, p. 692 ; C.E., 21 oct. 1977, *Elect. cant. du Canet, Rec. Lebon*, p. 831).

A raison de la nature particulière du Conseil de Paris, ses membres ne sont pas frappés par l'interdiction posée par l'article L. 208 du Code électoral aux termes duquel « nul ne peut être membre de plusieurs conseils généraux » (C.E., 14 mars 1980, *Elect. au Conseil de Paris, Rec. Lebon*, p. 150 ; *A.J.D.A.*, 1980, n° 86, p. 531, note Cl. Goyard).

Tout ce contentieux électoral relève de la compétence des juridictions administratives (T.C., 2 juill. 1979, *Trocmé et fédération de l'Aisne du P.C.F., Rec. Lebon*, p. 572). Sur les difficultés récentes (C.E. sect., 17 oct. 1986, *M. René Roland, A.J.D.A.*, 1987, n° 4, p. 35, concl. Massot ; 17 oct. 1986, *Assoc. « Les Verts » et Mme Falkenburg, A.J.D.A.*, 1987, n° 5, p. 39, concl. S. Hubac. Comp. *Recueil Lebon*, 1986, tables, p. 540 s.).

C. — Caractères du mandat de conseiller général.

Le mandat de conseiller général est théoriquement **gratuit**, sauf indemnités de déplacement et de séjour fixées par chaque assemblée départementale.

Il dure en principe **six ans**, les conseils généraux étant renouvelables par moitié tous les trois ans. Il prend fin prématurément en cas de dissolution du conseil général (v. *infra*, § 2) ou de démission volontaire. Les modifications apportées aux limites territoriales du canton, décidées par décret en Conseil d'Etat après consultation du conseil général, n'ont ni pour objet, ni pour effet, d'autoriser le préfet à mettre fin au mandat du conseiller général régulièrement élu (C.E., ass., 5 mai 1976, *Min. Intérieur c. Corlay, Bitoum et Lerat, Rec. Lebon*, p. 239 ; *R.D.P.*, 1976, p. 1521, concl. Guillaume ; D., 1977.231, note G. Peiser).

Le gouvernement tient de l'article 3 de l'ordonnance du 2 nov. 1945 le pouvoir de regrouper un canton dont le conseiller général est renouvelable à la prochaine élection triennale avec un canton dont le représentant n'est renouvelable que 3 ans plus tard ; dans le cadre d'une telle opération, le conseiller général en fonctions représente les électeurs des deux cantons fusionnés, même ceux qui ne l'ont pas élu (C.E., 23 oct. 1985, *Commune d'Allos, Rec. Lebon*, p. 295 ; *A.J.D.A.*, 1986, n° 1, p. 33, concl. Roux). Ces remodelages ne sauraient avoir pour objet, ni pour effet, d'accroître les disparités démographiques existantes (C.E., 23 oct. 1985, *Pierratte et a., Rec. Lebon*, p. 296 ; *A.J.D.A.*, 1986, n° 2, p. 36, concl. Roux ; 28 janv. 1987, *Tanguy et Guillou, Rec. Lebon*, p. 18).

En cas de création de nouveaux cantons par division des anciens, le conseil général est tenu de procéder par voie de tirage au sort à la répartition des nouveaux cantons entre les deux séries, de manière que les renouvellements triennaux correspondent, aussi exactement que possible, à la moitié des effectifs de l'assemblée départementale (C.E., 19 déc. 1984, *Hethener et départ. de la Moselle, R.D.P.*, 1985, p. 840, concl. Lasserre ; *A.J.D.A.*, 1985.I, p. 76, chron. Hubac et Schoettl).

§ 2. — Fonctionnement.

Dès 1871, le législateur avait reconnu au conseil général des pouvoirs d'organisation qui appartiennent de droit à tout corps délibérant, mais un régime strict de sessions limitait l'autonomie de l'assemblée départementale. La loi du 2 mars 1982, modifiée par celle du 22 juillet 1982, prévoit un **système très libéral calqué sur celui du conseil municipal.**

A. — Réunions.

Désormais, en principe, le conseil général se réunit à l'initiative de son président au moins une fois par trimestre (art. 35, al. 2, L., 1982). L'année du renouvellement triennal, une réunion de plein droit doit se tenir le second vendredi qui suit le premier tour de scrutin (*ibid.*, art. 35, al. 3). En vertu de l'article 108 de la loi de 1982, le jour de cette première réunion a marqué le point de départ de la nouvelle instruction des affaires et en particulier de la nécessité pour le président d'adresser aux membres du conseil général un rapport préalable sur chaque affaire (C.E., ass. 2 déc. 1983, *Charbonnel et autres, Rec. Lebon*, p. 474, concl. Roux ;. *R.D.P.* 1985, p. 827, note de Soto). Au surplus, l'article 37 dispose que le Conseil général se réunit à la demande du bureau ou du tiers de ses membres (dans ce dernier cas, sur un ordre du jour déterminé et pour une durée maximum de deux jours) ; en cas de circonstances exceptionnelles, la réunion peut être décidée par décret.

La délibération par laquelle le conseil général décide le renvoi de la séance est une mesure d'ordre intérieur qui échappe au contrôle de légalité du juge administratif (C.E., Ass. 2 déc. 1983, *Charbonnel et autres, Rec. Lebon*, p. 474, concl. Roux).

B. — Quorum et majorité.

— Lors de la réunion de droit qui suit chaque renouvellement triennal, est exigée la présence des 2/3 des conseillers généraux. Si ce chiffre n'est pas atteint, la réunion se tient de plein droit trois jours plus tard et sans condition de quorum (art. 38, L., 1982).

— Pour les autres réunions, le conseil ne peut délibérer valablement qu'en présence de la majorité absolue des conseillers, faute de quoi une réunion se tient de plein droit trois jours plus tard, quel que soit le nombre des présents ; les délibérations du conseil général sont prises à la majorité absolue des suffrages exprimés (art. 41, *ibid.*).

C. — Organisation générale.

— Le conseil général a son siège à l'hôtel du département, mais il peut se réunir dans tout autre lieu choisi par le bureau.

— L'article 39 de la loi de 1982 confirme qu'il établit son règlement intérieur. Cette solution était admise par l'article 26 de la loi de 1871 et avait été adopté en avril 1963, par l'assemblée des présidents de conseils généraux, un règlement type destiné à servir de modèle ; évidemment il ne pouvait déroger à une procédure prévue par la loi (C.E., 30 mars 1966, *Elect. du vice-président du conseil général du Loiret, Rec. Lebon*, p. 248). L'adoption ou la modification du règlement intérieur sont insusceptibles de faire l'objet de recours pour excès de pouvoir (C.E., ass. 2 déc. 1983, *Charbonnel et a., Rec. Lebon*, p. 474, concl. Roux).

— Le conseil général entend le représentant de l'Etat dans le département soit après accord entre ce dernier et le président du conseil général, soit « sur demande du Premier ministre » (art. 36, L. 1982).

— Les séances sont publiques (art. 40, *ibid.*) sauf si la majorité absolue des conseillers présents ou représentés en décide autrement. Cette solution est traditionnelle, mais avait soulevé dans le passé des difficultés (C.E., 30 nov. 1979, *Parti de libération coloniale de la Guyane française, Rec. Lebon*, p. 441. — 21 mai 1982, *Dép. de la Guadeloupe, Rec. Lebon*, p. 183 ; *Dr. adm.*, 1982, n° 222).

— Un conseiller empêché a le droit de donner délégation à l'un des membres de l'assemblée départementale, mais chaque conseiller ne peut recevoir qu'une délégation (art. 44, *ibid.*).

D. — Dissolution.

— Les articles 35 et 36 de la loi du 10 août 1871 prévoyaient cette « révocation collective », mais entouraient l'exercice de la dissolution de sérieuses garanties (décret motivé, recours en annulation possible devant le juge administratif, communication de la mesure aux Chambres dans les plus brefs délais, fixation par le Parlement de la date des nouvelles élections et des modalités de gestion provisoire). Il s'agissait d'une forme de « **tutelle sur les personnes** ». Un seul précédent pouvait être cité : la dissolution du conseil général des Bouches-du-Rhône en 1874.

— Malgré la suppression affirmée par le législateur des tutelles administratives et financières pesant sur le département, l'article 43 de la loi du 2 mars 1982 dispose que, par décret motivé pris en conseil des ministres, le Gouvernement peut prononcer la dissolution d'un conseil général lorsque son fonctionnement se révèle impossible. Les garanties de procédure posées par la loi de 1871 sont conservées à deux modifications près : la réélection du conseil général doit intervenir dans le délai de deux mois ; le président est chargé de l'expédition des affaires courantes.

§ 3. — Compétences.

Pour présenter le plus simplement possible les pouvoirs juridiques dont se trouve aujourd'hui doté le conseil général, il convient de rappeler les grands traits du système antérieur (loi de 1871 et modifications postérieures jusqu'en 1982), puis d'examiner sur quels points les lois de décentralisation ont apporté des extensions de compétences.

A. — Compétences traditionnelles du conseil général.

En vertu de l'art. 46, 28e de la loi de 1871, le conseil général détient la compétence de principe pour délibérer de toutes les affaires qui intéressent le département. On ne mentionnera ici, de façon succincte, que les principales attributions dévolues à cette assemblée.

1. Création et fonctionnement de services publics.

Comme en matière communale, on doit distinguer :

a) Les services obligatoires (aide sociale — santé — entretien de la voirie). Dans ces divers domaines, la marge d'initiative du Conseil est assez réduite puisque, au cas où il refuserait de voter les crédits nécessaires, les sommes correspondantes seraient inscrites d'office au budget par décret pris sur rapport des ministres de l'Intérieur et des Finances.

b) Les services facultatifs — leur création n'est légale qu'à deux conditions (existence d'un intérêt local ; carence ou insuffisance de l'initiative privée), mais la jurisprudence est peu exigeante et interprète ces conditions de façon extensive (C.E., 26 oct. 1979, *Porentru, Rec. Lebon*, p. 731). Le principe d'égalité devant le service public doit être respecté ; les discriminations tarifaires non justifiées entraîneraient la censure du juge de l'excès de pouvoir. V. à propos des bacs à péage, C.E., 10 mai 1974, *Denoyez et Chorquès, A.J.D.A.*, 1974.II, n° 75, p. 311 ; *ibid.* I, p. 298, obs. Franc et Boyon) R.A. 1974, p. 440, note Fr. Moderne, G. D. Lachaume, p. 187 et s. ; Comp. C.E., sect., 16 févr. 1979, *C.A.D.I.O. et Bourcefranc, Rec. Lebon*, p. 64 ; *A.J.D.A.*, 1979, n° 9, p. 54, note M.-J. Milord-Texier ; D., 1980.210, note Duprat ; la loi du 12 juillet 1979 et T.A. Nantes, 10 janv. 1980, *Dubail, Rec. Lebon*, p. 720 ; T.A. Poitiers, 21 mai 1980, *C.A.D.I.O. et autres, Rec. Lebon*, p. 719.

2. Gestion du patrimoine.

a) Le domaine immobilier du département est parfois important. Mais certains immeubles doivent être entretenus par cette collectivité, puis obligatoirement et gratuitement mis à la disposition des services de l'Etat (palais de justice — prisons — écoles normales d'institutrices : C.E., 21 juill. 1970, *Lachaud et Aubineau, Rec. Lebon*, p. 510). Les accidents causés par un défaut d'entretien engagent la responsabilité du département (C.E., 24 janv. 1964, *Tallec, Rec. Lebon*, p. 44). Toutefois le conseil général ne tient d'aucun texte le pouvoir de fixer les lieux et les conditions d'utilisation des matériels et mobiliers affectés au fonctionnement des services de la préfecture (C.E. ass., 23 nov. 1976, *Soldani et a., Rec. Lebon*, p. 508).

b) L'article 66 de la loi de finances pour 1972 et un décret du 17 avril 1972 transfèrent au département l'entretien des routes nationales secondaires, après classement dans la voirie départementale. Les réticences intiales ont été surmontées : seuls 2 départements y restent hostiles (Bouches-du-Rhône, Essonne) et plus de 53 000 km sur un total de 55 000 ont été effectivement « déclassés ». En contrepartie de cette charge, l'Etat subventionne les départements.

3. Budget.

— Le vote du budget par le conseil général a été admis dès le XIXe siècle. C'est la plus importante des prérogatives reconnues à l'assemblée départementale.

— Les dépenses sont soit obligatoires, soit facultatives. Voirie et aide sociale correspondant aux postes les plus lourds (50 à 80 % du total).

— Les recettes sont principalement les impôts et taxes, les produits du domaine, les emprunts et les subventions de l'Etat.

— Le budget est exécutoire (L., 1871, art. 57 mod. par D.-L., 5 nov. 1926), mais cette règle comporte des dérogations (C.E., 7 nov. 1952, *Conseil général du Rhône, Rec. Lebon*, p. 494, concl. Chardeau). Le budget ordinaire et le budget supplémentaire n'ont à être approuvés que « si l'exécution du dernier exercice clos a fait apparaître un déficit de la section de fonctionnement ou un déficit global, compte tenu des restes à réaliser » (L. 1871, art. 46-24°, mod. par l'art. 88 de la loi du 29 déc. 1876).

4. Autres compétences.

Sans prétendre à l'exhaustivité, on peut citer les rubriques suivantes :

— Vœux, à l'exclusion des vœux politiques.

— Tutelle sur les communes (foires et marchés, chemins vicinaux).

— Elaboration du statut des fonctionnaires départementaux, création et suppression d'emplois, et même de corps (C.E., 26 mai 1978, *Synd. nat. des personnels de l'action sanitaire et sociale C.F.D.T., Rec. Lebon*, p. 217 ; *R.D.P.*, 1978, p. 1466, concl. Théry).

— Consultation obligatoire sur les diverses opérations de regroupement communal et la création d'agglomération nouvelle (v. *supra*, Deuxième partie, Chap. 2 et 3).

— Consultation obligatoire en matière de planification et de programmation des équipements pèblics (D., n° 70-43 du 13 janv. 1970) : « Le conseil général est associé à la préparation des programmes d'équipements collectifs établis en vue de l'élaboration du Plan national de développement économique et social et de ses programmes régionaux ». Dans ce but, le préfet devait recueillir l'avis du Conseil lors de la phase préparatoire quant aux priorités à fixer entre les investissements publics à effectuer dans le département.

Comme on l'a précisé, ce tableau des « compétences traditionnelles » ne correspond plus au droit positif depuis 1982.

B. — Compétences « nouvelles ».

La formule « compétences nouvelles » est partiellement impropre en ce que les questions étudiées ici correspondent soit à un ensemble de pouvoirs dévolus au département par les lois de décentralisation de

1982-1984 et que le Conseil général n'exerce que pour partie (v. *infra*, 1 et 2), soit à un exercice nouveau de pouvoirs qui appartenaient déjà au conseil général depuis 1871. En bref la « nouveauté » n'est ni spécifique, ni radicale.

1. Interventionnisme économique et social.

a) Dans la loi du 2 mars 1982, les articles 48 et 49 concernant les départements reproduisaient à l'identique les articles 5 et 6 relatifs aux pouvoirs des communes. La loi n° 88-13 du 5 janvier 1988 a fait disparaître cette ressemblance, mais, à la différence des communes, les départements gardent le droit d'accorder des aides directes ou indirectes aux entreprises, en complément des interventions des régions. Ce qui conduit à nuancer les développements précédents sur les services publics facultatifs (*infra*, p. 113).

b) Parmi une jurisprudence abondante (C.E., 4 juill. 1984, *Départ. de la Meuse, R.D.P.*, 1985, p. 199, note de Soto ; *R.F.D.A.*, 1984, n° 0, p. 58, note Douence ; 6 juin 1986, *Départ. de la Côte d'Or, Rec. Lebon*, p. 156 ; *A.J.D.A.*, 1986, n° 118, p. 594, obs. J. Moreau ; 27 juin 1986, *Com. de la République des Pyrénées Atlantiques, Rec. Lebon*, p. 180 ; *R.F.D.A.*, 1986, n° 5, p. 804, note Douence ; *A.J.D.A.*, 1986, n° 137, p. 654, obs. J. Moreau.

2. Suppression de la tutelle sur les communes.

Elle est remplacée par des mécanismes d'aide facultative (art. 23, al. 2). L'article 32 précise qu'une **agence départementale**, dotée du statut d'établissement public, peut être créée en vue d'apporter « une assistance d'ordre technique, juridique ou financier ».

3. Pouvoirs électifs.

La loi de 1871 donnait au conseil général le droit d'élire président et membres du bureau. Elle avait été complétée par une loi du 22 juin 1979. Existait en ce domaine un contentieux récent. Ce pouvoir est devenu beaucoup plus important depuis que le département possède un exécutif élu (v. *infra*, sect. 3 ; — art. 24, al. 1er, L., 2 mars 1982, mod. par art. 9-III et IV, L., 22 juill. 1982).

4. Le budget.

L'élaboration, la discussion, l'adoption et l'exécution du budget, du département ont été sensiblement modifiées par la loi de décentralisation du 2 mars 1982, notamment en ce que la tutelle financière est considérée comme supprimée (art. 50 à 55). Le conseil général dispose en la matière de compétences analogues à celles que possède le conseil municipal sur le budget communal (Cf. Circ. 19 avr. 1983 : *J.O.*, 31 mai). La liste des informations indispensables à communiquer au Conseil général est dressée dans le D., n° 82-1132 du 29 déc. 1982.

Sur les concours financiers de l'Etat au département, V. Première partie, chapitre III.

5. Dons et legs. — Le conseil général statue sur l'acceptation des dons et legs faits au département (art. 13-V, L. 22 juill. 1982, complétant l'article 58-II de la loi du 2 mars 1982 et modifiant l'article 53 de la loi de 1871.

6. *Compétences de l'Etat transférées au département* : V. Première partie, chapitre 2.

Section III. — **Le président du conseil général
et le bureau**

L'exécutif élu du département est à l'évidence le principal bénéficiaire des réformes opérées en 1982. Le président du conseil général et, à un moindre degré, le bureau héritent en effet des pouvoirs naguère dévolus au préfet et à la Commission départementale.

§ 1. — Désignation du président du conseil général.

Dans un passé récent, et alors que le président du conseil général n'était titulaire que de compétences fort limitées, les modalités de son élection avaient déjà suscité des difficultés (L. n° 79-842 du 22 juin 1979 complétant l'art. 25 de la loi du 10 août 1871 ; C.E., 23 janv 1980, *Sacrez, Rec. Lebon*, p. 737, T.A. Amiens 26 juin 1979, *Elect. du président du conseil général de la Somme, Rec. Lebon*, p. 521). — Les règles actuellement en vigueur ont été posées par la loi du 2 mars 1982 et la loi complémentaire du 22 juillet.

1. Le **principe de l'élection** du président est inscrit au chapitre « des institutions départementales » de la loi de décentralisation (art. 24).

2. Les **modalités** touchant au calcul du quorum et de la majorité sont précisées à l'article 38, retouché par l'article 9-III et IV de la loi du 22 juillet 1982. L'élection a lieu lors de la réunion de droit qui suit chaque renouvellement triennal ; la majorité absolue des membres du Conseil est requise aux deux premiers tours de scrutin ; au troisième tour l'élection se fait à la majorité relative et, en cas d'égalité des voix, elle est acquise au bénéfice de l'âge ; il n'est pas nécessaire que le président ainsi élu ait fait acte de candidature aux tours précédents (C.E., 28 sept. 1983, *Bierge, Rec. Lebon*, p. 387 ; *Dr. adm.*, 1983, n° 413).

3. Sauf interruption imprévue, la durée du mandat présidentiel est de **trois ans** (art. 38).

4. En cas de vacance du siège du président, ses fonctions sont provisoirement exercées par un vice-président, dans l'ordre des nominations ou, à défaut, en cas de démission collective, par un conseiller désigné par le conseil (art. 33, mod.). En cas de démission du président, le bureau de l'assemblée départementale doit être renouvelé en totalité dans un délai de un mois ; est par conséquent illégal le remplacement du seul président (T.A. Montpellier, 30 avr. 1982, *Gache, Rec. Lebon*, p. 482). En cas de dissolution du conseil général, de démission ou d'annulation de l'élection de tous ses membres, l'article 43 de la loi du 2 mars 1982 dispose que le président est chargé de l'expédition des affaires courantes, mais que les décisions ne sont alors exécutoires qu'avec l'accord du représentant de l'Etat dans le département.

§ 2. — Compétences du président du conseil général.

Avant la réforme de 1982, le président de l'assemblée départementale était cantonné dans des fonctions de représentation honorifiques ou protocolaires et l'on sous-estimait son rôle réel à cause des ombres projetées par la présence du préfet et l'existence de la Commission départementale. Le législateur de 1982, reprenant l'idée posée par l'article 87 de la Constitution de 1946 mais restée lettre morte, fait du président le titulaire du pouvoir exécutif dans le département un peu à la manière du maire, exécutif élu de la collectivité communale.

A. — Pouvoirs de l'exécutif départemental.

L'article 25 de la loi de décentralisation, avant d'énumérer dans ses alinéas successifs les principales compétences dévolues à l'exécutif élu, pose le nouveau principe : « le président du conseil général est l'organe exécutif du département » et l'article 31 complète cette formule en précisant qu'il est « seul chargé de l'administration ». Il faut en tirer les applications suivantes.

1. Il prépare et exécute les délibérations du conseil général (art. 25) mais une délibération du bureau, postérieure de quatre mois à la signature d'un marché, ne peut servir de base juridique à ce dernier (T.A. Poitiers, 9 nov. 1983, *Commissaire de la République de la Vienne, Rec. Lebon*, p. 716). Il certifie, sous sa responsabilité le caractère exécutoire des actes des autorités départementales (art. 45, L., 2 mars 1982, mod. par art. 5, L., 22 juill. 1982).

2. A sa demande il est informé par le représentant de l'Etat dans le département de l'intention de ce dernier de ne pas déférer au tribunal administratif un acte des autorités départementales ; il est aussi informé sans délai de la saisine du juge administratif par le préfet (art. 46, mod.).

3. Il est ordonnateur des dépenses et prescrit, sauf texte contraire du C.G.I., l'exécution des recettes du département. Lorsque le conseil général n'a pas spécifié que les crédits du budget sont spécialisés par article, le président peut effectuer les virements d'article à article à l'intérieur du même chapitre dans la limite du 1/5 de la dotation de ce chapitre. Il peut réquisitionner le comptable du département (art. 55).

4. Il est le chef des services du département et, à ce titre, peut opérer des délégations de signature en faveur des chefs de service, sous sa surveillance et sa responsabilité (art. 25).

5. Il gère le domaine du département et est titulaire, en cette qualité, des pouvoirs de police domaniale (art. 25). Pour une application (C.E., 15 janv. 1988, *Association foncière de Semoutiers et a., A.J.D.A.*, 1988, n° 71, p. 406, obs. Prétot).

6. Il peut déléguer, comme il l'entend, ses compétences à ses vice-présidents ou à tout membre du conseil général (art. 31).

7. L'article 42 l'oblige à adresser, sur chaque affaire, 8 jours au moins avant la réunion du conseil général, à chaque conseiller, un rapport écrit. En vertu de l'article 108 de la loi de 1982, cette disposition est applicable dès la première réunion qui a suivi les élections cantonales de mars 1982 (C.E., ass. 2 déc. 1983, *Charbonnel et a., Rec. Lebon*, p. 474, concl. Roux). Mais n'a pas à être précédée d'un « débat » la réunion a cours de laquelle, sans arrêter ni voter le budget du département, le conseil général envisage seulement les options budgétaires essentielles et les conditions de l'équilibre (T.A. Nice, 11 juill. 1984, *Charvet, Rec. Lebon*, p. 615). Il doit rendre compte, chaque année, par un rapport spécial de la situation générale

et financière du département, de l'activité et du financement de services et de l'état d'exécution des délibérations du conseil général.

8. L'article 43 lui confère la charge d'expédier les affaires courantes en cas de dissolution, de démission générale ou d'annulation définitive de l'élection du conseil général.

9. Enfin l'article 13-IV de la loi complémentaire du 22 juillet 1982 lui confie le soin d'intenter les actions au nom du département en vertu d'une décision du conseil général : sur l'avis conforme du bureau, il est habilité à défendre à toute action intentée contre le département. Toutefois cette disposition n'oblige pas un tribunal administratif à procéder à une nouvelle instruction, dans le cadre d'un litige où le département était auparavant représenté par le préfet (T.A. Strasbourg, 25 nov. 1982, *Commune de Fameck, Rec. Lebon*, p. 616). Il peut faire tous actes conservatoires et interruptifs de déchéance. L'article 13-X, ajoute qu'il est habilité à recevoir et authentifier, en vue de leur publication au bureau des hypothèses, les actes concernant les droits réels immobiliers ainsi que les baux passés en la forme administrative par le département.

Cette liste de pouvoirs est impressionnante, mais le président serait dans l'impossibilité pratique de mettre en œuvre les compétences que la loi lui attribue sans l'aide des services. Peu de départements en possédaient en 1982 d'assez nombreux ; des palliatifs provisoires ont donc été prévus.

B. — Attributions particulières.

Le transfert au président du conseil général d'importantes compétences ne pouvait devenir réalité qu'à la condition que cet exécutif élu détienne désormais les moyens corespondants. Parmi ces derniers, et dans l'attente d'une réforme financière, figurent *agents publics et services administratifs*. Leur *mise à la disposition* du président devait être quasi-immédiate, — pour écarter tout risque de résurrection de la tutelle — et ne pouvait être que provisoire, — dans la perspective quasi-certaine à court terme d'une redistribution des compétences de l'Etat au bénéfice des collectivités territoriales.

Les articles 26 et 27 de la loi du 2 mars 1982 convient à distinguer deux cas.

1. Nouvelle organisation des services de la préfecture. L. 82-213, art. 26, D., n° 82-243 du 15 mars 1982 portant approbation de la convention-type, Circ. du 16 mars 1982 : J.O., 19 mars).

— C'est par **convention** signée par le représentant de l'Etat dans le département et le président du conseil général que la nouvelle organisation des services de la préfecture est déterminée. L'opération doit allier la souplesse, indispensable pour qu'il soit tenu compte des circonstances locales, et une certaine rigueur puisque la convention doit être élaborée et conclue avant le 3 juin 1982, qu'elle doit être élaborée et conclue avant le 3 juin 1982, qu'elle doit être approuvée par arrêté ministériel, et que les possibilités de dérogation à l'acte-type annexé au décret du 15 mars sont réduites. Le problème à régler est délicat, car il convient de réorganiser des services administratifs de manière à faciliter le plein exercice de ses compétences pour l'exécutif départemental, sans pour autant désorganiser les services de l'Etat ; vu leur enchevêtrement initial, un nouvel équilibre n'est pas facile à trouver.

Le seul cas connu de graves difficultés est celui du département de la Meuse où la liste des services transférés a été fixée par décret (D., n° 83-873 du 30 sept. 1983).

— Cette convention a un caractère réglementaire. Par conséquent le commissaire de la République est recevable à demander l'annulation d'une décision du bureau du conseil général qui en aurait méconnu la portée (T.A. Strasbourg, 13 déc. 1983, *Commissaire de la République de la Moselle, Rec. Lebon*, p. 576, C.E. 3 déc. 1986, *Départ. de la Moselle, Rec. Lebon*, p. 518).

— Les nouveaux modes d'organisation sont multiples. Parfois on opère par **transfert immédiat** au département de services ou de parties de services : cette technique couvre les compétences ou attributions proprement départementales (préparation ou exécution directe des délibérations du conseil général ; affaires budgétaires ; patrimoine et voirie ; action économique, sociale, scolaire, culturelle ... et aides financières). Parfois le **transfert** ne peut être que **progressif**, ses modalités et ses étapes sont alors précisées dans une annexe à la convention (recrutement, gestion et formation du personnel). Dans d'autres cas, les textes prévoient un **nécessaire partage des moyens** (garage, service intérieur, imprimerie, accueil), une **direction conjointe** ou une **mise à disposition réciproque** (informatique, transmissions, courrier, locaux sauf pour les questions de sécurité). Enfin les autres services non visés par la convention restent placés sous l'autorité du préfet.

— Pour les personnels, qui gardent en tout cas leur statut initial (art. 28, L. ; art. 11, convention-type), sont dressés conjointement une nomenclature des emplois divisés par catégorie et par service affectataire et un tableau des agents classés par catégorie et selon la collectivité dont ils relèvent. De leur confrontation résultent des mises à disposition réciproques ; les mesures individuelles d'application sont décidées d'un commun accord par les autorités compétentes après avis de la commission administrative paritaire. Dans l'avenir immédiat, la gestion du personnel est partagée en fonction de l'emploi occupé et du corps auquel appartient l'agent.

2. Mise à disposition des services extérieurs de l'Etat L. 82-213, art. 27 (D., n° 82-332 du 13 avr. 1982, Circ. du 2 juin 1982 : *J.O.*, 4 juin).

— La mise à la disposition du président du conseil général des services extérieurs de l'Etat est « **de droit** » pour ceux qui sont soumis en vertu du décret du 10 mai 1982 à l'autorité directe du préfet ; l'opération s'effectue à la demande du président et après désignation faite par le représentant de l'Etat dans le département. La circulaire du Premier ministre du 26 avril 1983 (*J.O.*, N.C. du 28 avr., p. 4108) rappelle avec énergie l'obligation faite à ces personnels de rester placés sous l'autorité unique du préfet et de ne pas négocier avec les élus départementaux, lors de la préparation du budget, l'inscription des crédits jugés nécessaires.

— Pour les services juridictionnels et pour les services dont les missions sont énumérées (éducation au sens large, inspection de la législation du travail, paiement des dépenses, assiette et recouvrement de l'impôt, domaines, statistiques), ils ne peuvent pas être mis **globalement** à disposition mais doivent comme les autres collaborer avec l'exécutif élu de manière à lui permettre de remplir ses tâches.

3. Mise à disposition et partition de certains services extérieurs de l'Etat (L. n° 83-80 du 7 janv. 1983 ; D. n° 84-80 du 31 janv. 1984 et n° 88-300 du 28 mars 1988). La loi du 7 janvier 1983, relative aux transferts de compétences, prévoit, dans son article 8, une partition à terme de certains services extérieurs de l'Etat, correspondant aux secteurs de compétences transférées. Le décret n° 84-80 du 31 janvier 1984 a donc modifié et complété le décret du 13 avril 1982 ; à son tour le décret n° 88-300 du 28 mars 1988 apporte quelques retouches aux textes précédents. La convention annuelle de mise à disposition doit être conclue en principe avant le 31 mars ; mais, en l'absence de mesures de réorganisation des services concernés ou de demande expressément formulée par l'un des co-signataires, la convention est réputée reconduite pour l'année suivante.

— En 1983, le délai prévu pour la réalisation des opérations de partage de services (qui commande le délai d'option des agents mis à disposition) avait été fixé à **deux ans**, à compter du jour de publication de la loi relative à la fonction publique territoriale : soit donc un terme fixé au 27 janvier 1986. En raison de la complexité des procédures, ce délai a été porté à **cinq ans** (soit le 27 janvier 1989). En outre une fois le partage réalisé, les dépenses de personnel et de matériel correspondantes doivent être réparties entre l'Etat et les départements sur la base de la loi 85-1098 du 11 octobre 1985.

— La situation est la suivante.

Pour les services extérieurs du ministère des **affaires sociales** (D.D.A.S.S.), le partage est achevé depuis l'été 1987 (D. n° 84-931 du 19 oct. 1984 ; prise en charge financière selon le D. n° 86-1403 du 31 déc. 1986). V. Ph. Ligneau, *R.D.S.S.*, 1986, n° 1, p. 90.

Pour les services extérieurs du ministère de l'**équipement** (D.D.E.), la solution est moins avancée (au 1er octobre 1987, 54 conventions de partage signées) en raison des critiques suscitées par le D. n° 85-812 du 31 oct. 1985, qui a été abrogé et remplacé par le D. n° 87-100 du 13 févr. 1987. V. J. F. Auby, *R.F.D.A.*, 1986, n° 1, p. 48 et 1987, n° 5, p. 783.

Pour les services extérieurs du ministère de l'**agriculture** et de la forêt (D.D.A.), l'opération commence : D. n° 88-477 du 29 avril 1988 et Circ. 2 mai 1988 (*J.O.*, 8 mai).

Enfin pour les services extérieurs du ministère de l'**éducation nationale**, les difficultés sont telles que l'on reste au stade des avants-projets !

— Les fonctionnaires de l'Etat mis à disposition conservent leur statut, mais il a été jugé qu'ils sont électeurs au comité technique paritaire du département (C.E., 13 nov. 1987, *Féd. des syndicats des services des départements et des régions C.G.T./F.O.*, *Rec. Lebon*, p. 359 ; *A.J.D.A.*, 1988, n° 31, p. 221, concl. Robineau). Ce seul exemple montre le caractère hybride de leur situation.

§ 3. — Le bureau du conseil général.

La disparition de la Commission départementale et l'élargissement considérable des pouvoirs du président du conseil général expliquent pourquoi c'est la loi elle-même, et non plus comme avant 1982 le règlement intérieur de l'assemblée départementale, qui régit la composition et les pouvoirs du bureau.

A. — Composition.

1. L'article 24 de la loi du 2 mars 1982, après avoir indiqué que les membres du bureau sont élus par le conseil général dispose qu'il est composé de « quatre à dix vice-présidents et éventuellement d'un ou plusieurs autres membres ». Ces règles encadrent le pouvoir d'auto-organisation qui appartient au conseil général comme à toute assemblée délibérante.

2. Dans sa rédaction initiale, la loi prévoyait en outre que la même procédure était applicable à l'élection du président et à la désignation des autres membres du bureau (art. 24, al. 1er) : réunion de plein droit le second vendredi suivant le premier tour des élections cantonales — présidence du doyen d'âge — règles particulières de quorum et de majorité.

3. La loi du 22 juillet 1982 opère notamment une retouche de détail, mais très significative (art. 9-IV). Désormais l'élection des membres du bureau doit s'effectuer sous la présidence du président du conseil général nouvellement élu.

4. La durée des pouvoirs du bureau est de trois ans. Ils expirent à l'ouverture de la réunion de plein droit — qui suit le renouvellement triennal (art. 35, al. 4, mod. par art. 9-II). Le renouvellement du bureau doit aussi avoir lieu en cas de vacance du siège de président (T.A. Montpellier, 30 avr. 1982, *Gache, Rec. Lebon*, p. 482) ou de démission collective des vice-présidents, un mois après l'élection complémentaire (art. 33) ou après dissolution ou annulation de l'élection de tous les membres du conseil général (art. 43).

Mais un membre du bureau, irrégulièrement élu, reste légalement investi tant que son élection n'a pas été annulée (C.E., ass. 2 déc. 1983, *Charbonnel et a., Rec. Lebon*, p. 474, concl. Roux).

B. — Pouvoirs du bureau ou de ses membres.

1. Le conseil général a le droit de déléguer au bureau telle ou telle de ses attributions, à l'exception du « pouvoir budgétaire » visé aux articles 50 à 52 de la loi du 2 mars 1982 (art. 24, al. 3). C'est un cas assez rare de délégation de pouvoirs à un organe collégial inspiré par le précédent de la Commission départementale.

Dans le cadre de ces délégations, le bureau ne saurait légalement déroger aux règles antérieurement posées par le conseil général ; dans le cas contraire, l'annulation serait prononcée pour incompétence (cf. T.A. Orléans, 31 mars 1983, *Commissaire de la République du Loiret, Rec. Lebon*, p. 716). Il ne pourrait non plus subdéléguer ses pouvoirs au président sans avoir fixé le cadre de principes nécessaires à la prise de mesures d'exécution (C.E.,

22 nov. 1985, *Com. de la République du Maine-et-Loire, Dr. adm.*, 1986, n° 25).

2. Le président du conseil général peut déléguer, par arrêté, sous sa surveillance et sa responsabilité, l'exercice d'une partie quelconque de ses fonctions. Ces délégations peuvent être rapportées, comme celles du maire à ses adjoints. L'article 31 n'est pas limitatif mais prévoit que ces éventuels transferts bénéficieront en priorité aux vice-présidents.

Section IV. — **Le Préfet** (1)

Jusqu'aux réformes réalisées en 1982, le préfet jouait dans le cadre du département un rôle déterminant, qui n'avait pas changé fondamentalement depuis la création du corps par Bonaparte en l'an VIII. Par l'effet du phénomène appelé « **dédoublement fonctionnel** », le préfet agissait en ces deux qualités :

— dans le département circonscription administrative, le Préfet représente le pouvoir central et, à ce titre, il est le chef de l'administration générale du département. C'est en quelque sorte le **symbole de la politique de déconcentration** confirmée notamment par les décrets du 14 mars 1964 ;

— dans le département collectivité territoriale, il incarne au contraire l'**organe exécutif** puisque les auteurs de la loi du 10 août 1871 avaient reculé devant les conséquences ultimes de la décentralisation et adopté un étrange compromis : à une assemblée élue correspondait un exécutif nommé — au conseil général, législatif délibérant, faisait pendant un haut fonctionnaire de l'Etat titulaire des fonctions exécutives.

Depuis la loi du 2 mars 1982 et le décret du 10 mai 1982, succède au préfet le commissaire de la République. Avec la disparition officielle de la tutelle administrative et financière, le dédoublement fonctionnel n'a plus de raison d'être ; est-ce à dire que le commissaire de la République possède moins de pouvoirs que son prédécesseur ? La réponse n'est pas évidente, puisque la décentralisation, qui lui retire logiquement des compétences, s'accompagne d'une déconcentration qui lui en confère de nouvelles par rapport à celles de 1964. V. en ce sens circ. du 5 décembre 1986 (*J.O.*, 24 déc.) relative au code de conduite des administrations centrales en matière de déconcentration.

§ 1. — **Rôle et collaborateurs directs.**

Le décret n° 82-839 du 10 mai 1982 et la circulaire interprétative du 12 juillet 1982 (*J.O.*, 13 juill.) reprennent pour l'essentiel les formules qui figuraient déjà dans les textes antérieurs et notamment dans le décret n° 64-250 du 14 mars 1964 désormais abrogé. L'innovation, plutôt formelle, est celle qui

_____

(1) Le décret n° 88-199 du 29 février 1988 dispose que dans tous les textes réglementaires les termes « commissaire de la République » et « commissaire-adjoint de la République » sont remplacés par les termes « préfet » et « sous-préfet ». Si pourtant a été conservée, dans les développements de cette section, l'appellation « commissaire de la République », c'est pour mieux mettre en évidence les changements qu'apporte le décret du 10 mai 1982.

consiste à « codifier », dans le décret relatif à l'organisation des services de l'Etat dans les départements et aux pouvoirs des commissaires de la République, la liste de leurs proches collaborateurs.

A. — Rôle et statut.

Le commissaire de la République est un haut fonctionnaire, nommé par décret du Président de la République pris en Conseil des ministres (art. 13, Constitution 1958 qui ne vise évidemment que les préfets, D., n° 64-805 du 29 juill. 1964 fixant les dispositions réglementaires applicables aux préfets, mod. not. par D., n° 82-1101 du 23 déc. 1982). L'article 1er du décret du 10 mai 1982 dessine les contours de son « rôle » en même temps qu'il énumère les grandes catégories de pouvoirs qui lui sont dévolus :

« Le représentant de l'Etat dans le département porte, le titre de commissaire de la République. Il est dépositaire de l'autorité de l'Etat dans le département. Délégué du Gouvernement, il est le représentant direct du Premier ministre et de chacun des ministres.

Il dirige sous leur autorité les services des administrations civiles de l'Etat, dans les conditions définies par le présent décret.

Il a la charge des intérêts nationaux, du respect des lois et de l'ordre public. Il veille à l'exécution des règlements et des décisions gouvernementales.

Il exerce les compétences précédemment dévolues au préfet du département ».

B. — Collaborateurs directs.

Les articles 4 et 5 du décret énumèrent les fonctionnaires qui assistent directement le commissaire de la République dans l'exercice de ses fonctions.

Il s'agit du secrétaire général, des chefs de services extérieurs de l'Etat et des commissaires adjoints de la République (ex. sous-préfets d'arrondissements). Le texte ajoute à cette énumération le directeur de cabinet, éventuellement le ou les chargé(s) de mission, et dans les départements les plus peuplés, le commissaire de la République délégué pour la police.

Enfin l'article 17 confirme la faculté offerte au commissaire de la République de leur donner des délégations de signature.

§ 2. — Principaux pouvoirs dévolus au commissaire de la République.

On a déjà observé qu'il était simpliste de résumer les réformes de 1982 par une réduction des pouvoirs détenus par le représentant de l'Etat dans le département. Certes, sur deux points, la mutation opérée se traduit par une diminution de compétences (la tutelle s'est transformée en « contrôle administratif » et les pouvoirs du préfet, exécutif départemental, ont été transférés au président du conseil général). Mais c'est trop peu dire que, dans les autres domaines, le commissaire de la République hérite de ceux du préfet ! La déconcentration réalisée au bénéfice du département ne peut profiter qu'à son chef.

A. — Le commissaire de la République, représentant de l'Etat dans le département.

Cette formule, qui débute tant l'article 34 de la loi du 2 mars 1982 que l'article 1er du décret du 10 mai 1982, n'est claire qu'en apparence. Elle conduit parfois à conférer au successeur du préfet des compétences ou attributions précises (2°), mais rapprochée de certaines expressions synonymes ou analogiques, elle suggère dans d'autres cas plus qu'elle ne définit (1°).

1° De façon générale et abstraite, la représentation de l'Etat, dans le département, par le commissaire de la République fait de ce haut fonctionnaire :

— « le dépositaire de l'autorité de l'Etat » (sur les origines coloniales de cette formule « qui broche sur une métaphore, une allégorie ... ». V. H. Vidal, *Mélanges Pierre Tisset*, Montpellier 1970, p. 447-457).

— « le représentant **direct** du Premier ministre et de chacun des ministres ». Il est donc en cette qualité le « délégué du Gouvernement » et il est logique que lui soit confiée la direction des services administratifs de l'Etat qui ont le département pour cadre (art. 34-I, al. 2, L., 2 mars 1982).

— « il a la charge des intérêts nationaux, du respect des lois... Il veille à l'exécution des règlements et des décisions gouvernementales ». Les expressions expliquent bien pourquoi à ce titre il est le supérieur hiérarchique des maires agissant comme agents de l'Etat et pourquoi il peut leur adresser circulaires ou injonctions (cf. *supra*, p. 39) indépendamment de tout rapport de tutelle et même depuis l'abolition de celle-ci. Elles permettent aussi d'établir un lien avec le « contrôle administratif » (v. *infra*, B).

2° Plus concrètement, le commissaire de la République est

— autorité de police générale dans le département, outre les nombreux pouvoirs de police spéciale dont il est titulaire. Le décret du 10 mai spécifie seulement qu'il doit veiller au respect de l'ordre public ; l'article 34-III de la loi est plus explicite et lui réserve une compétence exclusive « pour prendre les mesures relatives au bon ordre, à la sûreté, à la sécurité et à la salubrité publiques dont le champ d'application excède le territoire d'une commune » ;

— autorité compétente pour conclure au nom de l'Etat toute convention avec une autre personne morale de droit public (D., 10 mai 1982, art. 10) ;

— autorité compétente pour représenter l'Etat auprès des sociétés, entreprises et organismes qui bénéficient du concours financier de l'Etat et dont l'action ne dépasse pas les limites du département (D., 10 mai 1982, art. 12) ;

— autorité exclusivement compétente pour s'exprimer au nom de l'Etat devant le Conseil général (L., 2 mars 1982, art. 34, I, al. 3).

— président de droit de toutes les commissions administratives qui intéressent les services de l'Etat dans le département, à l'exception des organismes juridictionnels ou disciplinaires (D., 10 mai 1982, art. 13).

— le centre des circuits d'information et des réseaux de correspondances existants ou à créer, dans le cadre du département, entre les maires, d'une part (L., 2 mars 1982, art. 34-II) les services centraux et les services extérieurs, d'autre part (D., 10 mai 1982, art. 18 à 21).

B. — Le commissaire de la République, titulaire des pouvoirs de contrôle administratif.

Le substitut d'une tutelle administrative et financière officiellement abrogée par la loi du 2 mars 1982, modifiée, est rappelé à deux reprises à l'article 34-I, la première fois, sous forme de brève allusion ; la seconde par la formule : « il veille à l'exercice régulier de leurs compétences par les autorités du département et des communes ».

La rédaction de l'article 2 du décret du 10 mai n'est pas non plus sans reproche qui dispose :

« Le commissaire de la République assure le contrôle administratif des communes, des (!) département(s) ! et de leurs établissements publics qui ont leur siège dans le département. Il assure également, sous réserve des dispositions de l'article 7 ci-dessous, le contrôle administratif des établissements et organismes publics de l'Etat dont l'activité ne dépasse pas les limites du département ».

Sur l'ensemble de la question, v. *supra*, Première Partie, Chapitre I.

C. — Le commissaire de la République, chef direct des services extérieurs de l'Etat dans le département.

Tout en renforçant l'autorité du préfet sur les services extérieurs de l'Etat, dont le cadre normal d'action est la circonscription départementale, l'article 2 du décret n° 64-250 du 14 mars 1964 lui confiait seulement le soin d'« animer » et de « coordonner » les services et « d'assurer la direction générale de l'activité des fonctionnaires » y travaillant.

La formule utilisée par l'article 1er alinéa 2 du décret du 10 mai 1982 est plus lapidaire : **le commissaire de la République dirige.** Il faut commenter cette innovation avant de déterminer à quels services départementaux elle s'applique et quels sont les moyens qui lui correspondent.

1. Les auteurs du décret du 10 mai n'ont pas craint, pour être bien compris, la répétition. Ainsi les termes sans équivoque de l'article premier précité sont-ils repris et explicités par l'article 6 dont la clarté paraît défier tout commentaire :

« Le commissaire de la République prend les décisions dans les matières entrant dans le champ des compétences des administrations civiles de l'Etat exercées à l'échelon du département.

Il dirige, sous l'autorité de chacun des ministres concernés, les services extérieurs des administratives civiles de l'Etat dans le département. Il a autorité directe sur les chefs des services, les délégués ou correspondants de ces administrations, quelles que soient la nature et la durée des fonctions qu'ils exercent ».

Les intentions du réformateur sont donc fort nettes : la déconcentration profite au commissaire de la République et non pas aux chefs de service. Le successeur du préfet décide, dirige et commande. La circulaire du 12 juillet explique d'ailleurs que l'unité de la représentation de l'Etat est un principe complémentaire de la décentralisation : les exécutifs élus de la région, du département ou de la commune ne doivent compter, pour agir avec efficacité, qu'avec un interlocuteur capable d'engager l'Etat ; au niveau du département, ce partenaire unique ne peut être que le commissaire de la République. Par ex. en matière de délivrance de titres de travail aux étrangers (C.E., 22 mars 1985, *min. Intérieur et décentralisation c. Dia, Rec. Lebon*, p. 89).

2. En 1982 comme en 1964, et sur les mêmes points, les textes apportent à la règle précédente d'inévitables exceptions. Ces missions ou services qui pour des raisons diverses échappent à l'autorité directe du commissaire de la République sont :

— les administrations militaires puisque l'article 6 ne vise que les administrations « civiles » de l'Etat. L'article 11 du décret dispose cependant que le commissaire de la République garde la responsabilité de l'organisation de la défense, de la préparation et de l'exécution des mesures qui s'y rattachent en tant qu'elles n'ont pas le caractère militaire ; il est par ailleurs informé de toutes les affaires importantes (cf. D., n° 83-321 du 20 avr. 1983, art. 2 et 13) ;

— L'action éducative au sens large et la gestion des personnels et des établissements correspondants, l'inspection de la législation du travail, le paiement des dépenses, l'assiette et le recouvrement des impôts et recettes publique, les statistiques (art. 7) ;

— les postes, télécommunications et télédiffusion, compte tenu de l'organisation particulière de ces services (art. 8, décret d'application n° 82-636 du 21 juill. 1982) ;

— les organismes ou missions à caractère juridictionnel et l'ensemble des services du ministère de la Justice.

3. Dans le cadre des services sur lesquels il a autorité directe, le commissaire de la République possède les instruments juridiques et financiers, les moyens disciplinaires ou matériels indispensables à leur bonne marche. Outre le monopole des correspondances et le réseau d'informations déjà cités, on doit relever qu'il est :

— le délégataire des pouvoirs des ministres (art. 14) ;

— **l'unique ordonnateur secondaire** (art. 15) ;

— le responsable de la gestion du patrimoine immobilier et des matériels (art. 15) ;

— l'autorité de notation des chefs des services et qu'il doit être informé de toute mesure individuelle les concernant.

D. — Rôle spécifique du commissaire de la République en matière financière, économique et sociale.

Ce rôle est défini au chapitre IV (art. 22 à 24) du décret du 10 mai 1982. Il comporte deux aspects distincts. D'une part, le commissaire de la République met en œuvre les mesures prises par l'Etat dans le cadre du Plan ou en matière d'aménagement du territoire. D'autre part, il doit être obligatoirement consulté sur les demandes d'aide instruites par les services de l'Etat pour les investissements, développement ou restructuration d'entreprises et sur les décisions prises au nom de l'Etat à l'égard des entreprises dont la situation est de nature à affecter l'équilibre du marché local de l'emploi. La circulaire précitée du 5 décembre 1986 insiste *in fine* sur l'importance de ces pouvoirs financiers et économiques de l'unique représentant de l'Etat dans le département.

Les réformes contenues dans le décret du 10 mai 1982 ne pourront manquer d'avoir, par contre-coup, des incidences sur l'ensemble de la structure des administrations de l'Etat. Aussi le chapitre V du texte prévoit-il notamment deux séries de mesures : création d'un comité interministériel de l'administration territoriale (art. 25 et 26), fer de lance de la poursuite de la politique de déconcentration — suppression des administrations de mission ou des commissions administratives créées par voie réglementaire, si dans les six mois qui suivront la promulgation de la loi sur la répartition des compétences le maintien de ces organismes n'a pas été décidé par décret. Ces dispositions (art. 27 et 28 du D., n° 82-389 du 10 mai 1982) ont été modifiées par les art. 1 et 2 du décret n° 82-695 du 28 juillet 1983 : les organismes de mission et les commissions administratives mentionnés sont rétablis à titre transitoire ; ils cesseront de fonctionner le 30 juin 1984, à l'exception de ceux dont la « survie » serait prévue par décret pris après avis du comité interministériel précité.

Conclusion.

1. La nouvelle organisation des services départementaux a attiré l'attention de nombreux observateurs (par ex. études de B. Perrin, *A.J.D.A.*, 1985.I, p. 349 et s. ; *Rev. adm.*, 1986, p. 547 et s.). Parmi eux, le service départemental d'incendie et de secours pose, en raison de son objet, de particulières difficultés (v. D. 4 août 1982, abrogé et remplacé par D. n° 88-623 du 6 mai 1988. *Adde* études de J. Singer, *Rev. adm.*, 1982, p. 539 et s. et J. C. Douence, *R.F.D.A.*, 1987, n° 6, p. 941 et s.). Sur l'autorité compétente en matière de personnel (C.E., 11 févr. 1987, *Com. de la République de l'Essonne c. M. Peynichoux et a.*, *A.J.D.A.*, 1987, n° 56, p. 419 ; 13 nov. 1987, *min. Intérieur c. Gérard, Rec. Lebon*, p. 350).

2. Personnels départementaux. Ils sont maintenant intégrés dans la fonction publique territoriale, comme les fonctionnaires des communes et des régions, par application des principes posés par la loi du 26 janvier 1984 mod. Selon les statistiques contenues dans les documents parlementaires récents, ils correspondent à environ 200 000 agents.

Sur le personnel départemental, v. J. B. Auby, *Colloque I.F.S.A.*, Val de Loire, sept. 1984. — J.-Cl. Fortier, *C.C.F.P.C.*, 1984, n° 14, p. 53. Sur diverses difficultés de la période provisoire, v. C.E., 8 juin 1983, *Dép. du Var c. R. Gragnon, Rec. Lebon*, p. 236 ; *Dr. adm.*, 1983, n° 289. — T.A. Nantes, 15 déc. 1983, *Commissaire de la République de la Sarthe, Rec. Lebon*, p. 717. — T.A. Lille, 2 mai 1984, *Synd. dép. du Nord des personnels de préfecture et du dép. C.F.D.T.*, *A.J.D.A.*, 1984, n° 77, p. 630, note P. Loquet. — T.A. Saint-Denis de la Réunion, 23 nov.

1983, *M. Leblé c. Prés. du Conseil général, A.J.D.A.*, 1984, n° 43, p. 390, note Delmotte.

3. Institutions interdépartementales.

La loi du 10 août 1871 prévoyait la création de « conférences interdépartementales », mais ces organismes ne possédaient pas la personnalité juridique et leurs délibérations devaient être ratifiées par les conseils généraux et approuvées par les préfets.

Les « **ententes interdépartementales** » (D.-L., 5 nov. 1926 ; L. 9 janv. 1930 ; R.A.P., 28 juill. 1931) dépassaient le cadre « confédéral » en ce qu'elles possédaient la qualité d'établissement public, mais elles restaient soumises à un ensemble de règles contraignantes (durée, spécialité, composition de l'organe de gestion, ...), ce qui explique sans doute le relatif insuccès de la formule. V. cependant l'Entente interdépartementale pour la démoustication du littoral méditerranéen (Trib. confl., 4 févr. 1974, *Alban et autres, Rec. Lebon*, p. 790) ou l'Institution interdépartementale pour l'aménagement du bassin de la Vilaine (T.A. Rennes, 5 juill. 1972, *Guibaud et Guillon de Prince, Rec. Lebon*, p. 904).

Le décret n° 83-749 du 10 juin 1983 relatif aux institutions interdépartementales apporte quelques modifications aux textes précédents par suite de l'allègement des contrôles du pouvoir central. Les établissements publics de coopération sont créés désormais par délibérations concordantes des conseils généraux intéressés ; les organes de gestion, — assemblée, bureau, président, — sont calqués sur le « modèle » des syndicats intercommunaux. En vertu d'un avis du Conseil d'Etat du 3 août 1982, le contrôle institué par la loi du 2 mars 1982 porte aussi sur les organismes de coopération interdépartementale. Les formules de coopération les plus souples entre département, communes, et éventuellement d'autres personnes morales de droit public sont l'**agence départementale** (L. 2 mars 1982, art. 32) et le **syndicat mixte** (C. com., art. L. 166-1 et s.) ; sur ces deux institutions (v. études de MM. Forel et Guardiola, *Cahiers du C.N.F.P.T.*, n° 25, juin 1988, p. 50 s. et 57 et s.).

CHAPITRE II. — L'ORGANISATION ADMINISTRATIVE DE LA RÉGION

Il existe une vie régionale, économique et intellectuelle, administrative et politique. Mais, si le mot « région » est ancien, il recouvre des réalités très diverses comme des rêves très prometteurs. Pour cerner les problèmes contemporains qui lui sont associés, il faut en préciser la signification en excluant d'emblée du champ d'analyse :

— les régions administratives spécialisées (régions militaires, sanitaires ...), circonscriptions succinctement évoquées dans l'Introduction ;

— le régionalisme, courant politique décentralisateur et mystique dans laquelle communient assez étrangement les disciples de Proudhon et ceux de Maurras (la Fédération régionaliste française est fondée en 1900).

Section I. — **Evolution historique et nature juridique**

§ 1. — Evolution historique.

A s'en tenir à l'évolution récente, trois tendances se dégagent.

A. — La régionalisation de crise.

1. Le gouvernement de Vichy instaure par l'acte dit loi du 19 avril 1941, 18 préfets régionaux, chacun d'entre eux assisté de deux intendants chargés respectivement de la police et des affaires économiques. C'est une structure de superposition puisque demeurent, à la tête des départements, des préfets délégués.

2. A la Libération, l'ordonnance du 10 janvier 1944 dote de très larges pouvoirs les commissaires régionaux de la République. Ces hommes sûrs doivent être capables de tenir l'administration locale désorganisée par la guerre et coupée de la capitale à raison du caractère irrégulier des communications. L'expérience est éphémère et limitée à la durée des circonstances exceptionnelles. Les compétences des commissaires sont réduites dès octobre 1945 et l'institution disparaît en 1946, par suite du refus du Parlement de voter les crédits nécessaires.

3. En 1947, la gravité des grèves qui paralysent le pays conduit le gouvernement à juger indispensable dans de telles circonstances la coordination étroite des pouvoirs civils et militaires en vue du maintien de l'ordre. A cette fin, sont institués des Inspecteurs généraux de l'administration en mission extraordinaire (I.G.A.M.E.) dont les pouvoirs convrent une zone de plusieurs départements, à l'instar des régions militaires (art. 3, Loi de finances du 21 mars 1948). Ultérieurement, d'autres textes (D., 24 mai 1951, art. 3 ; D., 26 sept. 1953, art. 9 ...) élargissent les compétences des I.G.A.M.E. dans les domaines administratif et économique.

Ces trois expériences préludent directement à une nouvelle forme de régionalisation.

B. — La régionalisation fonctionnelle.

Les impératifs de l'amnégement du territoire et de la planification font apparaître assez vite la nécessité d'un « relais » d'administration économique, entre l'Etat et les départements. Mais la création d'une circonscription nouvelle s'est effectuée de façon progressive et empirique.

1. A partir de 1954, se développent de façon spontanée des associations privées qui se fixent pour objectif le développement économique d'une région ou d'une zone plus restreinte (Reims, Bretagne, Alsace ...). Elles deviennent les comités d'expansion économique, agréés par les pouvoirs publics comme « interlocuteurs valables » (D., 11 déc. 1954).

2. Le « décret-loi » n° 55-873 du 30 juin 1955 détermine les programmes d'action régionale auxquels correspondent des régions de programme.

Puis deux décrets des 7 janvier 1959 et 2 juin 1960 créent le cadre des circonscriptions d'action régionale (C.A.R.) qui en vue de l'aménagement du territoire peut regrouper les départements ayant entre eux des affinités économiques. Ces textes et leurs compléments immédiats fixent le nombre des C.A.R. à 21, dotent ces organismes d'un préfet coordonnateur et d'une conférence interdépartementale devant être consultés avec les comités d'expansion sur les tranches régionales du IVe Plan, et décident qu'en principe les divisions des services extérieurs de l'Etat devront s'ajuster au découpage des C.A.R. (leur nombre s'élève à 22, après l'adjonction de la Corse).

3. La dynamique propre du système conduit à renforcer l'armature administrative de la « région », après une expérience préalable menée en Bourgogne et en Haute-Normandie. Les décrets n°s 64-251 et 252 du 14 mars 1964 créent une structure permanente et uniforme articulée autour du préfet de région et de ses auxiliaires directs et officialisent le rôle des comités d'expansion en le faisant jouer par des assemblées semi-représentatives, les commissions de développement économique régional (C.O.D.E.R.). La réforme importante de 1964 s'inscrit dans une perspective de déconcentration puisque la région demeure une simple circonscription administrative. Désormais le préfet de région a pour mission de « mettre en œuvre la politique du gouvernement concernant le développement économique et l'aménagement du territoire de sa circonscription ». Ce rôle est accru par des décrets de 1968 et de 1970 qui accentuent la régionalisation des aides financières, du Plan, du budget et des investissements publics.

C. — La régionalisation politique.

1. Le projet gouvernemental tendant à la création des régions et à la rénovation du Sénat a été repoussé par le référendum négatif du 27 avril 1969. Il est « la première tentative d'insertion de la région dans l'organisation constitutionnelle du pays » (Brongniart). Malgré l'échec auquel il a abouti, son importance historique n'est pas niable. Le texte détaillé et complexe maintenait inchangé le nombre des régions et ne modifiait que de façon secondaire leurs organes de gestion ; mais deux innovations capitales étaient introduites : la reconnaissance de la région comme collectivité territoriale et l'extension de ses compétences à l'ensemble des équipements collectifs. Le discours inaugural, prononcé à Lyon le 4 mars 1968 par le Général de Gaulle, débutait par ces formules fameuses : « L'effort multiséculaire de centralisation qui fut longtemps nécessaire à notre pays pour réaliser et maintenir son unité, malgré les divergences des provinces qui lui étaient successivement rattachées, ne s'impose plus désormais. Au contraire, ce sont les activités régionales qui apparaissent comme les ressorts de sa puissance économique de demain ».

2. Quelques trois années plus tard, un projet moins ambitieux devait voir le jour après avoir franchi le cours normal de la procédure parlementaire. C'est la loi n° 72-619 du 5 juillet 1972 portant création et organisation des régions.

3. Enfin **la loi de décentralisation n° 82-213 du 2 mars 1982**, modifiée et complétée, est relative aux « droits et libertés des régions » comme à ceux des communes et des départements. Pour ces trois niveaux d'administration, c'est en effet le même moule juridique qui est utilisé, à savoir la catégorie « collectivité territoriale » qui se gère librement avec conseil et exécutif élus.

Toutefois, si le principe de la réforme est acquis, son application est différée jusqu'à la première réunion des conseils régionaux, élus au suffrage universel direct (L. 1982, art. 60, v. *infra*, § 2. B. 3.).

§ 2. — Nature juridique.

Avant de déterminer la nature juridique de la région, il importe de résumer aussi clairement que possible les données du problème auquel sa création entend apporter une réponse.

A. — Données.

La genèse de la région en France montre que l'institution est étroitement liée à la politique d'aménagement du territoire ; une fois créée, ne répond-elle pas à d'autres exigences ?

1. La région, cadre commode d'administration économique.

L'aménagement du territoire vise à l'implantation rationnelle des équipements collectifs. Face à cette finalité, la commune et le département sont apparus trop étroits. Il a donc fallu constituer une zone plus vaste formant « espace polarisé », c'est-à-dire un espace qui s'ordonne autour d'une métropole ou d'une grande agglomération. Le découpage recherché et pratiqué s'apprécie donc à la lumière des impératifs économiques.

2. La région, dénominateur commun des expériences de déconcentration.

En termes de technique administrative, la création de la région est un aveu explicite des insuffisances et des défauts de la centralisation. L'abourdissement du processus de décision dans les grandes organisations a contraint les firmes privées comme les administrations publiques à des formules de déconcentration. Ici cette nécessité signifie à la fois volonté de « décolonier la province » et désir d'uniformiser les circonscriptions administratives spéciales sur le modèle du découpage de l'administration économique.

3. La région, champ de la participation démocratique.

Il est banal de rappeler avec quelle intensité l'homme moderne redoute l'anonymat des grandes agglomérations ou la solitude de la vie rurale. Il ressent le besoin d'un « cadre de solidarité » à dimension humaine entre l'Etat et la commune. Cette donnée psychologique et sentimentale, presque complètement étrangère au folklore raillé chez les régionalistes traditionnels, débouche sur une aspiration à la participation. Parfois aussi, elle accompagne un idéal d'intégration européenne désireux d'affaiblir l'Etat-Nation par l'instauration d'un véritable pouvoir régional.

Ces trois principales exigences convergent en faveur de la région qui peut être présentée tout à tour comme un théâtre privilégié pour la croissance économique, comme le creuset d'évolution d'une « administration bloquée » ou comme l'enjeu des techniques modernes de participation.

B. — Solutions.

Les données que l'on vient de recenser ne commandent pas une solution juridique unique. Les deux premières peuvent fort bien s'accommoder de la réponse la plus timide ; la dernière postule la solution la plus audacieuse. Le droit positif français consacrait hier encore une troisième formule, intermédiaire.

1. La région, simple circonscription administrative.

De 1954 à 1972, la région est demeurée en France une circonscription administrative, dont la vocation économique est assez nettement privilégiée. Aucun de ses organes n'est élu au suffrage universel direct. Si la logique du système a conféré au préfet de région de véritables pouvoirs de décision, la C.O.D.E.R. reste simplement dotée de compétences consultatives.

2. La région, établissement public.

• L'article 1er de la loi du 5 juillet 1972 dispose : « Il est créé, dans chaque circonscription d'action régionale, qui prend le nom de « région », un établissement public qui reçoit la même dénomination ».

Cette qualification juridique est explicitée par la suite du texte : énumération des organes (art. 3) — détermination de la mission assignée (art. 4) — vote du budget (art. 6) — ressources propres (art. 17 à 19). Tous les éléments constitutifs de l'établissement public sont donc réunis.

• Le choix de cette solution est parfaitement conforme à la philosophie d'ensemble que le président Pompidou avait exposée dans son discours de Lyon du 30 octobre 1970 : « La région doit être conçue non comme un échelon administratif se surimposant à ceux qui existent, mais avant tout comme l'union de départements ... Elle est pour les départements ce que sont les syndicats intercommunaux pour les communes ... La région doit être l'expression concertée des départements qui la composent et non pas un organe de mise en tutelle de ces départements ».

• Le vocable « région » devenait donc amphibologique. D'une part, il continue de désigner une portion du territoire national qui doit servir de cadre à l'articulation des services extérieurs de l'Etat (circonscription administrative). D'autre part, la région est aussi un établissement public territorial qui épouse les limites de la subdivision à laquelle il succède et se superpose.

3. La région, nouvelle collectivité territoriale ?

• Dans le projet référendaire de 1969, l'art. 1er, attribuant à la région la qualité de « collectivité territoriale », était immédiatement corrigé par l'article 2 qui limitait cette collectivité territoriale à une mission spécialisée (développement économique, social et culturel, et aménagement du territoire) ; au surplus la région ne possédait pas d'assemblée élue au suffrage universel direct, ni d'exécutif élu ; enfin le transfert des ressources de l'Etat aux régions restait fort restreint. Il s'agissait donc, pour ces diverses raisons, d'une collectivité décentralisée *sui generis*.

• La loi du 2 mars 1982 crée la région collectivité territoriale, et cette fois avec un Conseil élu au suffrage universel direct, « qui règle par ses délibérations les affaires de la région » (art. 59). Toutefois l'application concrète de la réforme est différée jusqu'à la première réunion des conseils régionaux élus selon de nouvelles modalités ; en attendant, les régions demeurent des E.P.R. régis par la loi du 5 juillet 1972.

Dans l'immédiat, l'exécutif est transféré au président du conseil régional.

• Les lois des 7 janvier et 22 juillet 1983 transfèrent à la région diverses compétences (formation professionnelle et apprentissage, construction et entretien des lycées, action culturelle et environnement ...). La loi n° 85-692 du 10 juillet 1985 règle les modalités d'élection des membres des conseils régionaux et la loi n° 86-16 du 6 janvier 1986, relative à l'organisation des régions, modifie sur des nombreux points la loi du 5 juillet 1972. Les premières élections aux conseils régionaux eurent lieu le 16 mars 1986.

Section II. — **Compétences**

Avant même d'être devenue une collectivité territoriale, la région avait vu ses **attributions élargies** par rapport aux missions initiales que confiait aux E.P.R. la loi du 5 juillet 1972. Depuis 1982, les régions ont bénéficié de nouvelles extensions de compétences mais elles demeurent dotées de **compétences spécialisées.**

§ 1. — **Compétences régionales jusqu'en 1982.**

1. La qualité d'établissement public conférée par la loi de 1972 à la région permet de deviner que cette dernière ne possède pas une vocation administrative générale, mais reste cantonnée dans certaines missions ordonnées autour du **développement économique et social.**

L'article 4-I, de la loi explicite ces missions : études concernant le développement régional, propositions tendant à coordonner et à rationaliser le choix des investissements, participation volontaire au financement d'équipements, réalisation d'équipements collectifs avec l'accord et pour le compte de collectivités locales, de leurs groupements, ou de l'Etat.

Malgré les extensions effectuées par voie réglementaire entre 1975 et 1981 (v. *infra*, 3), ces compétences ont été interprétées strictement par le Conseil d'Etat qui a jugé que les assemblées régionales n'avaient pas à être consultées dans les cas suivants : transfert du chef-lieu du département du Var de Draguignan à Toulon (C.E., 28 nov. 1976, *Soldani et autres, Rec. Lebon*, p. 508 ; *A.J.D.A.*, 1977.II, n° 1, p. 33, concl. Mme Latournerie ; I, p. 26, obs. Mme Nauwelaers et Fabius) — déclaration d'utilité publique de la construction d'une ligne de chemin de fer à grande vitesse entre Paris et Lyon (C.E., 21 janv. 1977, *Perron-Magnan, Rec. Lebon*, p. 30) — construction de sections d'autoroute entre Paris et Clermont-Ferrand (C.E., 30 mai 1979, *Assoc. dép. de défense autoroute A-71, Rec. Lebon*, p. 244) — déclaration d'utilité publique des travaux d'aménagement de la liaison fluviale à grand gabarit Saône-Rhin (C.E., 13 févr. 1981, *Assoc. pour la protection de l'eau et des ressources naturelles du Bassin inférieur du Doubs, Rec. Lebon*, p. 89) — travaux de transformation d'un circuit automobile (C.E., sect., 30 mars 1981, *min. Intérieur c. Ducros et autres, Rec. Lebon*, p. 172). Cf. J. Moreau, « L'intérêt régional direct de 1972 à 1982 » in *Mélanges Péquignot*, 1984, p. 505/514.

2. Au-delà de ces compétences de plein droit, la loi de 1972 avait prévu des **compétences facultatives.** D'une part, l'article 4.II et le décret n° 74-967 du 22 novembre 1974 dessinent des formules de collaboration inter-régionales (conférences, conventions susceptibles d'aboutir à la création d'institutions d'utilité commune) sur le modèle des structures de coopération entre départements. Le décret de 1974 sera abrogé par le décret n° 83-471 du 9 juin 1983. Cf. *infra*, conclusion 1.

— D'autre part, l'Etat et les collectivités locales peuvent confier à la région des attributions autres que de gestion, à condition que ce transfert s'accompagne des ressources correspondantes (art. 4-III).

3. Enfin de nombreux textes réglementaires (D. 24 oct. 1975, relatif aux parcs naturels régionaux — six décrets des 8 janvier et 16 février 1976 ... treize décrets du 13 février 1981) attribuent aux E.P.R. soit un pouvoir d'initiative, soit un pouvoir de décision, alors qu'antérieurement les conseils régionaux n'étaient que consultés pour avis. Cette politique de « déconcentralisation » visait les moyens matériels (immeubles) nécessaires au fonctionnement des assemblées régionales, ou la répartition des crédits d'investissement entre les départements, ou encore les aides indirectes susceptibles d'être allouées aux entreprises dans le cadre de la lutte contre la crise.

Ces textes, aujourd'hui abrogés, permettent de suivre l'évolution continue qui a été celle des E.P.R. de 1972 à 1982.

§ 2. — Compétences régionales depuis 1982.

1. La région devient une collectivité territoriale (L. 2 mars 1982, art. 1er), même si cette novation est affectée d'une condition suspensive (*ibid.*, art. 60, élection au suffrage universel direct des conseillers régionaux) ; pour autant, les compétences des régions n'augmentent pas immédiatement de façon considérable.

— Aux termes de l'article 59, le développement que la région a en charge n'est plus seulement « économique et social » mais aussi « culturel ». Elle doit désormais préserver son « identité », formule à connotation éventuellement linguistique. Mais dans l'accomplissement de ces missions, la région doit respecter l'intégrité des compétences et de l'autonomie des départements et des communes, sans porter non plus atteinte à l'unité de la République, ni à l'intégrité du territoire. Bref le dessin du législateur n'est pas des plus nets.

— Dans le chapitre de la loi du 2 mars 1982 intitulé « de l'élargissement des compétences des établissements publics régionaux ... » (art. 61 à 68), on notera seulement deux innovations :

— La première (art. 65) vise les contacts réguliers qu'un conseil régional peut entretenir avec un homologue étranger « dans le cadre de la coopération transfrontalière », encore cette initiative est-elle subordonnée à l'autorisation du Gouvernement.

— La seconde (art. 66) ajoute aux compétences prévues à l'article 4-I de la loi du 5 juillet 1972 **quatre rubriques nouvelles** : participation à des dépenses de fonctionnement liées à des opérations d'intérêt régional direct — interventions dans le domaine économique à l'instar des communes et des départements — attribution pour le compte de l'Etat d'aides financières aux entreprises — participation au capital de sociétés de développement régional, de sociétés d'économie mixte ... Les dispositions finales du texte accordent désormais à la région la faculté d'exonérer de la taxe professionnelle, dans les conditions prévues par l'article 1465, C.G.I., certaines entreprises. Sur les prêts, avances ou primes accordés par la région, v. *infra*, § 3, 4.

2. La région voit ses attributions **étendues et diversifiées** par les lois de transfert (Cf. Première Partie, Chap. II), soit pour mémoire et par grandes masses :

— formation professionnelle et apprentissage (L. 7 janv. 1983) ;

— canaux et ports fluviaux (L. 22 juill. 1983, sect. 1) ;

— construction et entretien des lycées (L. 22 juill. 1983, sect. 2, mod. par L. 25 janv. 1985) ;

— environnement et action culturelle (L. 22 juill. 1983, sect. 5).

3. La loi n° 86-16 du 6 janvier 1986, relative à l'organisation des régions n'apporte aucune modification à leurs compétences. En revanche, la loi n° 88-13 du 5 janv. 1988 renforce la vocation économique des régions dans la mesure où elle encadre plus strictement les facultés d'intervention ouvertes aux communes et aux départements, et où elle autorise la région à participer au capital d'un établissement de crédit ou à constituer un fonds de garantie auprès de ce dernier (art. 12 mod. l'art. 4.I de la loi de 1972).

§ 3. — La région, collectivité à vocation générale ou à compétence d'attribution ?

1. Le débat est peut-être platonique pour les politiques et les administrateurs, mais il ne peut laisser indifférent les juristes, qui associent « collectivité territoriale » et « vocation générale » (v. *supra* Introduction).

Malgré les opinions doctrinales très autorisées et en sens contraire (J. C. Douence, *R.F.D.A.*, 1986, n° 3, p. 539 ; J. M. Pontier, *R.D.P.*, 1984, p. 1443 s. et *La région*, Dalloz, 1988, p. 165 s. ; D. Turpin, *La région*, Economica, 1988), le point de vue admis ici (en ce sens A. Delcamp, *A.J.D.A.*, 1986.I, p. 195 s., not. p. 200 à 203) est qu'en droit positif français la région ne possède qu'une « compétence d'attribution », selon la formule utilisée par la circulaire du 20 février 1986 (*J.O.*, 9 mars, not. II.1), ou encore qu'elle reste une **collectivité territoriale à vocation spécialisée.** La rédaction des textes en vigueur ne semble pas autoriser une autre interprétation, même si l'expression « collectivité territoriale à vocation spécialisée » est singulière en droit français.

2. Il reste que cette « vocation spécialisée » dans le développement économique, social, sanitaire, culturel et scientifique est plus large aujourd'hui qu'avant les réformes de 1982.

3. C'est surtout dans le domaine **de planification** que devient important le rôle des régions.

— La loi n° 82-6 du 7 janvier 1982 approuvant le Plan intérimaire 1982-1983 dispose dans son article 2 que l'exécution du Plan peut faire l'objet de contrats signés notamment entre l'Etat et les régions. L'article 4 détaille longuement les aides directes et indirectes que peuvent accorder les collectivités locales, et ici les communes et les départements ne peuvent guère que compléter les initiatives offertes aux régions.

— La loi n° 82-653 du 29 juillet 1982 portant réforme de la planification précise, dès son article 1er, que les régions sont associées à l'élaboration du Plan de la Nation. En ce sens chaque région est représentée à la commission nationale de planification ; elle indique au Gouvernement ses propres priorités et est informée à son tour par ce dernier (art. 6, 7, et 9). En outre le titre II de la loi (art. 14 à 17) relatif aux plans des régions décide comment ils sont élaborés, adoptés et exécutés par les organes régionaux, sous la seule réserve de leur comptabilité avec le Plan de la Nation.

— Enfin le décret n° 83-32 du 21 janvier 1983 privilégie parmi les contrats de plan ceux qui seront signés entre l'Etat et les régions. L'expression « **contrat de plan** » avait été utilisée par le décret n° 70-1221 du 23 décembre 1970 pour associer les politiques d'investissements de l'Etat et d'une communauté urbaine, mais le caractère contraignant de la convention ainsi conclue était discuté. La nouvelle procédure prévue par le décret du 21 janvier 1983 précise l'article 67 de la loi du 2 mars 1982 et les articles 11 et 12 de la loi du 29 juillet 1982 : il s'agit de définir les actions que l'Etat et la région s'engagent à mener conjointement par voie contractuelle pendant la durée du plan ; la signature du contrat de plan est précédée d'une procédure lourde et et complexe, car, une fois conclu, l'accord atteste la compatibilité de principe du plan de la région vis-à-vis du Plan de la Nation ; dans ce cadre, peuvent être négociés et signés des « contrats particuliers ».

Fin 1983, l'Etat avait décidé d'affecter 35 milliards de francs à cette entreprise, qui compte donc 22 contrats de plan et 600 contrats particuliers. Leur exécution à mi-chemin est résumée dans les tableaux ci-contre. Une affaire contentieuse importante a permis aux juridictions administratives d'en préciser le régime (C.E. ass., 8 janv. 1988, *min. chargé du plan et de l'aménagement du territoire c. C.U. de Strasbourg, R.F.D.A.*, 1988, n° 1, p. 25, concl. Dael ; *A.J.D.A.*, 1988.I.137, chron. Azibert et Mme de Boisdeffre ; T.A. Strasbourg, 5 déc. 1985, *Rec. Lebon*, p. 442 ; *R.F.D.A.*, 1986, n° 3, p. 369, concl. Raymond ; *A.J.D.A.*, 1986, n° 00, p. 100, note C. A. G.).

Durant les derniers mois de l'année 1987, les travaux ont repris en vue de parvenir à une nouvelle génération de contrats de plan.

Taux d'exécution financière des contrats de plan – Période 1984-1986

	Prévisions 1984-1988		Engagements 1984-1986		Taux d'ex.
	millions F	%	millions F	%	%
TOTAL	69 870	100,0	42 180	100,0	60,4
dont Etat	41 870	59,9	24 940	59,1	59,6
dont Régions	28 000	40,1	17 240	40,9	61,6

Enveloppe financière prévisionnelle des contrats de plan
Contribution de l'Etat
et des régions pour la période 1984-1988

RÉGION	ÉTAT	RÉGION	TOTAL
Alsace	1 117	719	1 836
Aquitaine	2 138	1 333	3 471
Auvergne	980	534	1 514
Bourgogne	945	640	1 585
Bretagne	1 949	973	2 927
Centre	840	580	1 420
Champagne-Ardennes	595	455	1 050
Corse	850	360	1 210
Franche-Comté	917	568	1 485
Ile-de-France	7 238	8 562	15 800
Languedoc-Roussillon	2 073	850	2 923
Limousin	721	316	1 037
Lorraine	3 058	1 049	4 107
Midi-Pyrénées	1 615	827	2 442
Nord-Pas-de-Calais	4 472	2 462	6 934
Normandie B.	779	487	1 266
Normandie H.	509	523	1 032
Pays de Loire	1 405	985	2 390
Picardie	1 949	1 013	2 962
Poitou-Charentes	1 050	567	1 617
Provence-A.C.A.	4 137	2 664	6 801
Rhône-Alpes	2 533	1 516	4 049
France entière	41 870	27 988	69 858

Nota : y compris les avenants signés depuis 1984.
(Doc. parl. Sénat — 1ʳᵉ session ordinaire, Rapport n° 93 de M. Geoffroy de Montalembert).

4. Doit être enfin souligné le **rôle croissant des régions dans la politique d'aménagement du territoire**, qui fut longtemps inspirée exclusivement par l'Etat, et dont les instances régionales sont aujourd'hui le pivot puisqu'en dehors d'actions de type sectoriel (pôles de conversion — zones d'entreprise — ...), certaines primes financées par l'Etat sont désormais accordées, après avis du préfet de région, sur décision du conseil régional.

V. par ex. :

— prime d'aménagement du territoire (D. n° 82-379 du 6 mai 1982 et D. n° 82-754 du 31 août 1982 ; D. n° 87-580 du 22 juill. 1987) ;

— prime régionale à la création d'entreprises, prime régionale à l'emploi (D. n° 82-806 et 807 du 22 sept. 1982, mod. par D. n° 88-51 et 52 du 15 janv. 1988).

— modalités d'octroi par les collectivités territoriales de leur garantie ou de leur caution pour des emprunts contractés par des personnes morales de droit privé (D. n° 82-848 du 4 oct. 1982 mod. par D. n° 88-366 du 18 avr. 1988) ;

Lorsque des primes sont ainsi accordées par une instance régionale, celle-ci agit comme organe de la région, même s'il s'agit de primes financées par l'Etat (Avis C.E., 14 avr. 1983, *E.D.C.E.*, n° 35, p. 200). Sur le contentieux des primes (T.A. Rennes, 30 avr. 1985, *Com. de la*

République de la région de Bretagne, L.P.A., 31 janv. 1986, note F. Chouvel). Sur le comité régional des prêts, L. 2 mars 1982, art. 68 ; D. n° 83-68 du 2 févr. 1983, mod. par D. n° 83-828 du 16 juin 1983 et par D. n° 85-1167 du 7 nov. 1985).

La bibliographie est abondante en la matière : outre les ouvrages de MM. Pontier et Turpin précités, v. par ex. J. Cl. Nemery, *Le nouveau régime des interventions économiques des collectivités locales,* J. P. Ollivaux, *La région et l'aménagement du territoire,* Syros 1986 ; *Les aides publiques,* colloque de Reims, 18 avr. 1986, *Les cahiers de l'administration territoriale* 1987, n° 10. Devès et Gouttebel, Que reste-t-il du dispositif d'aides de janvier/septembre 1982, *Rev. d'économie régionale et urbaine* 1988, n° 2.

Section III. — **Les organes**

L'article 3 de la loi du 5 juillet 1972 condensait l'essentiel : « Le conseil régional par ses délibérations, le comité économique et social par ses avis, et le préfet de région par l'instruction des affaires et l'exécution des délibérations, concourent à l'administration de la région ».

La loi du 2 mars 1982 modifie cette distribution des pouvoirs, puisque l'exécutif appartient désormais au président du conseil régional, organe élu (art. 61). La passation des pouvoirs entre préfet et président s'est effectuée dès le 15 avril 1982. De ce fait, le préfet de région n'exerce de compétences qu'en qualité de chef de la région, circonscription administrative déconcentrée.

§ 1. — Le Conseil régional.

Les lois de décentralisation auront une triple incidence sur le conseil régional. Ses membres doivent être élus au suffrage universel direct, — ce qui affecte à l'évidence sa composition. Le fonctionnement de cette assemblée délibérante est calquée sur celui des conseils généraux ; la tendance au mimétisme, perceptible dès 1972, est aujourd'hui parfaitement évidente. Les pouvoirs du conseil régional se sont logiquement accru en même temps que ceux de la région.

A. — Composition.

1. Les membres des conseils régionaux sont donc **élus au suffrage universel direct** selon les modalités suivantes.

— Ils sont élus dans le **cadre départemental** ; la solution est apparemment illogique et consacre la victoire des « départementalistes » sur les « régionalistes ». Deux arguments ont milité en faveur de la solution consacrée : l'un, pratique, était d'éviter le recours à une loi organique concernant la composition du Sénat ; l'autre, théorique, exprime le refus de conférer aux conseillers régionaux une légitimité démocratique supérieure à celle des membres du Parlement.

— La répartition des sièges entre les départements composant la région a été effectuée en fonction de données démographiques, sans stricte proportionnalité.

— Le mode de scrutin est la **représentation proportionnelle à la plus forte moyenne,** donc au scrutin de liste, la répartition des sièges s'effectuant entre les listes ayant obtenu au moins 5 % des suffrages exprimés.

— Le mandat est de **six ans** ; le renouvellement des conseils régionaux est donc intégral et simultané, pour toutes les régions de France, Corse et régions d'Outre-Mer comprises.

Toutes ces caractéristiques résultent de la **loi n° 85-692 du 10 juill. 1985.**

2. L'effectif des conseils régionaux est fixé par la loi de 1985 :

Alsace	47	Centre	75
Aquitaine	83	Champagne-Ardenne	47
Auvergne	47	Franche-Comté	43
Bourgogne	55	Languedoc-Roussillon	65
Bretagne	81	Limousin	41
Lorraine	73	Pays de Loire	93
Midi-Pyrénées	87	Picardie	55
Basse Normandie	45	Poitou-Charentes	53
Haute Normandie	53	Provence-Alpes-Côte d'Azur	117
Nord-Pas-de-Calais	113	Rhône-Alpes	151
Ile-de-France	197	Corse	61

3. Ce système appliqué lors des élections du 16 mars 1986 est très **différent du régime antérieur,** qui découlait de l'article 5 de la loi du 5 juillet 1972 et de ses décrets d'application. Alors le conseil régional regroupait 3 catégories d'élus : tous les parlementaires des départements de la région (50 % de l'effectif total) des représentants des collectivités locales choisis par les conseils généraux (30 %) et des représentants des agglomérations (villes chefs-lieux, villes de plus de 30 000 hab., communautés urbaines, soit 20 % de l'effectif total).

Il y a donc eu transformation d'un **conseils d'élus** en un **conseil élu.**

B. — Attributions.

La compétence du conseil régional est plénière : il règle par ses délibérations les affaires de la région. La loi du 5 juillet 1972 énonçait quelques illustrations de cette solution de principe ; il en va de même des articles 59, 65 et 67 de la loi du 2 mars 1982. Puisque les tutelles de nature administrative et financière sont supprimées, on doit transposer ici les règles en vigueur pour le conseil municipal ou pour le conseil général. Il faut préciser que le changement est sensible par rapport à la situation antérieure ; sous l'empire de la loi de 1972 en effet, les délibérations du conseil régional étaient bien exécutoires de plein droit, mais le préfet de région pouvait dans les 15 jours demander un nouvel examen, et toute délibération illégale ou portant sur un objet étranger aux compétences du Conseil devait être déclarée nulle par décret en Conseil d'Etat ; étant donné la conception restrictive qui prévalait alors de l'« intérêt régional direct », l'annulation d'une délibération d'un conseil régional n'était pas exceptionnelle (v., par ex., D., 6 févr. 1981 prononçant la nullité de deux délibérations du conseil régional du Languedoc-Roussillon : *J.O.*, N.C., 7 févr. 1981, p. 1299, et la jurisprudence du Conseil d'Etat précitée, p. 133.

Aujourd'hui demeure toutefois un contrôle juridictionnel a *posteriori* qui permet aux tribunaux administratifs d'annuler toute délibération illégale, par ex. celle par laquelle était imposée aux communes l'obligation de passer par l'intermédiaire du conseil général lorsqu'elles sollicitaient des subventions de la région (T.A. Montpellier, 20 juin 1983, *Commune de Narbonne, Rec. Lebon*, p. 563 ; *A.J.D.A.*, 1983, n° 106, p. 478, note Dugrip ; D. Turpin, « L'intervention des conseils généraux dans l'octroi des subventions du conseil régional aux communes », *Mélanges Péquignot*, 1984, p. 701/716, *Adde* L. n° 86-16 du 6 janvier 1986, art. 4, 5 et 6).

C. — **Fonctionnement.**

En ce domaine, la ressemblance est quasi-parfaite entre les règles de fonctionnement du conseil régional et celles du conseil général (L., 2 mars 1982, mod. art. 71 et s.). *Adde*, D., n° 83-150 du 2 mars 1983, L. n° 86-16 du 6 janvier 1986, qui modifie dans le sens indiqué l'article 11 de la loi de 1972.

§ 2. — **Le Président du conseil régional.**

1. L'attribution à la région d'un exécutif élu est à l'évidence une des modifications les plus importantes réalisées par la loi de décentralisation du 2 mars 1982. Ce président du conseil régional est un personnage considérable.

2. Par souci de concision, on se bornera ici à citer les textes qui concernent le président du conseil régional ; il ne paraît pas indispensable de les commenter puisque, *mutatis mutandis*, les développements relatifs au président du conseil général (v. *supra*, p. 117) lui sont transposables.

Loi 2 mars 1982
— art. 61 : pouvoirs généraux,
— art. 69 : procédure de transmission des actes des autorités régionales (mod. L., 22 juill. 1982, art. 7),
— art. 71 : élection du président,
— art. 72 : rapports adressés aux conseillers régionaux, rapport spécial administratif et financier sur l'état de la Région,
— art. 73 : énumération quasi complète de ses pouvoirs et prérogatives (complété par D., n° 82-242 du 15 mars 1982 portant approbation de la convention régionale type),
— art. 74 : mise à sa disposition des services extérieurs de l'Etat,
— art. 75 : mise à disposition des agents de l'Etat et des agents départementaux → (complété par D., n° 82-331 du 2 juin 1982, D., n° 84-79 du 31 janv. 1984 — D. n° 88-301 du 26 mars 1988) pouvoir de coordination des services,

— art. 76 : procédure de remplacement en cas de vacance (mod. L., 22 juill. 1982, art. 14).

Cette énumération, malgré sa sécheresse, montre l'importance de l'évolution parcourue depuis 1972, dont la loi du 5 juillet ne mentionnait le président du conseil régional que par une simple allusion de son article 11.

§ 3. — Le Comité économique et social.

Les comités économiques et sociaux régionaux sont les héritiers directs des C.O.D.E.R. de 1964. Depuis 1972, leurs attributions et leur composition ont en définitive assez peu évolué, mais si l'on évoque à leur propos un risque de « marginalisation » (B. Perrin), c'est que la différence de rôle qui les distingue des conseils régionaux n'a cessé de s'accroître, — comme si la décentralisation en renforçant le pouvoir des élus affaiblissait par contrecoup celui des socio-professionnels !

A. — Attributions.

1. L'article 14 de la loi du 5 juillet 1972 confiait au comité économique et social de la région une **compétence consultative** de plein droit sur toutes les affaires soumises au conseil régional. L'article 63 de la loi du 2 mars 1982 paraît réduire l'étendue de cette vocation consultative. Aux termes de l'article 7 de la loi du 6 janvier 1986, aujourd'hui en vigueur, il faut distinguer les cas d'avis obligatoires (préparation et exécution du Plan national — projet de plan régional et bilan annuel d'exécution — orientations générales du projet de budget régional ...), les avis facultatifs donnés par le C.E.S. à l'initiative du président du conseil régional et les cas d'auto-saisine.

2. En pratique, il semble que 13 C.E.S. seulement aient eu à délibérer de l'élaboration du IXe Plan et qu'ils aient été composés et réunis trop tard pour participer activement à l'élaboration des contrats de plan. A propos d'un contrat passé par un C.E.S., — commande d'une étude — le juge administratif rappelle qu'il s'agit d'un « organisme dépourvu de tout pouvoir de décision » (C.E., 23 mai 1986, *E.P.R. de Bretagne c. Sté Ouest-Audio-visuel, Rec. Lebon*, p. 703 ; *A.J.D.A.*, 1986, no 133, p. 650, obs. J. Moreau).

B. — Composition.

1. L'article 13 de la loi de 1972 indiquait seulement que le comité économique et social a pour fin de représenter les « organismes ou activités à caractère économique, social, professionnel, familial, éducatif, scientifique, culturel et sportif de la région » et le décret no 73-855 du 5 septembre 1973, modifié à maintes reprises, disposait que la moitié de l'effectif — fixé entre 35 et 80 membres — devait correspondre aux organisations représentatives des employeurs et salariés de l'industrie, de l'agriculture, du commerce ..., 10 % aux activités spécifiques de la région, 25 % au secteur sanitaire et social, le reste enfin à des personnalités qualifiées nommées par le Premier ministre. Sur les difficultés d'interprétation, C.E., 16 mai 1975, *Synd. des médecins, Synd. des architectes et Union des professions libérales*

de la Réunion, Rec. Lebon, p. 1240 ; 21 janv. 1977, *C.F.D.T./C.G.T., A.J.D.A.,* 1977.II, n° 34, p. 273 ; *Ibid.,* I, p. 256, obs. Nauwelaers et Fabius ; *Dr. soc.,* 1977, p. 174, concl. Denoix de Saint-marc ; 26 mai 1982, *Union dép. des Synd. chrétiens du Puy-de-Dôme C.F.T.C., Rec. Lebon,* p. 191 et 26 mai 1982, *Conféd. des Syndicats libres, Rec. Lebon,* p. 737 ; Comp. T.A. Strasbourg, 12 juin 1980, *Boyé et C.G.T. de Lorraine, Rec. Lebon,* p. 537.

2. L'article 62 de la loi du 2 mars 1982 renvoie à un décret d'application. Ce texte, D., n° 82-866 du 11 octobre 1982, fixe à 6 ans la durée du mandat et l'effectif des comités économiques et sociaux entre 40 et 110 membres : 35 % désignés par les organismes consulaires et patronaux, 35 % représentent les salariés et la F.E.N., 25 % organismes participant à la vie collective de la région et 5 % de personnalités choisies à raison de leur compétence (D., préc., Tit. 1er, art. 1er à 7). Le poids des syndicats ouvriers est donc renforcé. Sur les difficultés suscitées par la mise en œuvre du décret du 11 octobre 1982 (v. D. n° 87-337 du 20 mai 1987, relatif à la région Alsace et C.E., 15 janv. 1986, *Union régionale des associations familiales de la région Rhône-Alpes, Rec. Lebon,* p. 697.

C. — Fonctionnement.

1. En 1972, le fonctionnement du comité économique et social obéissait en principe à des règles identiques à celles applicables au conseil régional. Actuellement c'est le Titre II du décret n° 82-866 du 11 octobre 1982 (art. 8 à 20) qui régit l'ensemble des problèmes de fonctionnement (siège, convocation, réunions, règlement intérieur, bureau, séances, quorum et règles de majorité).

2. L'article 8 de la loi du 6 janvier 1986, modifiant l'article 15 de la loi de 1972 prévoit l'existence de sections, dont le nombre, les attributions et le fonctionnement seront réglés par décret en Conseil d'Etat, notamment en matière de communication-audio-visuelle et d'établissements d'enseignement supérieur ; ces avis et rapports des sections doivent faire l'objet d'une discussion par le C.E.S. avant d'être transmis au conseil régional.

3. La même disposition prévoit que le conseil régional met à la disposition du C.E.S. les moyens financiers et les services nécessaires à leur fonctionnement.

Sur l'ensemble du problème (Gouzelin, *Avis et rapports du Conseil Economique et Social,* n° 14, 26 nov. 1985 ; B. Perrin, *A.J.D.A.,* 1987.I, p. 371 s. ; O. Gohin, *R.D.P.,* 1988, p. 499/550.

§ 4. — Le préfet de région (1)

Son statut et ses pouvoirs sont dessinés dans leurs grandes lignes par l'article 79 de la loi du 2 mars 1982, puis précisés dans le D., n° 82-390 du 10 mai

(1) Pour la même raison que celle indiquée lors de l'étude du préfet de département, on a conservé, dans le cadre de ces développements l'appellation « commissaire de la République de région », et non celle de « préfet de région » (rétablie par le décret du 29 février 1988), pour mettre plus clairement en évidence les changements mis en œuvre depuis 1982.

1982 et dans les circulaires d'application (C., 2 juin 1982, IV, pour la mise à disposition des services extérieurs de l'Etat au profit du Président du conseil régional : *J.O.*, 4 juin ; C., 12 juill. 1982, Tit. V : *J.O.*, 13 juill. ; C., 21 déc. 1982, relative aux décisions de l'Etat en matière d'investissements publics : *J.O.*, N.C., 12 janv. 1983 ; D. n° 88-301 du 28 mars 1988. Comme les textes l'attestent de façon expresse, il y a « novation majeure » entre le préfet de région et son successeur.

1. Le préfet de région, créé par la réforme de mars 1964, possédait un pouvoir général d'**impulsion et de coordination** dans les domaines de l'**aménagement du territoire** et de l'**action économique**. L'article 16 de la loi du 5 juillet 1972 en faisait l'exécutif de la région, établissement public.

Pour l'aider à accomplir ses tâches écrasantes — puisqu'il demeurait préfet de département — trois types de collaborateurs avaient été créés : la **conférence administrative régionale** regroupant les préfets des départements, le secrétaire général du département chef-lieu, le trésorier-payeur général de région et l'inspecteur général de l'économie nationale ; son rôle, exclusivement consultatif, consistait à donner les avis sur les propositions du préfet de région en matière de préparation de la « tranche nationale » du Plan, sur ses observations relatives aux investissements nationaux (catégorie I) et sur la répartition des autorisations de programme (catégories II et III) — la **mission régionale** était composée d'une équipe peu nombreuse de hauts fonctionnaires ; organe pluri-disciplinaire, elle constituait une cellule de réflexion, de conception et d'animation ; le rôle des missions a été considérable de 1964 à 1982 — les **services extérieurs de l'Etat** ayant leur siège dans la région.

2. Le commissaire de la République de région garde la qualité de représentant de l'Etat dans le département siège du chef-lieu de la région et il hérite de façon générale des pouvoirs qui appartenaient au préfet de région (par ex. en matière de « zones de défense ») à l'exception de ceux que ce dernier détenait en tant qu'exécutif de l'E.P.R.

Ainsi il possède les catégories de compétences et d'attributions suivantes :

— pouvoirs de **contrôle administratif** sur la région, les établissements publics régionaux et inter-régionaux.

— pouvoirs de **direction des services extérieurs de l'Etat** dans la région et de certains services inter-départementaux. A l'instar du commissaire de la République de département, il possède les pouvoirs juridiques et financiers et il dispose des moyens logistiques nécessaires (Cf. Circ. du 26 avr. 1983, *J.O.*, N.C. du 28 avr.). Des textes ont immédiatement restructuré ces services (D., n°s 82-627, 630, 632, 635 et 636 du 21 juill. 1982 : *navigation, administration pénitentiaire, services fiscaux et douaniers, affaires maritimes, P.T.T.* ; D., n° 82-642 du 24 juill. 1982 relatif aux centres d'études techniques et l'équipement et centres inter-régionaux de formation professionnelle, D., n° 83-216 du 17 mars 1983, *services régionaux de l'I.N.S.E.E.* ; D., n° 84-1007 et 1034 des 15 et 20 nov. 1984, sur les régions et les commissions régionales archéologiques, services extérieurs du ministère de la culture et de la communication (D. n° 86-538 du 14 mars 1986 ; Circ. du 2 déc. 1987, *J.O.*, 5 mars 1988) et font dans ces domaines du commissaire de la République de région l'unique interlocuteur des régions.

— enfin et surtout **mise en œuvre de la politique gouvernementale** en matière d'**action économique** et d'**aménagement du territoire** et maîtrise de la **planification** régionale. Dans ces domaines notamment, la conférence administrative régionale, à la composition et au rôle pratiquement inchangés, le secrétaire général pour les affaires régionales (S.G.A.R.), les chargés de mission, enfin les chefs ou responsables des services de l'Etat sont les auxiliaires directs du commissaire de la République de région. A titre d'exemple les récents textes relatifs aux décisions de l'Etat en matière d'investissements publics accordent à ce dernier des pouvoirs plus importants que ceux qui lui étaient dévolus par le D., n° 70-1047 du 13 novembre 1970, aujourd'hui abrogé. Pour les investissements publics à caractère national, le commissaire de la République de région est tenu informé et il formule ses observations ; il peut être délégataire de certaines autorisations de programme ; pour les investissements d'intérêt régional, il décide de leur utilisation ; enfin pour les investissements d'intérêt départemental — puisque la catégorie IV a disparu — il opère une répartition entre les départements et subdélègue les dotations aux commissaires de la République des départements concernés.

En principe, les organismes de mission devaient disparaître, mais ils sont rétablis, à titre transitoire, jusqu'au 30 juin 1984, à l'exception de ceux qui auront fait l'objet, avant cette date, d'un décret de « survie » (D., n° 83-95 du 28 janv. 1983).

L'analyse des compétences et attributions du commissaire de la République de région permet de confirmer la **complémentarité nécessaire des politiques de décentralisation et de déconcentration.** C'est dans la mesure où la région devient une collectivité territoriale décentralisée que ses élus doivent n'avoir qu'un interlocuteur unique à représenter l'Etat. Cet objectif est rappelé avec force par la circulaire du 5 décembre 1986 (J.O., 24 déc.), relative au code de conduite des administrations centrales en matière de déconcentration.

Section IV. — **Finances**

§ 1. — **Ressources.**

A. — **Evolution.**

1. Depuis 1972 l'E.P.R. perçoit le montant de la **taxe** sur les permis de conduire délivrés dans la région. La région dispose aussi de la faculté de créer, sous forme de **taxes additionnelles** à des impôts d'Etat ou à des impôts locaux, des taxes sur les « cartes grises » (art. 972, C.G.I.), sur les mutations immobilières (art. 1595-1°, C.G.I.) et sur les quatre impôts directs locaux.

2. Cette fiscalité régionale propre, instituée par les article 17 et 18 de la loi de 1972, était **limitée** de trois manières : taux unique pour chaque taxe — taxe additionnelle sur les mutations immobilières bornée à une maximum de 1,60 % du montant de la transaction et à 30 % de l'ensemble des ressources fiscales régionales — plafond fixé à 25 F par habitant (15 F pour le premier exercice).

3. Sur ce dernier point, le **plafond** annuel a été élevé à 35 F (1977), puis à 45 F (1978), à 55 F (1979) et à 60 F (1980). L'art. 59 de la loi de finances pour 1981, L., n° 80-1094 du 30 décembre 1980, a décidé d'indexer le total des ressources fiscales par habitant sur la valeur de la formation brute du capital fixe des administrations publiques et de limiter cette progression à 20 % par an, ce montant étant fixé par décret (D., n° 81-102 du 4 févr. 1981 : 67,68 F). La loi de finances rectificative du 31 décembre 1981 a , dans son article 16, aboli la progression maximum annuelle de 20 % (D., n° 82-44 du 16 janv. 1982 : 79,32 F).

4. Mais la loi du 7 janvier 1983 sur la répartition des compétences va plus loin : son article 113 prévoit la *suppression de toutes les barrières* à compter de l'exercice qui suivra l'élection des conseils régionaux au suffrage universel direct, et porte à 150 F le nouveau plafond des ressources fiscales que chaque E.P.R. peut percevoir par habitant. Par ailleurs, l'article 20 de la loi de finances pour 1983 transfère aux régions la compétence pour instituer une taxe sur les « cartes grises ».

B. — Situation actuelle.

Les ressources actuelles des régions peuvent être décomposées comme suit :

1. Les **ressources fiscales propres**, qui ont cessé d'être soumises à un plafond depuis le 1er janvier 1987 (v. *supra*). Elles correspondent notamment à des taxes, anciennes perçues par l'Etat sur les permis de conduire, les « cartes grises » et à des droits d'enregistrement, et que les E.P.R. levaient seulement à titre de taxes additionnelles. Ils ont été transférés aux régions en contrepartie (partielle) des transferts de compétences.

« cartes grises » : 1983, 1,15 milliard ; 1984, 2,44 ; 1985, 2,95 ; 1986, 3,15 ; 1987, 3,3 ; 1988 (prévisions), 3,4.

permis de conduire : 235 millions pour 1986.

droit d'enregistrement : 2,3 milliards pour 1986.

2. Les **taxes additionnelles aux impôts communaux et départementaux**, dont elles constituent la « part régionale ».

Elles sont évaluées à 7 milliards pour 1987. On notera surtout qu'elles sont en augmentation de 19 % de 1987 par rapport à 1986, alors que les autres impôts locaux directs ne progressent que de 0,5% en 1987. Au total, la fiscalité régionale serait de l'ordre de 8,8 milliards en 1984, et de plus de 12 milliards en 1986.

3. Les régions bénéficient aussi de la **dotation générale de décentralisation** (D.G.D.), dont la raison, d'être est de compenser les transferts de compétences (V. Première partie, chapitres 2 et 3). Ce concours financier de l'Etat est complété notamment par une « dotation culturelle » provisoire (art. 93, L. 2 mars 1982) destinée à promouvoir certaines actions culturelles avant le transfert — par une dotation spécifique de compensation en matière de formation professionnelle et d'apprentissage (art. 85-I, L. 7 janv. 1983 — 2,06 milliards pour 1987 — 2,2 milliards prévus en 1988) et par une dotation régionale d'équipement scolaire (D.R.E.S.) (art. 16, L. 22 juill. 1983, D. n° 87-294 du 29 avril. 1987) :

1985 : — autorisation de programme : 2,02 milliards
— crédits de paiement : 0,428 milliard.

1986 : — A.P. : 2,02 milliards
— C.P. : 0,855

1987 : — A.P. : 2,31 milliards
— C.P. : 1,606 (+ 1,2 milliard L. de finances rectificative pour 1987).

Cet « éclatement » de la dotation « générale » est manifeste puisque son montant propre passe de 1,6 milliard en 1983 à 2,58 (prévisions 1988).

4. Si l'on ajoute que les régions reçoivent des ressources du F.I.D.A.R. et du Fonds de compensation de la taxe sur la valeur ajoutée (F.C.T.V.A.) on devine la complexité du système.

5. Enfin parmi les ressources « externes » des régions, on doit au moins mentionner les emprunts (dont le montant varie notablement d'une région à l'autre) et les aides en provenance du Fonds Social Européen (F.S.E.) ou du Fonds Européen de Développement Régional (F.E.D.E.R.), dont le maintien à l'avenir est problématique.

N.B. : Deux tableaux illustrent les différences existant entre régions, donnée qui relativise totaux et moyennes. Il faut ajouter qu'il est difficile d'évaluer de manière précise ressources et dépenses des régions françaises pour les raisons suivantes : souvent la région Corse et la région Ile-de-France sont comptabilisées à part ; en outre les chiffres récoltés sont le plus souvent ceux inscrits dans les budgets primitifs ; enfin les documents les plus officiels ne font pas toujours la ventilation entre les régions, les départements, les communes, leurs groupements et leurs établissements publics !

§ 2. — Dépenses.

La constante à enregistrer est leur **forte progression** depuis 1973, et même depuis 1983. Cette donnée doit être expliquée.

A. — Analyse de la progression des dépenses régionales.

1. De 1983 à 1986, les régions ont « bénéficié » de certains transferts de compétences, qui ont nécessairement alourdi leur budget (formation professionnelle, construction et entretien des lycées).

   Pour se borner à un seul exemple, les lycées ont coûté 6,2 milliards de francs aux régions en 1987 (prévisions 1988 : 8,5 milliards).

2. En outre les dépenses liées à l'interventionnisme économique, — secteur dans lequel la vocation des régions est ancienne, — sont beaucoup moins indolores qu'on ne le prétend.

   Ainsi, de 1982 à 1984, alors que les budgets régionaux augmentaient de plus de 25 %, la part de l'action économique passait de 9,4 à 13 % du total.

3. Enfin, indépendamment des transferts ou élargissements de compétences, la transformation des E.P.R. en collectivités territoriales et la dévolution de l'exécutif au président du conseil régional ont eu

pour conséquences immédiates une augmentation spectaculaire des dépenses de fonctionnement, due notamment au recrutement de collaborateurs de haut niveau (1692 en 1983 — 2924 en 1985) et à des achats ou constructions d'immeubles destinés à loger les assemblées régionales, l'exécutif et ses services — politique d'autant plus coûteuse que les E.P.R. ne possédaient guère de patrimoine et que les élus ont souvent voulu rivaliser de prestige avec les préfectures de région.

B. — Mesure du phénomène analysé.

On voit globalement deux tendances caractéristiques se dessiner.

1. Croissance continue des budgets.

Avec les précautions qui s'imposent dans l'utilisation de statistiques hétérogènes, il est possible d'avancer, pour l'ensemble des 22 régions métropolitaines, les chiffres suivants :

1984 : 15,2 milliards
1985 : 18,2 milliards
1986 : 23,4 milliards
1987 : 26,27 milliards
1988 : 31   milliards (prévisions)

2. Augmentation accélérée des dépenses de fonctionnement.

Elles quadruplent de 1982 à 1984. Elles atteignent en 1986 44 % du budget global, alors qu'elles se situaient à moins de 10 % avant 1982. Dans des budgets en forte expansion, leur part augmente sensiblement.

§ 3. — Régime financier et comptable.

1. Tout à fait logiquement, le régime financier et comptable des E.P.R., puis des régions, a été réglementé par des textes successifs, parallèlement à l'évolution de l'institution régionale.

— D. n° 73-856 du 5 septembre 1973 modifié.

— D. n° 81-148 du 13 février 1981, abrogé par D. n° 81-661 du 11 juin 1981.

— D. n° 83-485 du 10 juin 1983.

— D. n° 88-139 du 10 février 1988, texte applicable aujourd'hui.

2. En vertu du décret du 10 février 1988, la présentation du budget s'effectue par chapitre et par article, conformément à une nomenclature établie par décision inter-ministérielle. La période d'exécution du budget est d'un an, plus un délai complémentaire allant jusqu'au 31 janvier en ce qui concerne la section de fonctionnement. Pour les dépenses d'investissement, le conseil régional peut voter des autorisations de programme et des crédits de paiement correspondants.

Sont inscrites en section de fonctionnement, des dépenses relatives au fonctionnement des organes régionaux délibérants et consultatifs, au fonctionnement des services créés, les intérêts de la dette, le prélèvement opéré au profit de la section d'investissement, les amortissements et provisions pour dépréciation (D. 10 févr. 1988, art. 3).

En section d'investissement figurent les dépenses relatives aux études, aux participations financières, au reboursement en capital de la dette, et les dépenses d'investissement afférentes à l'exercice des compétences régionales et au fonctionnement des organes délibérants et consultatifs de la région (D. 10 févr. 1988, art. 4).

Conclusion.

1. Même si les budgets régionaux font apparaître une part croissante de dépenses de fonctionnement, les régions restent de forts investisseurs (environ 50 % de leurs budgets), alors que pour l'Etat le pourcentage ne dépasse pas 7,5 %.

2. La lourdeur récente des budgets de fonctionnement des régions laisse deviner que l'institution régionale est en train de devenir une quatrième niveau d'administration, — au dessous de l'Etat, au dessus du niveau départemental et du niveau communal. Il n'est donc plus exact d'interpréter structures et fonctions de la région en termes d'« administration de

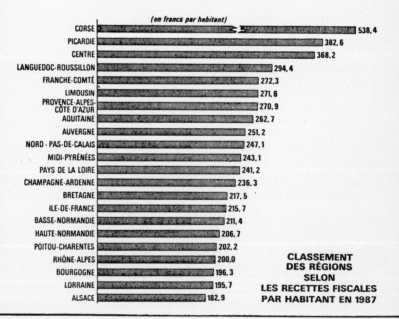

Impôts régionaux :
le Picard paye beaucoup
l'Alsacien peu

(en francs par habitant)

CORSE	538,4
PICARDIE	382,6
CENTRE	368,2
LANGUEDOC-ROUSSILLON	294,4
FRANCHE-COMTÉ	272,3
LIMOUSIN	271,6
PROVENCE-ALPES-CÔTE D'AZUR	270,9
AQUITAINE	262,7
AUVERGNE	251,2
NORD - PAS-DE-CALAIS	247,1
MIDI-PYRÉNÉES	243,1
PAYS DE LA LOIRE	241,2
CHAMPAGNE-ARDENNE	236,3
BRETAGNE	217,5
ILE-DE-FRANCE	215,7
BASSE-NORMANDIE	211,4
HAUTE-NORMANDIE	206,7
POITOU-CHARENTES	202,2
RHÔNE-ALPES	200,0
BOURGOGNE	196,3
LORRAINE	195,7
ALSACE	182,9

CLASSEMENT
DES RÉGIONS
SELON
LES RECETTES FISCALES
PAR HABITANT EN 1987

Tableau n° 1
Le Monde (15 nov.,1987)

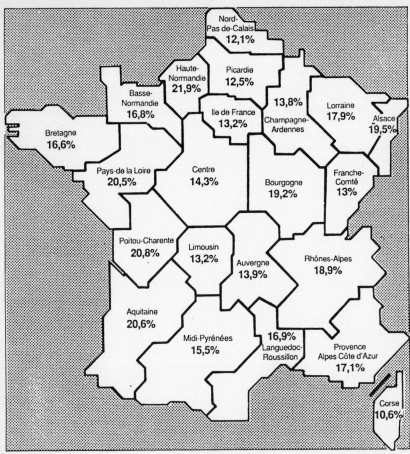

Proportions des dépenses de formation professionnelle et d'apprentissage par rapport aux budgets régionaux.

Tableau n° 2
Le Figaro (13 nov. 1987)

mission ». Pour certains observateurs, il serait souhaitable de voir les régions renoncer à la construction et à l'entretien des lycées — tâche qui serait alors transférée aux départements — et revenir à leur vocation initiale.

3. Si la coopération entre régions paraît toujous limitée à des études conjointes, plutôt qu'à des réalisations communes, les contacts de régions avec leurs homologues étrangères se multiplient. Le gouvernement s'est montré soucieux d'encadrer ce phénomène ; est ainsi applicable à ces initiatives la convention — cadre européenne sur la coopération trans-frontalière des collectivités et autorités territoriales, ouverte à la signature à Madrid le 21 mai 1980 (D. n° 44-432 du 4 juin 1984). V. par ex. *R.F.D.A.*, 1986, n° 4, *La région, nouvelle collectivité territoriale*, et notamment Ch. Autexier, p. 568 et s. ; R. Lafore, L'action à l'étranger des collectivités territoriales, *R.D.P.*, 1988, p. 763 et s.

Section V. — **Les régions à statut particulier**

Pour la **région d'Ile-de-France**, la spécificité de son statut juridique est en voie de régression et les vestiges de l'originalité qui fut celle du **district** de la région parisienne s'expliquent à l'évidence par des **données de fait**. Pour la **Corse** et **les régions d'Outre-mer**, insularité et/ou éloignement de la métropole constituent des données objectives susceptibles d'expliquer les dérogations, et aussi la circonstance qu'elles forment des ensembles mono ou bidépartementalisés. Cependant ce sont principalement des **raisons politiques** qui permettent de comprendre les statuts particuliers applicables à la Corse, d'une part, à la Guadeloupe, à la Guyane, à la Martinique et à la Réunion, d'autre part.

§ 1. — La région de Corse.

La région de Corse était celle dont le statut différait le plus du droit commun. Une première loi (L., n° 82-214 du 2 mars 1982) lui confère déjà une organisation spécifique ; une seconde (L., n° 82-659 du 30 juill. 1982) va plus loin, et leurs textes d'application confirment cette tendance à l'autonomie, mais les lois des 10 juillet 1985 et du 6 janvier 1986 effacent nombre de ces particularités.

L'article 1er de la loi n° 82-214, après avoir rappelé que la région de Corse est érigée en collectivité territoriale et qu'elle s'administre librement, précise que son organisation tient compte de ses spécificités et notamment de celles qui résultent de la géographie et de l'histoire. Symboliquement les vocables s'infléchissent, le conseil régional se dénomme « Assemblée », et les comités consultatifs « Conseils ».

A. — L'Assemblée de Corse.

Sa composition et ses pouvoirs sont régis par le premier titre de la loi n° 82-214 du 2 mars 1982 (art. 3 à 34). Peu après les élections d'août 1983, la presse spécialisée titrait à son sujet : « super conseil général ou mini-parlement ? ».

1. Elle est composée de **61 membres, élus** au suffrage universel direct, pour six ans ; le renouvellement est intégral ; le mode de scrutin, la représentation proportionnelle à plus forte moyenne et la répartition des sièges, s'effectue entre listes ayant atteint le « quorum » (soit : nombre de suffrages/nombre de sièges à pourvoir) ; désormais chacune doit atteindre 5 % des suffrages exprimés (L., n° 84-490 du 25 juin 1984) ; la Corse formait une circonscription électorale unique.

2. Les articles 7 à 26 détaillent longuement les conditions d'**inéligibilité**, les **incompatibilités**. Une déclaration de candidature est obligatoire pour chaque liste. Afin d'assurer à l'Assemblée de Corse **représentativité** et légitimité, le législateur a créé une commission de la propagande, une commission de contrôle des opérations de vote et de recensement (cf. D., n° 82-498 du 11 juin 1982 portant organisation administrative de l'élection) ; la contestation des résultats relève du Conseil d'Etat statuant au contentieux dans les 10 jours de l'élection.

3. L'assemblée de Corse possède évidemment les pouvoirs d'organisation qui appartiennent à toute assemblée délibérante. Cependant les points les plus importants de son **fonctionnement** sont précisés par la loi elle-même : convocation, réunions, règles de quorum et de majorité, désignation et remplacement du président et du bureau, dissolution (par décret motivé, en conseil des ministres, lorsque le fonctionnement normal de l'assemblée se révèle impossible).

4. Les délibérations sont évidemment soumises au contrôle de légalité, mais celle en date du 13 novembre 1982 décidant le « gel » des équipements nouveaux de la centrale thermique de Vazzio ne porte pas atteinte à une liberté publique et ne justifie donc pas le prononcé d'un sursis à exécution par le seul président du tribunal administratif (C.E., 25 févr. 1983, *Rec. Lebon*, p. 82).

A raison sans doute du mode de scrutin choisi pour l'élection de ses membres, l'assemblée élue en 1982 a démontré son incapacité à fonctionner normalement (par ex. budget élaboré par la chambre régionale des comptes, dont l'exécution a été confiée au commissaire de la République !). Elle a été dissoute par décret du 29 juin 1984 et de nouvelles élections, avec un système électoral légèrement modifié (v. *supra*, 1), ont eu lieu en août 1984 (cf. convocation des collèges électoraux par D., n° 84-537 du 3 juill. 1984, organisation par D., n° 84-607 du 12 juill.).

5. On doit signaler enfin une **compétence dérogatoire** au régime régional de droit commun, mais qui sera reprise pour les régions d'Outre-mer : le droit reconnu à l'assemblée de Corse de saisir de sa propre initiative le Premier ministre ou d'être saisie par lui de toute **proposition tendant à modifier ou à adapter** les dispositions législatives ou réglementaires, en vigueur ou en cours d'élaboration (art. 27, al. 3).

6. L'article 7 de la loi du 10 juillet 1985 abroge le chapitre 1er de la loi du 2 mars 1982, mesure qui a pour principal effet de revenir à l'élection des conseillers régionaux dans le cadre de circonscriptions départementales (28 sièges pour la Corse-du-Sud, 33 pour la Haute-Corse).

Le renouvellement de l'Assemblée a lieu le même jour que les autres élections régionales, soit le 16 mars 1986. Les élections en Haute-Corse ont été annulées « en raison de la gravité et du caractère organisé de la fraude » (C.E., 16 janv. 1987, *Rec. Lebon*, p. 7), ce qui n'a pas entraîné toutefois l'irrégularité de la désignation du président et du bureau.

B. — Les autres organes.

1. L'exécutif : le président de l'Assemblée.

Le Titre II de la loi n° 82-214 du 2 mars 1982 (art. 35 à 37) énumère les pouvoirs dévolus au président de l'Assemblée, qui est l'organe exécutif de la région de Corse.

Il est élu pour 3 ans et est rééligible, comme les autres membres du bureau. Il peut déléguer ses pouvoirs. Il prépare et exécute les délibérations de l'Assemblée. Il est ordonnateur des dépenses, il gère le patrimoine et dirige les services de la région ... Bref ses compétences sont tout à fait analogues à celles que l'autre loi du 2 mars 1982 (L., n° 82-213, art. 73 et s.) reconnaît au **président du conseil régional**.

2. Les conseils consultatifs.

- **Le conseil économique et social** propre à la région de Corse possède des compétences consultatives très voisines de celles qui appartiennent aux comités économiques et sociaux des autres régions, notamment en matière budgétaire et de planification ; en outre il est obligatoirement et préalablement consulté par l'assemblée sur « toute étude régionale d'aménagement et d'urganisme » (art. 39). Sa composition (12 représentants des entreprises et activités non salariés — 12 représentants des organisations syndicales de salariés — 5 représentants des organismes participant à la vie collective — 1 personnalité choisie à raison de sa compétence) et ses règles de fonctionnement ont été précisées par le D., nº 83-33 du 21 janvier 1983.

- **Le conseil de la culture, de l'éducation et du cadre de vie** comprend 26 membres (3 × 8 représentants d'organismes participant à la vie culturelle, à la vie éducative, à la protection et à l'animation du cadre de vie de la Corse et 2 personnalités qualifiées). Il est lui aussi obligatoirement et préalablement consulté lors de la préparation des plans, études ou orientations générales du budget, sur tout ce qui concerne l'action culturelle et éducative et notamment « la sauvegarde et la diffusion de la langue et de la culture corses » (L., 2 mars 1982, art. 40 ; D., nº 83-33 du 21 janv. 1983). Il établit annuellement un rapport sur les questions relatives aux programmes des organismes chargés du service public de la radio-télévision (L. 6 janv. 1986, art. 15).

- **Les moyens financiers et en personnel** nécessaires à leur fonctionnement sont mis à leur disposition par l'assemblée (art. 14, L. 6 janv. 1986).

Il convient enfin de mentionner le représentant de l'Etat dans la région de Corse (Tit. IV, L., nº 82-214) ; la seule attribution spécifique est le rapport spécial annuel sur l'activité des services de l'Etat en Corse par lequel il informe l'assemblée et qui donne éventuellement lieu à un débat.

C. — Compétences spécifiques.

Elles sont régies par une **loi spéciale** (L., nº 82-659 du 30 juillet 1982 mod. par art. 124, L., nº 83-1179 et par art. 28, L., nº 83-1186 du 29 déc. 1983) c'est dire que les collectivités territoriales de Corse exercent par ailleurs les compétences qui sont celles des communes, des départements et des régions de droit commun — et qu'en outre la région de Corse se voit attribuer les pouvoirs qu'appellent ses caractères spécifiques. Deux titres les regroupent :

1. Identité culturelle de la Corse (Tit. Ier).

La loi du 30 juillet distingue ici deux chapitres.

— En matière d'**éducation et de formation**, l'Assemblée de Corse arrête la carte scolaire, elle détermine les activités éducatives complémentaires et facultatives relatives à l'enseignement de la langue et de la culture corses, et établit les formations supérieures et les activités de recherche universitaire prioritaires ; l'exercice de ces compétences est subordonnée à la consultation des conseils, des collectivités territoriales, voire de certains organismes comme l'Université. La région de Corse assure en outre directement ou en confiant par convention la maîtrise d'ouvrage aux départements ou aux communes la construction, l'équipement et l'entretien des collèges, lycées, établissements ou centres ; l'Etat finance toutes les dépenses liées aux activités pédagogiques.

— En matière de **communication, de culture et d'environnement**, l'assemblée est annuellement informée par un rapport sur toutes les questions concernant les programmes de radio et de télévision et approuve les dispositions du cahier des charges propres à la Corse. Elle définit les actions à mener après consultation des collectivités territoriales, en matière culturelle comme pour la protection de l'environnement. A ces fins, l'Etat lui attribue chaque année dans la loi de finances une dotation globale.

— Dans ces deux séries de matières, le transfert a été opéré par D., n° 83-531 du 28 juin 1983 et pour le 1er juillet 1983. De nombreux textes d'application ont été publiés : création d'un I.U.T. (D., n° 83-669 du 21 juill. 1983) — organisation administrative et financière des établissements d'enseignement secondaire (D., n° 83-1248 du 30 déc. 1983) — carte scolaire (D., n° 83-1249 du 30 déc. 1983) — montant des charges financières (arr. du 19 oct. 1983).

2. Développement de la Corse (Tit. II).

La loi du 30 juillet distingue ici six points : **aménagement du territoire et urbanisme** (schéma d'aménagement élaboré par la région ou sous son contôle par un établissement public, adopté par l'assemblée et soumis à approbation par décret en Conseil d'Etat ; financement : art. 9, L. du 30 juill. 1982, mod. par art. 28, L. du 29 déc. 1983 — D., n° 84-260 du 9 avr. 1984 — procédure d'élaboration : D., n° 83-697 du 28 juill. 1983) — **agriculture** (création, sous forme d'établissement public à caractère industriel et commercial, d'un office du développement agricole et rural — D., n° 83-705 du 28 juill. 1983 — chargé d'animer, de contrôler et de coordonner les politiques, et d'un office d'équipement hydraulique — D., n° 83-704 du 28 juill. 1983 et statut du personnel, arr. 3 août 1984 — D. n° 87-319 du 15 juill. 1987) — **logement** (priorités en matière d'habitat, répartition des aides fournies par l'Etat entre programmes d'accession à la propriété, construction de logements locatifs neufs et amélioration de l'habitat existant) — **transport** (établissement d'un schéma régional des transports, exploitation par la région des transports ferroviaires et création d'un office — D., n° 83-826 du 16 sept. 1983, mod. par D., 29 nov. 1984, et D., n° 83-775 du 30 août 1983 confiant l'exploitation des chemins de fer de la Corse à la S.N.C.F. et substituant la région à l'Etat dans les droits et obligations concernant l'exploitation de ces chemins de fer ; dotation de l'Etat fondée sur le principe de continuité territoriale) — **emploi** — **énergie** ...

Enfin est créé auprès du Premier ministre un **comité de coordination** pour le développement industriel de la Corse (L., 30 juill. 1982, art. 8 ; D., n° 83-73 du 7 févr. 1983) qui comprend, sous la présidence du Premier ministre, 9 ministres concernés, le commissaire de la République de région, les délégués des entreprises publiques et des sociétés nationales exerçant une activité en Corse et 10 représentants de l'assemblée de Corse. Cette sorte de C.I.A.T. a pour objectif d'animer et de coordonner les actions en Corse des groupes publics industriels ou de service.

D. — Ressources.

Outre divers avantages, tels qu'un régime fiscal privilégié ou la dotation de continuité territoriale, la Corse bénéficie de lignes distinctes pour la D.G.D. (1984 : 790 millions ; 1985 : 830 ; 1986 : 860 ; 1987 : 940) et pour la fiscalité transférée (1984 : 8 milliards, 106 ; 1985 : 8, 889 ; 1986 : 9, 989 ; 1987 : 10, 4 ; 1988 : 10, 8 ; ces chiffres valant pour la région et les départements de Corse).

Sur les différentes questions étudiées ci-dessus (v. P. Ferrari, *A.J.D.A.*, 1982.I.344 ; Sabiani, *A.J.D.A.*, 1986.I.221, Michalon, *R.F.D.A.*, 1986, n° 4, p. 580 s).

Conclusion.

La loi sur les compétences du 30 juillet 1982, à la différence de la première, n'a pas été soumise au Conseil constitutionnel. La première en revanche, celle n° 82-214 du **2 mars 1982**, s'est vue déclarée « **non contraire à la Constitution** ». Le juge constitutionnel, dans une décision du 25 février 1982, a estimé en effet que l'article 72 n'excluait nullement « la création de catégories de collectivités territoriales qui ne comprendraient qu'une unité ». Il ajoutait qu'en l'état actuel du droit ni le principe de l'indivisibilité de la République, ni le principe d'égalité devant la loi n'avait été violé.

§ 2. — Les régions d'outre-mer.

Par une décision en date du 2 décembre 1982, le Conseil constitutionnel devait déclarer non conforme à la Constitution la loi portant « adaptation » de la loi du 2 mars 1982 à la Guadeloupe, à la Guyane, à la Martinique et à la Réunion. On sait que le texte « argué de nullité » substituait au conseil général et au conseil régional une assemblée unique élue à la représentation proportionnelle dans une circonscription unique et que le Conseil constitutionnel jugea, en s'appuyant sur les articles 72, 73 et 74 de la Constitution, qu'il ne s'agissait pas d'« adaptation » mais d'« organisation particulière » (car « en confiant la gestion des départements d'outre-mer à une assemblée qui, contrairement au conseil général des départements métropolitains en l'état actuel de la législation, n'assure pas la représentation des composantes territoriales du département, la loi ... confère à cette assemblée une nature différente de celle des conseils généraux »).

Etait cependant laissée au Gouvernement une grande marge de liberté pour élaborer le projet de loi organisant les quatre régions mono-départementales d'Outre-mer. Discuté et adopté par l'Assemblée nationale en première lecture, après déclaration d'urgence, le 15 décembre, le texte devait être discuté et adopté par le Sénat, puis en commission mixte paritaire le 21 décembre. Il est devenu la loi n° 82-1171 du 31 décembre 1982 portant organisation des régions de Guadeloupe, de Guyane, de Martinique et de la Réunion.

Ce texte, outre de nombreux décrets qui le complètent, est prolongé par la L., n° 84-747 du 2 août 1984, relative aux compétences des régions de Guadeloupe, de Guyane, de Martinique et de la Réunion, qui avait été adoptée par l'Assemblée nationale en première lecture dès le 20 décembre 1983, s'était heurtée à l'opposition du Sénat et a subi une censure très partielle du Conseil constitutionnel (Cons. Cel., 25 juill. 1984, *A.J.D.A.*, 1984, n° 74, p. 619, note J. Ferstenbert).

A. — Organisation générale.

Dans sa contexture d'ensemble et dans sa nature juridique, la région d'outre-mer ressemble d'autant plus à la région métropolitaine de droit commun que les lois du 5 juillet 1972 et du 2 mars 1982 lui demeurent, sauf dérogation, applicables. On peut citer en ce sens au moins quatre illustrations.

1. Les régions d'outre-mer deviennent des **collectivités territoriales** à la date d'installation de leur conseil élu au suffrage universel direct (L., 31 déc. 1982, art. 1er ; L., 2 mars 1982, art. 59-60) ; ·

2. La **compétence générale du conseil régional**, les objectifs qu'elle doit servir et les limites qui lui sont fixées sont identiques outre-mer et métropole (L., 31 déc. 1982, art. 1er ; L., 2 mars 1982, art. 59) ;

3. La **compétence consultative** dévolue au comité économique et social est approximativement la même dans les deux cas (L., 31 déc. 1982, art. 5 ; L., 2 mars 1982, art. 63) ; v. dans le même sens les comités régionaux des prêts (D., n° 84-23 du 11 janv. 1984, qui reprend l'essentiel du D., n° 83-68 du 2 févr. 1983).

4. Le **dédoublement fonctionnel** du représentant unique de l'Etat dans le département et dans la région constitue une solution logique (L., 31 déc. 1982, art. 2).

B. — Nombre, mode de désignation et statut des conseillers régionaux.

Sur les divers aspects qui concernent l'effectif et la composition des conseils régionaux, la loi du 31 décembre 1982 apporte des précisions, sans originalité marquée qui ont été confirmées par les lois des 10 juillet 1985 et 6 janvier 1986.

1. Le **nombre** de conseillers régionaux est de 41 pour chacune des Antilles, 31 pour la Guyane, 45 pour la Réunion (art. 3) ;

2. L'élection a lieu à la **représentation proportionnelle** à la plus forte moyenne ; la répartition des sièges s'effectuait entre les listes qui ont obtenu au moins 5 % des suffrages exprimés (cette restriction avait été supprimée par la L., n° 84-490 du 25 juin 1984). Chaque région constitue une circonscription électorale unique. Le mandat est de **6 ans**.

3. Les articles 13 à 17 énumèrent les cas d'**inéligibilité** ou d'**incompatibilité** applicables aux conseillers régionaux (art. L. 194 ; L. 194-1, L. 19, L. 197 à L. 203, C. élect.). Le système prévu est très proche de celui qui a été mis en place pour l'Assemblée de Corse.

4. Enfin l'article 18 de la loi du 31 décembre 1982 est relatif aux conditions de fonctionnement du conseil régional et notamment à son **bureau** (composition, incompatibilités, délégations ...).

C. — Organes ou compétences spécifiques.

1. Les conseils régionaux d'Outre-mer sont assistés non seulement d'un comité économique et social mais aussi d'un **comité de la culture, de l'éducation et de l'environnement** (art. 4). L'article 6 dispose que le second comité sera « obligatoirement et préalablement consulté » sur la préparation du plan et lors de l'élaboration du projet de budget, pour tout ce qui concerne « l'éducation, la culture, la protection des sites, de la faune, de la flore, et le tourisme ». V. par ex. D. n° 88-899 du 29 août 1988 relatif à la procédure d'élaboration du schéma d'aménagement régional des 4 régions d'outre-mer.

La composition de ces deux comités ressemble beaucoup à celle des organes homologues que connaît la région de Corse. Pour les comités économiques et sociaux de Guadeloupe et de Martinique, l'effectif total est de 41 (16 représentants des entreprises et des activités professionnelles non salariées + 16 représentants des organisations syndicales et de la fonction publique + 8 représentants de la vie collective économique et sociale + 1 personnalité qualifiée) ; en Guyane, le comité se compose de 32 membres (13 + 13 + 5 + 1), et à la Réunion 45 (18 + 18 + 8 + 1). Pour les comités de la culture, de l'éducation et de l'environnement, en Guadeloupe et en Martinique, 25 membres (8 pour la vie culturelle, 8 pour la vie éducative, 8 pour la protection du cadre de vie, et 1 personnalité qualifiée), en Guyane : 22 ($7 \times 3 + 1$). Dans les tableaux annexés (*J.O.*, 28 mars, p. 947 à 950), figurent les organismes électeurs. Le D., n° 84-207 du 27 mars 1984 ajoute que la désignation de ces représentants est « constatée » par arrêté du commissaire de la République de région, et que la durée de ces mandats est de 6 ans.

2. Peuvent être aussi créées des **agences**, établissements publics chargés d'assurer la réalisation de projets ou le fonctionnement de services publics régionaux (art. 7).

3. Chaque conseil régional d'outre-mer peut spontanément ou à la demande du Premier ministre (« ou par le ministre chargé des D.O.M. », dispose l'art. 43 de la L. du 2 août 1984) adresser des **propositions de modification ou d'adaptation des lois et règlements**, en vigueur ou en préparation, et concernant la région (art. 8). La rédaction de cette disposition controversée est un compromis entre les points de vue initialement fort distincts de l'Assemblée nationale et du Sénat.

4. Les conseils régionaux d'outre-mer peuvent être saisis pour avis de tous **projets de coopération inter-régionale** entre la France, d'une part, et, d'autre part, les Etats de la mer Caraïbe (conseils régionaux des Antilles), les Etats voisins de la Guyane (Guyane), ou les Etats de l'Océan Indien (La Réunion).

L'élection du 20 février 1983 coïncide avec la disparition des E.P.R. et annonce la naissance des régions d'outre-mer, collectivités territoriales. On sait que désormais les élections aux conseils régionaux ont lieu le même jour en France métropolitaine et dans les régions d'outre-mer.

La loi du 2 août 1984 transfère aux 4 régions d'outre-mer de fort importantes compétences que l'on se borne à énumérer : planification régionale et aménagement du territoire — agriculture et forêt — ressources de la mer — transports — énergie — éducation et recherche

— culture — communication audio-visuelle — emploi et formation professionnelle — santé — logement — environnement — tourisme et loisirs. Enfin le titre IV de la loi comporte diverses mesures financières et fiscales, relatives notamment à l'octroi de mer et aux droits sur les rhums et spiritueux, dont les taux ou produits sont fixés par le conseil régional.

Sur cette question, J. C. Fortier et C. Vitalen, Les compétences des régions mono-départementales *in « Les nouvelles compétences locales »* sous la direction de F. Moderne, Economica 1985.

Conclusion.

1. Au total, on doit constater que, dans ces régions mono-départementales, les conseils généraux ont été dépouillés par le législateur de 1984 de nombreuses compétences que leurs homologues possèdent en métropole. La saisine du Conseil constitutionnel par les sénateurs et les députés de l'opposition portait principalement sur ce point, mais le Conseil constitutionnel, dans sa décision précitée du 25 juillet 1984, a jugé que les dispositions du texte incriminé, dans de nombreux domaines, « associent la région au département sans méconnaître les articles 72 et 73 de la Constitution ».

2. L'avenir immédiat des régions d'outre-mer est dominé par deux autres problèmes. Le premier est « La **situation économique** et les conditions de développement des D.O.M. » (G. Jarnac, *Avis et rapports du Conseil économique et social*, 1987, n° 23) caractérisées par une situation démographique spécifique, un taux de chômage élevé et la sous-industrialisation. Pour y remédier, a été promulguée le 31 décembre 1986 une loi-programme de 5 ans qui comprend un volet financier (crédits d'investissement 1986 : 1,306 milliard ; 1987 : 1,672), des actions économiques (création de zones franches, amélioration des dessertes aériennes ...) et un volet social (réalisation de la « parité sociale globale. Cf. D. n° 87-428 du 19 juin 1987).

Le second est celui des **rapports avec la C.E.E.** (concours du F.E.D.E.R., du F.E.O.G.A. et du F.S.E. 675 millions de francs en 1986) ; en effet l'Acte unique prévoit la disparition des règles nationales s'opposant à la libre circulation des marchandises, des personnes, des services et des capitaux, — mesure qui entraînerait la disparition de l'octroi de mer, des droits sur les rhums ...

§ 3. — La région d'Ile-de-France.

A. — Evolution historique.

L'histoire administrative de la région parisienne est assez récente.

1. Jusqu'en 1961, aucune institution de superposition n'avait été créée entre Paris, le département de la Seine et les départements voisins. Certes la loi du 14 mai 1932 avait donné existence légale à la région parisienne et fixé ses limites géographiques. Mais ce texte restait théorique ; l'urbanisation progressive à partir du centre parisien rendait artificielles les frontières départementales et posait d'im-

menses problèmes, demeurés sans solution et aggravés par une sous-administration chronique.

2. Après l'échec d'une tentative de district urbain (ord., n° 59-272 du 4 févr. 1959), la loi n° 61-845 du 2 août 1961 crée un district de la région de Paris, très différent des districts existants.

3. La loi n° 64-707 du 10 juillet 1964 supprime les départements de la Seine et de la Seine-et-Oise et les remplace par sept départements nouveaux : Paris, Hauts-de-Seine, Val-de-Marne, Seine-Saint-Denis, Val d'Oise, Yvelines, Essonne. Avec la Seine-et-Marne, ils forment la région parisienne.

4. Un décret du 10 août 1966, modifié par les décrets du 10 mai 1968, 28 mai et 13 novembre 1970, créent le préfet de la région parisienne, qui est en même temps délégué général du district. Son statut ressemble à celui des autres préfets de région à deux différences près : il est le seul véritable préfet régional puisqu'il n'a pas la charge de la direction d'un département ; il est à certains égards le supérieur hiérarchique des préfets des huits départements. De plus ses compétences sont fort étendues : outre les pouvoirs attribués aux autres préfets de région (D. 14 mars, 1964), il exerce des compétences propres en matière d'aménagement, urbanisme et construction, en matière de coordination des transports, de constructions hospitalières, de planification et d'aménagement du territoire.

5. Le dynamisme du premier délégué général, M. Delouvrier, a donné au district une très forte impulsion qui ne se ralentira pas par la suite et qui a permis au District d'être à l'origine d'opérations d'urbanisme spectaculaires (Halles de Rungis, quartier de la Défense, R.E.R.), de modeler une organisation urbaine cohérente (implantation de villes nouvelles sur deux axes parallèles à la Seine) et de maîtriser la croissance de la région parisienne pour l'horizon 2000.

Trois reproches étaient toutefois adressés au système mis en place en 1961 : la faible représentativité des organes délibérants et en particulier du conseil d'administration du district — l'influence trop déterminante de l'exécutif — une autonomie insuffisante de la région parisienne vis-à-vis de l'Etat.

6. L'originalité du statut de la région parisienne semblait confirmée par le fait que ni la réforme de mars 1964, ni la loi du 5 juillet 1972 (v. art. 21) ne lui étaient applicables. Mais dans la mesure où ce régime particulier n'apparaissait plus indispensable à maintenir, on s'explique l'inspiration qui domine la refonte réalisée par la loi du 6 mai 1976 : un **alignement aussi complet que possible** de la région d'Ile-de-France sur les régions de province organisées par la loi du 5 juillet 1972.

7. La loi du 2 mars 1982 couronne cette évolution récente ; dans son Titre III consacré aux droits et libertés des régions (art. 59 à 83) il est de règle qu'un texte nouveau unique abroge et remplace simultanément tel article de la loi de 1972 et telle disposition homologue de la loi du 6 mai 1976.

8. La loi du 6 janvier 1986 abroge la loi du 6 mai 1976 à l'exception des articles 4 à 6, d'un alinéa de l'article 23, des articles 28 à 33 et de l'article 35.

B. — Le statut actuel.

Il est en quelque sorte composé de deux sous-ensembles. L'**organisation** et les règles de **fonctionnement** sont celles des autres régions (v.

supra, sections 1 à 4). Les particularités qui demeurent ont trait aux **compétences** et aux **ressources** de la région Ile-de-France.

— sur le premier point, il faut seulement ajouter que le conseil régional est composé de **197** membres (20 pour l'Essonne, 27 pour les Hauts-de-Seine, 42 représentants de Paris, 18 de la Seine-et-Marne, 26 de Seine-Saint-Denis 23 du Val-de-Marne, 18 du Val d'Oise et 23 des Yvelines) et que les fonctions de président du conseil régional sont incompatibles avec celles de maire de Paris et de membre du Gouvernement.

— sur le second, il convient donc d'étudier successivement compétences spécifiques et ressources particulières.

C. — Compétences spécifiques.

Elles sont au nombre de trois.

1. L'article 4 de la loi de 1976, dans sa rédaction actuelle, dispose que la région, pour les **équipements collectifs** présentant un intérêt régional direct réalisés pour le compte et avec l'accord des collectivités locales et de leurs groupements, peut procéder à des acquisitions immobilières en vue de la rétrocession des biens ainsi acquis. Dans les zones d'aménagement différé, la région exerce son droit de préemption sans avoir besoin de recueillir au préalable l'avis des collectivités locales intéressées.

2. Selon l'article 5, la région définit la politique régionale concernant les espaces verts, forêts et promenades ; elle peut participer aux dépenses d'acquisition, d'équipement et d'entretien de ces espaces. Pour réaliser cette mission, est créé un établissement public administratif, l'Agence des espaces verts de la région d'Ile-de-France (D. n° 76-908 du 2 oct. 1976 ; D. n° 85-317 du 8 mars 1985) qui a su diversifier sa politique : acquisition ou aménagement de forêts par la région, participation à l'aménagement de forêts domaniales, subventions aux collectivités locales, contrats d'ouverture au public ...

3. Enfin l'article 6 confie aux instances régionales le soin de définir la politique de circulation et de transport des voyageurs, après avis des conseils généraux, et de la mettre en œuvre.

   La loi n° 77-1410 du 23 décembre 1977 n'était qu'un texte d'attente, qui maintenait en vigueur l'ordonnance du 7 janvier 1959 relative à l'organisation des transports de voyageurs dans la région parisienne. La loi de 1977 a été prorogée maintes fois, et notamment par l'article 127 de la loi de finances pour 1984. Sur la répartition des charges entre collectivités locales : D. n° 84-293 du 13 avril 1984, D. n° 86-974 du 19 août 1986. Sur les modalités d'application du « versement-transport » : D. n° 88-331 du 7 avril 1988. Sur le financement des travaux d'infrastructure des transports en commun : art. 58 de la loi de finances pour 1986 (Etat : 221,5 millions, région : 311,(5) — art. 78 de la loi de finances pour 1987 (Etat : 296, 25 millions ; région : 364,25).

D. — Ressources particulières et régime financier.

1. Le Titre III de la loi du 6 mai 1976 (art. 28 à 33) énumère l'ensemble des ressources dont dispose la région. Comme les autres régions, elle dispose du produit de la taxe sur les permis de conduire et a la faculté d'instituer les taxes additionnelles sur les cartes grises et les mutations immobilières. Mais surtout elle bénéficie des ressources

précédemment perçues par le district de la région parisienne : taxe spéciale d'équipement ; taxe complémentaire à la taxe locale d'équipement ; 25 % de la part départementale du V.R.T.S., part du produit des redevances de construction de bureaux et de locaux industriels (L., n° 82-1020 du 3 déc. 1982, D., n° 83-243 du 3 avril 1984 et D. n° 85-47 du 14 janvier 1985). L'article 46 de la loi de finances rectificative pour 1986 affecte désormais la totalité du produit des redevances à la région (C. urb. art. L. 520-3 et 4).

2. Le décret n° 76-1312 du 31 décembre 1976 fixait le régime financier et comptable de la région d'Ile-de-France (contrôle financier préalable pour les dépenses d'investissement ; contrôle a posteriori pour les dépenses de fonctionnement). Il a été modifié par le décret n° 83-486 du 10 juin 1983, qui abroge les contrôles préalables et énumère les dépenses et les recettes de la section de fonctionnement et de la section d'investissement. On peut se demander si le décret n° 88-139 du 10 février 1988 lui est applicable.

3. Dès 1976, le conseil régional avait la faculté, étendue en 1986 à toutes les régions, d'adopter le mécanisme des autorisations de programme et des crédits de paiement pour les dotations affectées aux dépenses d'investissement.

Le 30 juin 1987, le conseil régional a adopté un plan-programme de 5 ans pour la rénovation des lycées (3 milliards à la charge de la région, 2 milliards à la charge de l'Etat). Le budget primitif 1988 dépasse 6,5 milliards (fiscalité : 2,6 milliards, soit 40 %, dont près de la moitié provient de la taxe spéciale d'équipement, 900 millions de la taxe additionnelle aux droits d'enregistrement, 31 millions des permis de conduire et 511 millions des « cartes grises » — emprunt : près d'1 milliard, 15 % — dotations de l'Etat : 2,13 milliards, soit moins d'un 1/3 du total, dont approximativement la moitié pour la D.G.F.).

4. Le conseil régional avait cru pouvoir créer un fonds régional pour l'apprentissage et la formation professionnelle, sous forme de budget annexe, mais cette initiative a été censurée par le Conseil d'Etat, comme contraire aux textes applicables et au principe de l'unité budgétaire qui s'imposent aux régions comme à l'Etat (C.E., 10 juill. 1987, A.J.D.A., 1987, n° 111, p. 603).

Conclusion.

Le contrat de plan signé le 17 avril 1984 entre l'Etat et la région porte sur près de 16 milliards de francs (région : 8,562 milliards — Etat : 7,238 milliards). On doit se borner à citer les rubriques les plus importantes qui témoignent d'une grande continuité dans la politique suivie :

— infrastructures routières (autoroute A-86, rocades et liaisons rapides inter-départementales, tramway Saint-Denis/Bobigny) et transports collectifs (4,5 milliards : 1,75 pour l'Etat, 1,712 pour la région, et 1,05 sous formes de prêts de celle-ci aux entreprises).

— habitat : réhabilitation en commun de 10 000 logements par an dans 28 « îlots sensibles » et implantation de logements sociaux en centre-ville. Cf. circulaire du 26 février 1988 (J.O. 1er mars) relative à la construction de logements et au développement de l'offre foncière.

— aide au transfert de technologie au bénéfice des P.M.I. et acquisition par les établissements scientifiques d'équipements mis à la disposition de ces P.M.I.

— politique de l'eau et de l'environnement (barrage de l'Aude, programme « Seine propre », station d'épuration de Valenton, protection phonique du boulevard périphérique, parc régional de la vallée de Chevreuse, ...).

— aide de la région et de l'Etat aux villes nouvelles.

Ces priorités ne manifestent aucune rupture par rapport à celles qui étaient déjà retenues par le District, soit aménagement et urbanisme, logement social et transports.

INDEX ALPHABÉTIQUE

Emprunt, 30 s., 114.
Etablissement public, 6 s., 87, 153, 159.
Etablissement public local, 6.
Etablissement public territorial, 6 s., 54 s., 63 s., 70 s., 75 s., 87 s., 128 s., 131 s., 149.

F

Fiscalité directe, 22 s., 84, 93 s., 144 s.
Fiscalité transférée, 29, 145 s., 154.
Fonction publique territoriale (v. *Personnels territoriaux*).
Fusions, 54 s., 90.

I

Incompatibilités, 40, 47, 109 s., 150 s., 155.
Information, 40 s., 45, 112, 115, 117.
Interventionnisme économique, 18, 115, 118, 129 s., 135, 146 s.

L

Lyon, 97 s., 102 s.

M

Maire, 40, 46 s., 58 s., 67, 81, 84, 96.
Marseille, 97 s., 102 s.
Mayotte, 1, 25.
Morcellement communal, 54 s., 62, 74 s.

P

Paris, 1, 8, 97 s., 106, 157.
Patrimoine, 20, 49, 61, 79 s., 113 s., 126, 151.
Permis de conduire, 30, 145, 159.

Personnels territoriaux, 10, 32 s., 44 s., 50 s., 61, 80, 101 s., 114, 119, 127 s., 147.
Police, 10, 18, 51, 78, 99 s., 106, 117, 124, 129.
Pouvoir réglementaire, 4.
Préfet, 5 s., 10 s., 27, 57 s., 64, 71, 89, 108 s., 117 s., 122 s.
Préfet de région, 130, 138, 142 s., 152, 155, 158 s.

R

Referendum, 57.
Région, 18, 22 s., 128 s.
Région d'Ile-de-France, 25, 157 s.
Régions d'Outre-Mer, 139, 154 s.
Responsabilité, 47.
Révocation, 48.

S

Saint-Pierre-et-Miquelon, 1, 25.
Service public, 44, 50, 57 s., 69, 73 s., 78 s., 81, 113 s., 119 s., 127.
Sursis à exécution, 13.
Suspension, 48.
Syndicat, 7, 63 s., 92 s., 128.

T

Territoire, 2 s., 5, 54 s., 82 s., 110, 128 s., 157.
Transmission (obligation de —), 10, 12, 52, 140.
Transferts de compétences, 16 s., 28 s., 135 s., 145.
Tutelle, 2 s., 7 s., 9 s., 19, 52, 108, 112 s., 115, 118, 139.

V

Vignette automobile, 30, 145, 149.

TABLE DES MATIÈRES

INTRODUCTION GÉNÉRALE

PREMIÈRE PARTIE

LA « NOUVELLE DÉCENTRALISATION » ET LE NOUVEAU RÉGIME DES COLLECTIVITÉS TERRITORIALES

DEUXIÈME PARTIE

L'ORGANISATION ADMINISTRATIVE DE LA COMMUNE ET SES TRANSFORMATIONS RÉCENTES

TROISIÈME PARTIE

L'ORGANISATION ADMINISTRATIVE DU DÉPARTEMENT ET DE LA RÉGION

PRÉCIS DALLOZ

DROIT

DROIT ADMINISTRATIF,
— Données juridiques fondamentales. Organisation administrative. Formes de
    l'action administrative,
    par J. RIVÉRO.

DROIT ADMINISTRATIF,
— Fonction publique. Biens publics. Travaux publics.
— Expropriation. Urbanisme. Aménagement du territoire,
    par J.-M. AUBY et R. DUCOS-ADER.

ACTION ET AIDE SOCIALES,
    par E. ALFANDARI.

DROIT ANGLAIS,
    sous la direction de J.-A. JOLOWICZ.

DROIT DES ASSURANCES,
    par Y. LAMBERT-FAIVRE.

ASSURANCES DES ENTREPRISES,
    par Y. LAMBERT-FAIVRE.

DROIT BANCAIRE,
    par J.-L. RIVES-LANGE et M. CONTAMINE-RAYNAUD.

DROIT CIVIL,
— Introduction générale,
— Les personnes. La famille. Les incapacités,
— Les obligations,
— Les sûretés. La publicité foncière,
    par A. WEILL et F. TERRÉ.
— Les successions. Les libéralités,
    par F. TERRÉ et Y. LEQUETTE.
— Les biens,
— Les régimes matrimoniaux,
    par F. TERRÉ et Ph. SIMLER.

DROIT COMMERCIAL,
— Actes de commerce et commerçants,
par R. HOUIN et M. PÉDAMON.
— Instruments de paiement et de crédit. Entreprises en difficulté,
par M. JEANTIN.
— Sociétés commerciales,
par Ph. MERLE.

DROIT COMMERCIAL EUROPÉEN,
par B. GOLDMAN et A. LYON-CAEN.

DROIT COMPTABLE,
par A. VIANDIER.

DROIT DE LA CONSOMMATION,
par J. CALAIS-AULOY.

CONTENTIEUX ADMINISTRATIF,
par Ch. DEBBASCH et J.-C. RICCI.

CRIMINOLOGIE,
par R. GASSIN.

DROIT DE L'ENVIRONNEMENT,
par M. PRIEUR.

DROIT FISCAL DES AFFAIRES,
par F. GORÉ et B. JADAUD.

LES GRANDS SYSTÈMES DE DROIT CONTEMPORAINS,
par R. DAVID et C. JAUFFRET-SPINOSI.

DROIT DE L'INFORMATION,
par J.-M. AUBY et R. DUCOS-ADER.

INSTITUTIONS ADMINISTRATIVES,
par J.-M. AUBY, R. DUCOS-ADER et J.-B. AUBY.

INTRODUCTION AU DROIT COMPARÉ,
par R. RODIÈRE.

DROIT INTERNATIONAL DU DÉVELOPPEMENT,
par G. FEUER et H. CASSAN.

DROIT INTERNATIONAL PRIVÉ,
par Y. LOUSSOUARN et P. BOUREL.

DROIT INTERNATIONAL PUBLIC,
par Ch. ROUSSEAU.

LA JUSTICE ET SES INSTITUTIONS,
par J. VINCENT, G. MONTAGNIER et A. VARINARD.

LIBERTÉS PUBLIQUES,
par Cl. A. COLLIARD.

GESTION D'ENTREPRISE

ÉLÉMENTS D'INFORMATIQUE APPLIQUÉE A LA GESTION,
   par H. LESCA et J.-L. PEAUCELLE.

GESTION COMMERCIALE DES ENTREPRISES,
   par A. MICALLEF.

GESTION DE L'ENTREPRISE ET COMPTABILITÉ,
   par P. LASSÈGUE.

SCIENCES ÉCONOMIQUES

LES CIRCUITS FINANCIERS,
   par P.-J. LEHMANN.

ÉCONOMIE POLITIQUE,
— Introduction générale. Analyse micro-économique. Analyse macro-économique,
   par H. GUITTON et D. VITRY.
— La monnaie. La répartition. Les échanges internationaux,
   par H. GUITTON et G. BRAMOULLÉ.

ESPACE RÉGIONAL ET AMÉNAGEMENT DU TERRITOIRE,
   par J. LAJUGIE, C. LACOUR et P. DELFAUD.

HISTOIRE DES FAITS ÉCONOMIQUES DE L'ÉPOQUE CONTEMPORAINE,
   par A. GARRIGOU-LAGRANGE et M. PENOUIL.

LA MONNAIE,
   par H. GUITTON et G. BRAMOULLÉ.

LES MOUVEMENTS CONJONCTURELS,
   par H. GUITTON et D. VITRY.

PENSÉE ÉCONOMIQUE ET THÉORIES CONTEMPORAINES,
   par A. PIETTRE et A. REDSLOB.

RELATIONS ÉCONOMIQUES INTERNATIONALES,
   par G. DESTANNE de BERNIS.

SOCIO-ÉCONOMIE DU SOUS-DÉVELOPPEMENT,
   par M. PENOUIL.

STATISTIQUE,
   par H. GUITTON.

SCIENCE POLITIQUE

COMMUNAUTÉS EUROPÉENNES,
   par L. CARTOU.

COMPTABILITÉ PUBLIQUE (Principes de),
   par G. MONTAGNIER.

DROIT DE L'AUDIOVISUEL,
   par Ch. DEBBASCH.

DROIT BUDGÉTAIRE ET COMPTABILITÉ PUBLIQUE,
   par L. TROTABAS et J.-M. COTTERET.

DROIT FISCAL,
   par L. TROTABAS et J.-M. COTTERET.

DROIT FISCAL INTERNATIONAL ET EUROPÉEN,
   par L. CARTOU.

DROIT DE L'URBANISME,
   par H. JACQUOT.

HISTOIRE DES IDÉES POLITIQUES,
   par M. PRÉLOT et G. LESCUYER.

HISTOIRE DES INSTITUTIONS PUBLIQUES DEPUIS LA RÉVOLUTION FRANÇAISE,
   par G. SAUTEL.

HISTOIRE DES INSTITUTIONS PUBLIQUES ET DES FAITS SOCIAUX,
   par P.-C. TIMBAL et A. CASTALDO.

INSTITUTIONS POLITIQUES ET DROIT CONSTITUTIONNEL,
   par M. PRÉLOT et J. BOULOUIS.

INSTITUTIONS POLITIQUES ET SOCIALES DE L'ANTIQUITÉ,
   par M. HUMBERT.

INSTITUTIONS DES RELATIONS INTERNATIONALES,
   par Cl. A. COLLIARD.

INTRODUCTION A LA POLITIQUE,
   par Ch. DEBBASCH et J.-M. PONTIER.

LES ÉTATS SOCIALISTES EUROPÉENS,
   par R. CHARVIN.

LE SYSTÈME POLITIQUE FRANÇAIS,
   par D.-G. LAVROFF.

MÉTHODES DES SCIENCES SOCIALES,
   par M. GRAWITZ.

SCIENCE ADMINISTRATIVE,
   par Ch. DEBBASCH.

PARAGRAPHIC / 34, RUE DU TAUR 31000 TOULOUSE / FRANCE

Dépôt légal : décembre 1988